天津滨海农商银行滨银商学院　编

银行新员工90天成长手册

90-Day Growth Guide for New Employees in Banking

中国金融出版社

责任编辑：肖丽敏
责任校对：潘　洁
责任印制：丁淮宾

图书在版编目（CIP）数据

银行新员工90天成长手册/天津滨海农商银行滨银商学院编. —北京：中国金融出版社，2020.12

ISBN 978-7-5220-0913-1

Ⅰ.①银… Ⅱ.①天… Ⅲ.①银行业务—业务培训—手册 Ⅳ.①F830.4-62

中国版本图书馆CIP数据核字（2020）第231738号

银行新员工90天成长手册
YINHANG XIN YUANGONG 90 TIAN CHENGZHANG SHOUCE

出版发行　中国金融出版社
社址　北京市丰台区益泽路2号
市场开发部　（010）66024766，63805472，63439533（传真）
网上书店　www.cfph.cn
　　　　　（010）66024766，63372837（传真）
读者服务部　（010）66070833，62568380
邮编　100071
经销　新华书店
印刷　河北松源印刷有限公司
尺寸　185毫米×260毫米
印张　27.75
字数　490千
版次　2020年12月第1版
印次　2024年3月第2次印刷
定价　106.00元
ISBN 978-7-5220-0913-1
如出现印装错误本社负责调换　联系电话（010）63263947

编 委 会

顾　　　问：夏仁江

主　　　编：庞　珺　崔进宇

副 主 编：张红卫　关　妍

常务副主编：张　意　霍志娇

成　　　员：（排名不分先后）

　　　　　　王雪静　郭　傲　左佳慧　苑思琪　高　奇
　　　　　　吴　桐　孟晓希　谷　雨　刘　昕　范振华
　　　　　　杨金妹　许欣怡　李美晨　齐　琳　田晓玲
　　　　　　吴佳岂　刘　冉　刘　雯

序 言 The preface

银行业作为金融体系中重要的组成部分,因其行业的特殊性,要求从业人员必须具备行业特定理论知识,符合更加严格的合规和监管要求。初入银行职场的员工,面对全新的岗位知识技能、合规管理规定、外部监管指引,经常会感到困惑无措,缺乏有针对性的专业辅导。

滨银商学院作为承载着对全行员工培训和培养职能的部门,立足新员工培训发展实际需求,集中全行内训师力量,历时半年时间,量身打造了《银行新员工90天成长手册》。本书充分借鉴吸收了历年新员工学习成长的经验,通过对岗位实践关键应知应会要点的研究分析,精心整理了适合新员工学习的600余个问题,是一本极具实用性的学习手册。同时,为增强学习理解效果,配套制作了教学视频和练习题,可以通过扫描本书的二维码在线进行学习,对照书后习题进行自测,是一本极具自学性的学习教材。

本书从十二个主要方面,系统地介绍了银行基础知识、柜面业务、厅堂服务、零售业务、公司业务、信贷业务、国际业务、金融市场、风险管理、银行监管、安全保卫、办公规范等内容,基本构建了一名合格银行从业人员应掌握的知识体系,希望本书能成为新员工入职的宝典,帮助大家快速适应岗位要求,引领大家快速成长。同时,本书也是一本建立正确价值理念的合规手册和法律法规的速查手册。编委人员结合银行工作实际,精心对《商业银行法》《会计法》《票据法》《支付结算办法》《人民币银行结算账户管理办法》《企业银行结算账户管理办法》及反洗钱法律法规中重要内容进行了节选,更加适合新员工把握要点,也可以作为今后工作的速查手册使用。全书通过对发生在身边真实案例的分析,以深入浅出的方式引导新员工思考合规的意义、强化合规的价值。

"一花独秀不是春，百花齐放春满园"，本书大量介绍引用了天津滨海农商银行柜员、大堂经理、客户经理、支行长等岗位涌现出的标杆和典型，希望新员工在学习岗位知识的同时，更能够感受到优秀员工的正能量，学习他们爱岗敬业、刻苦钻研的品质，学习他们忠于职守、坚持原则的信念，学习他们主动担当、乐于奉献的职业素养。希望本书能够引导新员工建立良好的职业心态，树立正确的职业观和发展观，成为新员工职场的"心灵鸡汤"。

"长风破浪会有时，直挂云帆济沧海"，愿本书引领新员工顺利度过适应期，相信在未来的日子里，优秀的你会用自己的智慧与努力，绘制一幅属于自己的事业蓝图，实现自己的梦想与价值。

农商银行发展联盟秘书长
吴红军

目 录 Contents

第一章　基本知识 / 1

Day 1　银行印象 / 2

Day 2　银行业务及会计基础 / 7

Day 3　个人存款业务基础 / 12

Day 4　单位存款业务基础 / 18

Day 5　贷款业务基础 / 24

Day 6　法规学习：商业银行法（节选）/ 26

Day 7　法规学习：会计法（节选）/ 32

第二章　柜面业务 / 37

Day 8　柜员的一天 / 38

Day 9　经验分享：优秀柜员成长记 / 43

Day 10　现金业务——基本规定 / 48

Day 11　现金业务——人民币防伪 / 52

Day 12　现金业务——假币收缴 / 61

Day 13　案例学习：耐心服务化解假币风波 / 65

Day 14　现金业务——残损币兑换 / 68

Day 15　结算业务——结算票据 / 72

Day 16　结算业务——印鉴管理 / 78

Day 17　案例学习：未能识别假印鉴，银行难辞其咎 / 82

Day 18　结算业务——支付结算 / 85

Day 19　法规学习：票据法（节选）/ 89

Day 20　法规学习：支付结算办法（节选）/ 97

Day 21　案例学习：觊觎公款触刑律，铁窗漫漫恨终生 / 112

Day 22　挂失业务 / 114

Day 23　协助司法 / 118

Day 24　案例学习：通风报信导致罚款拘留 / 124

Day 25　对账管理 / 127

Day 26　印章管理 / 130

Day 27　凭证管理 / 133

Day 28　客户核实 / 136

Day 29　案例学习：为客户信息保密是银行员工的基本要求 / 141

Day 30　反洗钱业务——基本制度 / 143

Day 31　反洗钱业务——大额、可疑报告 / 146

Day 32　法规学习：反洗钱相关法律法规 / 150

Day 33　案例学习：银行管理存在漏洞，巨额资金被洗出境外 / 162

第三章　厅堂服务 / 165

Day 34　大堂经理——礼仪篇 / 166

Day 35　大堂经理——服务篇 / 173

Day 36　大堂经理——营销篇 / 177

Day 37　大堂经理——突发事件处理 / 180

Day 38　案例学习：大堂经理营销案例分享 / 187

Day 39　大堂经理智能柜员机操作 / 190

第四章　零售业务 / 194

Day 40　个人账户管理 / 195

Day 41　银行卡业务 / 199

Day 42　理财业务——基础知识 / 204

Day 43　理财业务——产品知识 / *207*

Day 44　理财业务——风险管理 / *210*

Day 45　理财业务——业务办理 / *214*

Day 46　案例学习："高息揽储"既害了自己也坑了银行 / *217*

Day 47　理财业务——产品营销 / *219*

Day 48　经验分享：优秀理财经理成长记 / *223*

Day 49　理财业务——面对客户的"灵魂提问" / *230*

Day 50　案例学习：尊重客户意愿，推荐合适的产品 / *233*

Day 51　案例学习：理财经理营销案例分享 / *235*

Day 52　个人电子银行业务 / *238*

第五章　公司业务 / *241*

Day 53　对公账户管理 / *242*

Day 54　法规学习：人民币银行结算账户管理办法（节选）/ *248*

Day 55　法规学习：企业银行结算账户管理办法（节选）/ *256*

Day 56　对公现金业务 / *261*

Day 57　对公网银业务 / *266*

第六章　信贷业务 / *268*

Day 58　客户经理入门 / *269*

Day 59　个人授信——基本产品 / *272*

Day 60　个人授信——特色产品 / *275*

Day 61　个人授信——贷后管理 / *278*

Day 62　个人授信——征信管理 / *281*

Day 63　对公授信——基本产品 / *284*

Day 64　对公授信——特色产品 / *290*

Day 65　案例学习：授信审查案例分享 / *292*

Day 66　经验分享：客户经理成长记 / *300*

Day 67　案例学习：营销案例分享 / *304*

Day 68　案例学习：绿色营销 / *308*

Day 69　对公授信——贷前调查 / *311*

Day 70　财务报表简析 / *321*

Day 71　对公授信——贷后管理 / *326*

Day 72　案例学习：给客户经理敲个警钟 / *333*

第七章　国际业务 / *340*

Day 73　国际业务基础概念 / *341*

Day 74　基础外汇管理政策 / *344*

Day 75　经常项目 / *347*

Day 76　资本项目 / *351*

Day 77　进口贸易结算和融资产品 / *354*

Day 78　出口贸易结算和融资产品 / *358*

Day 79　案例学习：国际业务营销案例分享 / *362*

第八章　金融市场 / *366*

Day 80　金融市场概况 / *367*

第九章　风险管理 / *371*

Day 81　风险管理概述 / *372*

Day 82　银行风险防线 / *376*

Day 83　合规建设 / *379*

第十章　银行监管 / *382*

Day 84　监管概况 / *383*

Day 85　监管机构 / *386*

Day 86　资本监管 / *390*

第十一章　安全保卫 / *395*

Day 87　安保知识 / *396*

第十二章　办公规范 / 400

Day 88　公文写作及公文处理 / 401

Day 89　商务礼仪及工作要求 / 406

第十三章　扬帆远航 / 412

Day 90　"小白"升职记 / 413

《银行业从业人员职业操守和行为准则》/ 419

第一章 基本知识

  银行在国民经济及日常生活中扮演着重要的角色,为了让大家对银行有一个基本的认识,更好地适应银行从业人员的角色,我们先从宏观上了解一下银行吧!

Day 1
银行印象

什么是银行？银行体系如何构成？现代银行业经历了哪些发展阶段？带着这些疑问，让我们开始第一天的学习，共同走进银行的世界！

No.1　什么是银行？

随着时代的发展，这个问题有着不同的答案。通常意义上讲，银行是指通过存款、贷款、汇兑、储蓄等业务，承担中介的金融机构。随着时代的变化，人们不仅仅从经济作用的角度定义银行，银行提供的服务项目也不断拓展，例如投资、金融衍生品、结构性融资、融资租赁以及为客户提供风险管理等服务。银行早已不再局限于提供传统业务，而是逐渐成为综合金融服务提供者。

No.2　世界上最早的银行是哪一家？

一般意义上认为，成立于1580年的意大利威尼斯银行是最早的现代银行。随后，荷兰、德国、英国也出现类似组织，到18世纪末19世纪初，各主要西方国家的银行已很普遍。

> **小知识**
>
> ### "bank"一词的由来
>
> 西方最早的银行产生于文艺复兴时期的意大利。那时的意大利是一个经济非常发达的国家。意大利的威尼斯和热那亚等地当时是沟通欧亚的贸易要道，因此四方商贾云集。不同国家的生意人带来的是不同国家的商品交易，交易过程中就有货币

兑换的问题，交易结束后还有把货币带回国的问题。于是有一些聪明人看出了其中的商机，他们做起了货币的鉴别和兑换生意。而当时在意大利从事该生意的场所非常简陋，办事处只有一条长凳，这些人就坐在长凳上办公，所以商人们就把这个兑换场所简称"banco"（长凳）。英语"bank"一词原意为"存取钱财的柜子"，来源于意大利语"banco"一词，后来泛指银行。

No.3 中国最早的银行是什么银行？近代以来我国银行业发展经历了哪些阶段？

我国明朝中叶江南出现的钱庄，以及清朝出现的票号，都具有一定的银行性质。鸦片战争之后，西方金融资本随列强进入中国。一般认为英国丽如银行在1847年于上海开设的分行是中国近代最早的银行。中国自办的第一家银行是盛宣怀于1897年创立的中国通商银行，它的成立标志着中国现代银行业的开始。

清政府于1904年成立了官商合办的户部银行（1908年改为大清银行，1912年又改为中国银行）；1908年，设立了交通银行，交通银行也具有官商合办性质。与此同时，一些股份集资或私人独资性质的较典型的民族资本商业银行也开始建立。民国成立后到第一次世界大战及其后几年，随着民族资本主义工商业的发展，中国的民营资本银行业有了一个较快的发展过程，仅在1912—1927年就新设立了186家银行。

1927年以后，国民党主政期间开始了官僚资本垄断全国金融及金融机构的进程，其中包括以多种形式渗透和控制国内各大商业银行。旧中国的"四大行"为中央银行、中国银行、交通银行和中国农民银行，均被官僚资本控制。比较重要的商业银行还有被称为"北四行"的盐业银行、金城银行、中南银行和大陆银行，江浙财团的"南三行"——浙江兴业银行、浙江实业银行和上海商业储蓄银行，以及人称"小四行"的中国通商银行、四明银行、中国实业银行和中国国货银行，此外，几家较大的商业银行以及众多的中小商业银行，它们也或多或少，或直接或间接地受控于国民党官僚资本体系。

新中国成立以后，成立于1948年的中国人民银行成为国家金融产权的唯一代表。中国银行经过改造后继续保留，成为专营外汇业务的银行。1954年，在交通银行的基础上，组建了中国人民建设银行（今中国建设银行），其负责统筹管理国家基本建设资金；1951年组建了中国农业银行，其负责办理支农贷款、拨款并扶持农村信用合作。前面提到的"北四行""南三行""小四行"于1955年前后并入中国人民银行。此后，中国银行、中国人民建设银行、中国农业银行也先后并入中国人民银行或财政部。至此，以集中央银行、商业银行和金融管理职能于一体的中国人民银行为代表，新中国"大一统"的金融体系正式形成。

No.4 改革开放以来，我国的银行业发展经历了哪些阶段？

改革开放以来，中国银行业又一次进行了华丽转身，由"大一统"的计划经济银行体系逐步向现代市场经济银行体系转变，这是一个逐步推进的过程。从1977年开始，中国银行业先后经历了以下重大历史事件，并形成如今的金融格局，见表1-1。

表1-1　　　　　中国银行业改革开放以来的历史发展进程

历史阶段	重大事件
体系重建阶段（1977—1986年）	1978年2月，中国人民银行与财政部分立，成为国务院直接管辖的独立机构，标志着中国银行体系进入了恢复期
	1979年2月，为了支持农业发展，农业存贷款等相关业务从中国人民银行划出，恢复设立了中国农业银行。这不仅开了设立国家专业银行的先例，更是首次打破了"大一统"的传统金融体制格局
	1979年3月，外汇相关业务也从人民银行分离出来，恢复设立了中国银行和国家外汇管理局
	1983年5月，国务院批准恢复中国人民建设银行，从事与基本建设投资相关的业务
	1983年9月，国务院出台《关于中国人民银行专门行使中央银行职能的决定》，决定成立中国工商银行，承办原来由人民银行办理的工商信贷和储蓄业务。1984年1月，中国工商银行开业
	1986年7月，交通银行重新组建，成为全国第一家股份制商业银行。随后，中信银行、兴业银行等股份制商业银行陆续成立
	1986年，国务院出台《银行管理暂行条例》，明确专业银行都是独立核算的经济实体
扩大发展阶段（1987—1995年）	1987年，国家推进各专业银行按照"自主经营、自负盈亏、自担风险、自我发展"的原则开展经营运作。与此同时，中国人民银行出台了一系列完善银行业监管的制度，强化对银行业的监管
	1994年，创立三家政策性银行，国有专业银行转型为商业银行
	1995年，发布《中国人民银行法》及《商业银行法》
深化改革阶段（1996—2001年）	20世纪90年代开始银行市场化、法治化改革。国家通过发挥银行的杠杆作用来扩大货币的投放，以此推动经济增长。银行业则通过增机构、放权让利来扩大业务范围、改革资金管理，以此来搞活经济
	2001年12月，中国正式加入世界贸易组织（WTO），确立放松银行管制和外资银行准入的时间表

续表

历史阶段	重大事件
改革攻坚阶段 （2002—2012年）	2002年初召开全国金融工作会议，作出了"对国有独资商业银行进行股份制改造，条件成熟的可以上市"等重大决策
	2003年12月30日，召开国务院常务会议，确定了中国建设银行和中国银行为首批股份制改革试点银行，由此拉开了国有银行股份制改革的序幕
	2005年，交通银行在香港上市，中国工商银行推进股份制改革
	2008年，顶住国际金融危机的冲击，中国农业银行完成股份制改革，至此中国五大银行全部成功完成了股份制改革并公开上市
银行业发展 新时代 （2013年至今）	2013年7月，人民银行宣布全面放开贷款利率管制。2015年10月，人民银行宣布不再设置存款利率浮动上限，存贷款利率管制基本放开
	2014年第三季度，银监会同意批复首批5家民营银行筹建
	2015年5月起，《存款保险条例》正式施行
	2016年10月，国际货币基金组织把人民币正式纳入特别提款权（SDR），人民币成为国际储备货币，国际化进程坚定前行

练一练

（单选题）我国第一家全国性股份制商业银行是（　　）。

A. 工商银行　　　B. 招商银行　　　C. 深圳发展银行　　　D. 交通银行

答案：D。

No.5　我国的银行业体系如何构成？

我国的银行业体系主要由中央银行、监管机构、自律组织和银行业金融机构组成。

中国人民银行是中央银行，在国务院的领导下，负责制定和执行货币政策，防范和化解金融风险，维护金融稳定。

中国银行保险监督管理委员会简称中国银保监会或银保监会，负责对全国银行业金融机构及其业务活动实施监管。

中国银行业协会是在民政部登记注册的全国性非营利社会团体，是中国银行业的自律组织。

中国的银行业金融机构包括政策性银行（国家开发银行、中国进出口银行、中国农业发展银行），大型商业银行（中国工商银行、中国银行、中国农业银行、中国建设银行、交通银行、中国邮政储蓄银行），股份制商业银行，城市商业银行，农村商业银行、村镇银行等农村金融机构以及外资银行。

银保监会监管的非银行金融机构包括金融资产管理公司、信托公司、企业集团财务公司、金融租赁公司、汽车金融公司和货币经纪公司。

No.6　什么是农村商业银行？我国农村商业银行的发展经历了哪些阶段？

农村商业银行是由辖内农民、农村工商户、企业法人和其他经济组织共同入股组成的股份制的地方性金融机构。

中国农村商业银行多由农村信用合作社改制而来，2001年底，国务院选择常熟、张家港、江阴三市的农村信用社作为发达地区农信社的代表进行股份制改造，成立了三家农村商业银行，标志着中国农村信用社新一轮改革拉开序幕。

2003年6月，国务院印发《关于深化农村信用社改革试点方案的通知》，鼓励符合条件的地区将农信社改造为股份制商业银行。

2011年，银监会宣布不再组建新的农信社和农村合作银行，全面取消资格股，逐步将有条件的农信社改组为农村商业银行，农村合作银行要全部改组为农村商业银行。

农村商业银行结合旧的农村信用社以及新的市场变化，逐渐发展成为一种新的金融体系。凭借自身良好的机制和高效的决策，农村商业银行有了很大的发展空间，有了自己的立足之本，同时对于促进经济发展及金融改革发挥着关键作用，尤其是推动了农村社会主义建设和农村大中小型企业的发展进步。

Day 2
银行业务及会计基础

作为银行从业人员，必须了解银行业务及会计基础知识。虽然如今的银行业务已经标准化、规范化，但作为银行从业人员，只有了解基本的"账理"，才能更好地理解各种新业务、新思路。今天，就让我们来学习银行业务及会计的基础知识吧！

No.1 银行业务可分为哪几类？

按照资产负债表的构成划分，银行的业务主要分为三大类：负债业务、资产业务、中间业务。

No.2 什么是银行的负债业务？主要包括什么？

银行会计中的负债是指银行过去的交易或事项形成的，预期会导致经济利益流出银行的现时义务。说得通俗一些，银行吸收的活期存款和定期存款就是银行的负债，到期时银行必须偿付给存款人。

银行的负债业务主要包括活期存款、定期存款、金融债券、大额可转让存单等。负债业务是银行经营的基石，银行不断扩大资产规模的前提是要有足够的负债。

练一练

（单选题）我国商业银行最主要的资金来源是（　　）。
A. 发放贷款　　B. 吸收存款　　C. 向中央银行借款　　D. 同业拆借
答案：B。

No.3　什么是银行的资产业务？主要包括哪些业务？

银行会计中的资产是指银行过去的交易或事项形成的，由银行拥有或控制的，预期会给银行带来经济利益的资源。

银行的资产业务主要包括个人及企业信贷业务（消费贷款、住房贷款、流动性贷款等）。资产是银行盈利的来源，银行的经营始终围绕着确保资产的质量。

> **练一练**
>
> （多选题）商业银行的资产业务包括（　　）。
> A. 票据贴现　　　B. 贷款业务　　　C. 结算业务　　　D. 信托业务
> 答案：A、B。
> 解析：A 项中的票据贴现，指企业在票据到期之前，将票据交银行贴现，银行将票据的到期价值扣除贴现利息后的余款付给企业，其类似于 B 项中的贷款业务，可给银行带来利息收入，不带来中间业务收入，因此属于银行的资产业务；C 项和 D 项中的结算业务和信托业务属于银行的中间业务。

No.4　什么是银行的中间业务？主要包括哪些业务？

中间业务是指商业银行不需要动用自己的资金，依托业务、技术、信誉、人才等优势，代理客户承办收付和其他委托事项，提供各种金融服务并据以收取手续费的业务。

与资产及负债业务相比，中间业务的范围要广泛得多。按照功能与性质分类，中间业务可分为银行卡业务、支付结算类业务、代理类业务、担保类业务、承诺类业务、交易类业务、基金托管类业务、咨询顾问类业务等。

No.5　什么是会计分录？

会计分录是指对某项经济业务表明其应借应贷账户及金额的记录，简称分录。按照所涉及账户的多少，分为简单会计分录和复合会计分录。简单会计分录即一借一贷。复合会计分录即一借多贷、一贷多借、多借多贷。

各业务系统通过交易实现有关会计分录的记载，称为自动会计分录。

No.6　什么是会计科目？

会计科目是反映全行经济业务状况，对会计要素的具体内容进行分类核算的项目。会计科目是分析各项业务及财务活动情况，统一会计核算内容的重要工具。

商业银行的会计科目是根据国家统一的企业会计准则和金融企业会计制度，结合各行的实际，按照政策要求、资金性质、业务条线、产品特点、经营管理和核算需要设置的。

商业银行的会计科目一般分为以下类别：

表内科目：资产类科目；
　　　　　负债类科目；
　　　　　资产负债共同类科目；
　　　　　所有者权益类科目；
　　　　　损益类科目。

表外科目：表外类科目。

No.7　银行会计的记账方法有哪些？

银行会计的记账方法主要包括单式记账法和复式记账法。

单式记账法是指发生经济业务之后所产生的会计要素的增减变动，一般只在一个账户中进行记录的记账方法。例：

　　收：重要空白凭证——存折　　　　　　　　　　　　　　　　5000

复式记账法是发生的每一笔经济业务，都以相等的金额同时在相互联系的两个或两个以上账户中进行登记的一种记账方式。根据构成要素的不同，复式记账法可划分为借贷记账法、收付记账法和增减记账法。例：

　　借：单位活期存款——某企业　　　　　　　　　　　　　　　5000
　　　　贷：单位定期存款——某企业　　　　　　　　　　　　　5000

✍ 练一练

（单选题）我国目前采用的记账方法是（　　）。

A. 借贷记账法　　B. 收付记账法　　C. 增减记账法　　D. 单式记账法

> 答案：A。
>
> 解析：复式记账法分为借贷记账法、收付记账法和增减记账法，我国目前采用的是借贷记账法。

No.8　什么是银行账户？银行账号的编制规则是什么？

银行账户按照客户类型分为外部账户和内部账户。外部账户是指为存款人和借款人以及同业往来单位设置的分户账，主要是存款类账户和贷款类账户。

各家银行通常会根据机构号、币种、性质代码、会计科目以及顺序号等要素编制账号规则。

No.9　利息的计算方法有哪些？

银行账户的计息方法分为积数计息法和逐笔计息法两种。

积数计息法是指按实际天数每日累计账户余额，以累计积数乘以日利率计算利息。按照积数计息的存款有单位活期存款、单位协定存款、个人活期存款、同业活期存款。

逐笔计息法是指按照预先确定的计息公式逐笔计算利息。其分为对年对月对日计算利息和将计息期全部化为实际天数计算利息两种具体方法。按照逐笔计息的存款有单位定期存款、定期储蓄存款（整存整取、存本取息）、通知存款、单位贷款、个人贷款。

✎ 练一练

（计算题）某客户 2007 年 3 月 1 日存款 10000 元，定期 6 个月，当时 6 个月定期储蓄存款的年利率为 2.43%，客户在到期日（即 9 月 1 日）支取，以积数计息法和逐笔计息法计算的利息分别是多少？

答案：

（1）积数计息法："利息 = 本金 × 实际天数 × 日利率"，这笔存款的计息期间为 2007 年 3 月 1 日至 9 月 1 日，计息的实际天数为 184 天。

$$利息 = 10000 \times 184 \times (2.43\% \div 360) = 124.20（元）$$

（2）逐笔计息法："利息 = 本金 × 年（月）数 × 年（月）利率"，这笔存款计息为 6 个月。

$$利息 = 10000 \times 6 \times (2.43\% \div 12) = 121.50（元）$$

No.10 积数计息法的计息公式是什么？

利息 = 累计计息积数 × 日利率

累计计息积数 = 每日余额累计数

年利率 = 月利率 × 12 = 日利率 × 360

No.11 利息的计算原则是什么？

（1）计算天数采取"算头不算尾"的方法，即从存入、贷出的起息日起算至取出、归还日前一天止。

（2）存款、贷款期间的节假日正常计息。

（3）在规定的结息日计算利息时，应将结息日当天计算在内，所计利息次日入账，下一结息日计息时从上期利息入账日算起。

例：某按季结息的存款结息日为3月20日，利息入账日为3月21日，下一计息周期为3月21日至6月20日。

（4）按年结息的结息日为每年的12月20日；按半年结息的结息日为6月20日、12月20日；按季结息的结息日为3月20日、6月20日、9月20日、12月20日，特殊约定的存款、贷款除外。

练一练

（多选题）以下关于利息计算的规则，说法正确的是（　　）。

A. 月利率 = 年利率 ÷ 12，日利率 = 年利率 ÷ 360 = 月利率 ÷ 30

B. 本金以"元"为起息点，元以下的角、分不计息

C. 计算利息时，存款天数一律算头不算尾，即从存入日起算至取款前一天止

D. 不论闰年、平年，不分月大、月小，全年按365天、每月均按30天计算

答案：A、B、C。

解析：D项中全年按360天计算。

Day 3
个人存款业务基础

通过前两天的学习,相信你已经对银行及银行业务的概况有了初步的了解,今天我们继续学习个人存款业务吧!

No.1 个人存款可分为哪几类?

从传统意义上来说,个人存款包括个人活期存款、个人定期存款、定活两便存款、个人通知存款和教育储蓄存款。目前,各家银行都结合自身客户群体,在以上几种存款类型的基础上,创新出各种特色存款产品。

No.2 什么是个人活期存款?基本规定有哪些?

活期储蓄存款指客户存款时不限定存期,可随时存取的业务。

基本规定:

(1)活期储蓄存款业务可通过个人储蓄账户或个人结算账户办理。

(2)活期储蓄存款业务存取次数、金额不限。

No.3 什么是个人定期存款?基本规定有哪些?

定期存款指存款银行与存款人双方在存款时事先约定期限、利率,一次或按期分次存入本金,到期后支取本金、利息的存款。

基本规定:

(1)人民币定期存款依据支取的时间分为到期支取存款和提前支取存款。到期支取指在约定的支取日期进行支取;提前支取指在未到约定的支取日期进行支取。约定转存的存款，除到期日和约转到期日外，在原存期内或转存期内办理支取的，都视同提前支取。

（2）人民币定期存款依据提前支取的金额分为部分提前支取存款和全部提前支取存款。部分提前支取指在未到约定的支取日期时，只支取一部分存款金额；全部提前支取指未到约定的支取日期时，支取全部存款金额。

> **练一练**
>
> （多选题）客户小王于 2018 年 3 月 30 日在银行开立金额 2 万元、期限 1 年、利率为 1.95% 的整存整取定期储蓄存单，约定自动转存，则以下说法正确的是（　　）。
>
> A. 若银行 2019 年 2 月 1 日将 1 年期利率调整为 2%，客户 2020 年 3 月 30 日支取时，利率分段计算
>
> B. 若客户 2020 年 4 月 30 日支取，属于提前支取
>
> C. 若客户 2020 年 3 月 30 日支取，属于到期支取
>
> D. 若客户 2021 年 3 月 30 日支取，则 2019 年 3 月 30 日后的期间，按活期利率计息
>
> **答案**：A、B、C。
>
> **解析**：A 项中，该存款第一年存款利率 1.95%（按开户日计算），第二年存款利率 2%（按转存日计算，利率调整在 2019 年 2 月 1 日，转存日 2019 年 3 月 30 日，实行利率 2%），故需分段计算；B 项中，由于客户约定自动转存，除到期日及转存后的到期日（2019 年 3 月 30 日、2020 年 3 月 30 日、2021 年 3 月 30 日……），其他日期进行支取，均为提前支取；C 项中，由于客户约定自动转存，客户在一年后的 2019 年 3 月 30 日及以后的每年 3 月 30 日支取，均为到期支取；D 项中，由于客户约定自动转存，转存后按定期利率计息。

No.4　什么是转存业务？转存业务主要内容包括什么？

转存业务是指人民币定期存款到期后将其利息并入本金或单独本金，按照客户约定的存期继续转存为人民币定期存款。

转存业务分为自动转存和不转存。

自动转存是指客户在办理人民币定期存款开户时，约定存款到期后的自动转存期限，存款到期后银行按照约定的自动转存存期办理转存，每个存期的利率按照转存日

当日的银行营业机构挂牌公告利率执行。

转存方式可分为本金转存及本息转存。本金转存是指定期存款到期后将其本金，按照客户约定的存期继续转存为人民币定期存款；本息转存是指定期存款到期后将其利息并入本金，并按照客户约定的存期继续转存为人民币定期存款。

不转存是指客户在办理人民币定期存款开户时，选择不转存标志，系统在存款到期后将不进行转存处理，存款到期后逾期部分利息按支取日银行营业机构的活期存款利率执行。

💡 **小提示**：为客户办理业务时，要主动询问客户，根据客户意愿选择是否转存，不能私自替客户作出选择。

练一练

（多选题）客户小李于2015年4月1日开立金额为1万元、期限为1年、利率为1.95%的整存整取定期储蓄存单，于2018年5月1日支取。则下列说法正确的是（　　）。

A. 无论客户开户时选择不转存还是自动转存，支取时获得的利息金额是相同的

B. 无论客户开户时选择不转存还是自动转存，在2018年5月1日进行支取时均为到期支取

C. 若客户开户时选择"不转存"，则2016年4月1日至2018年5月1日按活期利率计息

D. 约定自动转存的优点是，即便到期后客户忘记支取，也不会有利息损失

答案：C、D。

解析：A项中，若约定自动转存，银行会在每年的4月1日为客户转存，2016年4月1日至2018年4月1日按照定期利率计息；而约定不转存，2016年4月1日到期后的存期均按照活期利率计息。因此两者利息金额不同。B项中，若客户选择自动转存，银行已经在2018年4月1日进行转存，转存后的到期日为2019年4月1日，因此2018年5月1日进行支取为提前支取；若客户选择不转存，2016年4月1日即到期日，只要在这天或之后进行支取，均为到期支取。

No.5　个人定期存款主要有哪几种产品？各有什么特色？

个人定期存款主要包括以下几种产品：整存整取、零存整取、整存零取以及存本

取息。

（1）整存整取定期储蓄存款是指个人在银行或其他金融机构存入的人民币或外币资金，约定存期、整笔存入，到期一次性支取本息的一种储蓄存款。人民币整存整取存期包括3个月、6个月、1年、2年、3年、5年。人民币整存整取储蓄账户开户起点金额为50元。

（2）零存整取定期储蓄存款由客户确定每月固定存款金额，起存金额为5元，每月存入一次，存期分为1年、3年、5年，中途如有漏存，应在次月补齐，即"存本月，补上月"。连续两次漏存，按活期存款利率计息。本产品目前仅支持人民币账户办理。

（3）整存零取储蓄存款是一种在开户时约定存款期限，本金一次性存入，分期支取本金，到期支取利息的个人定期储蓄存款。起存金额为1000元，一次存入，多存不限，存期分为1年、3年、5年三个存期档次。整存零取存款以开户日为每期支取日，支取间隔月数包括1个月、3个月、6个月。整存零取存款按约定日期和约定金额支取本金，最后支取日支取本金并办理销户计付利息。到期未支取部分可随时支取，逾期支取部分存期未满整月不计付利息，存期已满整月按整存零取储蓄存款利率计付利息。本产品目前仅支持人民币账户办理。

（4）存本取息存款是一种开户时约定存期，整笔一次性存入，按固定期限分次支取利息，到期一次支取本金的个人存款。起存金额为5000元，一次存入，多存不限。存期分为1年、3年、5年三个存期档次，存本取息存款以开户日为每期支取日，按约定日期支取利息，最后到期日支取本金和剩余利息，支取间隔月数包括1个月、3个月、6个月。存本取息存款利息按开户日挂牌公告的存本取息储蓄存款利率计算。逾期未取的利息可随时取息，但不计复息。本产品目前仅支持人民币账户办理。

练一练

（单选题）客户王女士退休后，每个月都能剩余2000多元，若王女士想把钱存到银行，年底将本息取出，则可以推荐她办理（　　　）存款。

A. 整存整取定期储蓄存款　　　B. 零存整取定期储蓄存款

C. 整存零取储蓄存款　　　　　D. 存本取息存款

答案：B。

No.6　什么是定活两便存款？基本规定有哪些？

定活两便存款是开户时不约定存期，一次性存入、一次性支取的储蓄存款，起存金额为人民币 50 元，存期不限。定活两便储蓄存款支取时利随本清。存期不满 3 个月，按天数计付活期利息；存期 3 个月以上（含 3 个月），不满半年的，整个存期按支取日定期整存整取 3 个月存款利率打六折计息；存期半年以上（含半年），不满一年的，整个存期按支取日定期整存整取半年期存款利率打六折计息；存期在一年（含一年）以上的，无论存期多长，整个存期一律按支取日定期整存整取一年期存款利率打六折计息。本产品目前仅支持人民币账户办理。

No.7　什么是个人通知存款？基本规定有哪些？

个人通知存款是指存款人在存入款项时不约定存期，支取时须提前通知金融机构，约定支取存款日期和金额方能支取的存款。通知存款不论实际存期多长，按存款人提前通知的期限长短划分为一天通知存款和七天通知存款两个品种。一天通知存款必须提前一天通知约定支取存款，七天通知存款必须提前七天通知约定支取存款。通知存款存入时，由储户自行选择通知存款品种（一天通知存款或七天通知存款）。

个人通知存款的最低起存金额为 5 万元，存款人须一次性存入，可以一次或分次支取。储户通知后若按约支取，则按支取日挂牌公告的通知存款一天或七天利率档次计息；如未办理通知直接支取，则按支取日挂牌公告的活期存款利率档次计息；如办理通知后未办理支取，通知支取日期过后通知自动取消，下次办理支取仍需重新办理预约。本产品目前仅支持人民币账户办理。

练一练

（多选题）以下关于个人通知存款的说法，正确的是（　　）。

A. 个人通知存款分为一天通知存款和七天通知存款

B. 个人通知存款的最低起存金额为 1 万元

C. 个人通知存款支取时须提前通知金融机构

D. 个人通知存款要求存款人在存入款项时约定存期

> **答案：** A、C。
>
> **解析：** B项中个人通知存款的最低起存金额为5万元。D项中存入时不需要约定存期。

No.8　什么是教育储蓄存款？基本规定有哪些？

教育储蓄定期存款是针对在校学生而开办的零存整取式的定期存款。教育储蓄存款免征存款利息所得税。存期分为1年、3年、6年，每期最低起存金额为50元，每期最高限额为1666元（1年期），存款最高限额为2万元，其他基本规则同零存整取。本产品目前仅支持人民币账户办理。

Day 4
单位存款业务基础

> 银行不仅有众多的个人客户，还有同样重要的单位客户，也就是企事业单位及同业客户，今天我们来熟悉一下单位存款业务吧！

No.1　什么是单位存款？单位存款可分为哪些种类？

单位存款是指企业、事业、机关、部队和社会团体等单位在金融机构办理的人民币存款，包括活期存款、定期存款、通知存款、协定存款和经中国人民银行批准的其他存款。

单位存款的分类：

（1）按存款期限是否有约定分为单位活期存款和单位定期存款；

（2）按资金性质和计息范围的不同分为财政性存款和一般存款；

（3）按存款账户性质不同分为基本存款账户存款、一般存款账户存款、专用存款账户存款、临时存款账户存款。

注：账户分类的内容比较重要，我们会在后面账户管理的部分展开讲解。

No.2　什么是单位活期存款？基本规定有哪些？

单位活期存款是指不约定存款期限，可以随时办理存取的，并依照人民银行公布的活期存款利率按日计息，按季度结息的存款。

基本规定：

（1）金融机构对单位活期存款实行账户管理。金融机构和开立活期存款账户的单位必须遵守《银行账户管理办法》。

（2）单位活期存款按结息日挂牌公告的活期存款利率计息，遇利率调整不分段计息。

No.3　什么是单位定期存款？基本规定有哪些？

单位定期存款是指企事业、机关团体等单位将资金存入银行，并事先与银行约定存期、利率，到期支取本息的一种存款方式，是我国银行业的一项传统负债业务。

（1）起存金额为1万元，多存不限。

（2）单位定期存款的期限分为3个月、6个月、1年。

（3）金融机构对单位定期存款实行账户管理（大额可转让定期存款除外）。

（4）财政拨款、预算内资金及银行贷款不得作为单位定期存款存入金融机构。

（5）单位定期存款在存期内按存款存入日挂牌公告的定期存款利率计付利息，遇利率调整，不分段计息。

（6）单位定期存款可以全部或部分提前支取。全部提前支取的，按支取日挂牌公告的活期存款利率计息；部分提前支取的，提前支取的部分按支取日挂牌公告的活期存款利率计息，其余部分如不低于起存金额由金融机构按原存期开具新的证实书，按原存款开户日挂牌公告的同档次定期存款利率计息，不足起存金额则予以清户。

（7）单位定期存款到期不取，逾期部分按支取日挂牌公告的活期存款利率计付利息。

（8）开立单位定期存款，由接受存款的金融机构给存款单位开出"单位定期存款开户证实书"，证实书作为重要空白凭证管理，仅对存款单位开户证实，不得作为质押的权利凭证。

练一练

（单选题）以下关于单位定期存款的说法，正确的是（　　）。

A. 单位定期存款不得提前支取

B. 单位定期存款在存期内按存款支取日挂牌公告的定期存款利率计付利息

C. 单位定期存款计息期间遇利率调整，不分段计息

D. 某政府部门将财政拨款作为单位定期存款存入金融机构

答案： C。

> 解析：A 项：可以提前支取。B 项：按存入日挂牌公告的定期存款利率计付利息。D 项：财政拨款不得作为单位定期存款存入金融机构。

No.4 什么是保证金存款？基本规定有哪些？

保证金存款是金融机构为客户出具具有结算功能的信用工具，或提供资金融通后，按约履行相关义务，而与其约定将一定数量的资金存入特定账户所形成的存款类别。在客户违约后，商业银行有权直接扣划该账户中的存款，以最大限度地减少银行损失。

基本规定：

（1）保证金存款包括活期保证金存款和定期保证金存款。

（2）按照保证金担保对象的不同，保证金存款一般分为银行承兑汇票保证金、信用证保证金、黄金交易保证金、远期结售汇保证金。

（3）保证金专户必须实行封闭管理，严禁发生保证金专户与客户结算户串用、各子账户之间相互挪用、同一出票人的保证金子账户之间的相互挪用及混用等行为；不得提前支取保证金。

（4）保证金账户保证期间不得办理任何转账结算业务，保证债务未结清前，不得提前支取或部分提前支取，特殊情况除外。

> **练一练**
>
> （判断题）保证金存款可以简单地理解为"押金"的一种，它是银行和客户之间相互行为约束的一种保证，有效地维护了银行和客户之间的利益。（   ）
>
> **答案：** 正确。

No.5 什么是单位通知存款？基本规定有哪些？

单位通知存款是指存款人在存入款项时不约定存期，须提前通知金融机构，约定支取存款日期和金额方能支取的存款。

（1）通知存款按存款人提前通知的期限长短划分为一天通知存款和七天通知存款两个品种。

（2）单位通知存款的最低起存金额为 50 万元，最低支取金额为 10 万元。存款人需一次性存入，可以一次或分次支取。

（3）通知存款为记名式存款，单位通知存款采用记名存款凭证形式。

（4）通知存款存入时，存款人自由选择通知存款品种，金融机构按支取日挂牌公告的相应利率水平和实际存期计息，利随本清。

（5）通知后若按约支取，则按支取日挂牌公告的通知存款一天或七天利率档次计息；如未办理通知直接支取，则按支取日挂牌公告的活期存款利率档次计息；如办理通知后未办理支取，通知支取日期过后通知自动取消，下次办理支取仍需重新办理预约。

No.6　什么是单位协定存款和单位协议存款？二者有哪些异同？

单位协定存款指客户通过与银行签订《协定存款合同》，约定期限，商定其结算账户需保留的最低留存额，对最低留存额内的存款按活期存款利率计息，超过最低留存额部分的存款按协定存款利率给付利息的一种存款。

单位协议存款是指银行为特定客户（如保险基金、社保基金、养老保险基金）开办的存款期限较长，起存金额较大，利率、期限、结息付息方式由双方商定的人民币单位定期存款。

区别：

（1）利率不同：单位协定存款利率按照银行挂牌利率执行；单位协议存款的利率由存款单位与银行协商确定。

（2）计息方式不同：单位协定存款事先约定最低留存金额，对最低留存金额内的存款按活期存款利率计息，超过最低留存额部分的存款按协定存款利率给付利息，按季度结息；单位协议存款按存款金额、实际存期、约定的利率、约定的计息方式计息。

No.7　什么是单位定期存单？什么是单位定期存款开户证实书？二者有什么区别和联系？

单位定期存单是指银行为办理需质押的信贷业务的单位客户，依据其提供的开户证实书，而开具的人民币定期存款权利凭证。

单位定期存款开户证实书是单位客户申请开立单位定期存款时，金融机构出具的对存款单位开户证实的凭证。

通俗地讲，如果单位客户只是为了进行定期存款，那么银行向开户单位出具的是定期存款开户证实书。而如果开户单位需要进一步办理信贷业务，需要质押这笔定期存款时，银行会收回开户证实书，换发定期存单并办理质押。

区别：用途不同。单位定期存款开户证实书是开立单位定期存款时金融机构提供的开户证实凭证，支取单位定期存款时必须提供开户证实书及预留印鉴；单位定期存单为办理质押贷款而开立和使用，是用于质押的权利证明。

联系：二者可以互换。单位客户需要办理质押贷款时需要将开户证实书更换为单位定期存单，在质押期满后，单位客户在支取定期存款时，需要将单位定期存单更换为开户证实书。

单位定期存款开户证实书票样：

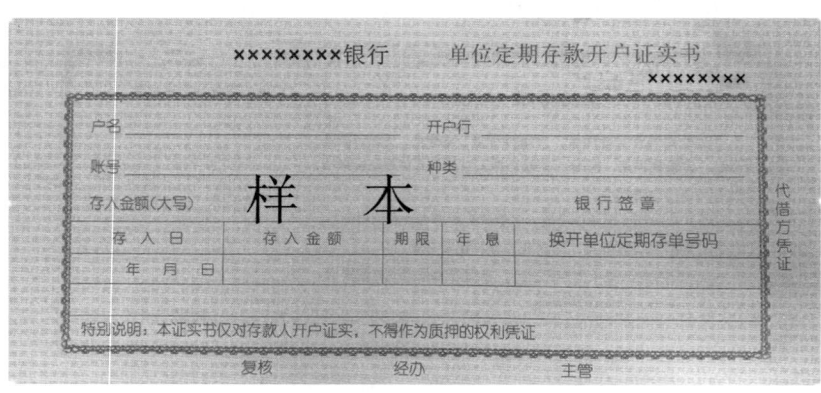

No.8 单位存款客户类别有哪些？

单位存款客户包括普通单位客户（对公客户）和同业客户。

同业客户指银行业金融机构及非银行业金融机构等客户；普通单位客户（对公客户）指除同业客户以外的客户，如企业、事业单位、机关、团体、部队、个体工商户及其他组织。

练一练

（单选题）以下关于单位定期存单和单位定期存款开户证实书的说法，正确的是（　　）。

A. 单位定期存单和单位定期存款开户证实书只能进行一次互换

B. 存款开户证实书换为单位定期存单后，销户时可以凭单位定期存单直接进行

销户

  C.单位客户申请开立单位定期存款时，金融机构出具的是单位定期存款开户证实书

  D.单位定期存款开户证实书为办理质押贷款而开立和使用，是用于质押的权利证明

  答案：C。

  解析：A项：允许多次互换。B项：必须将单位定期存单更换为开户证实书后进行销户。D项：单位定期存单为办理质押贷款而开立和使用，是用于质押的权利证明。

Day 5
贷款业务基础

> 贷款业务是银行的主要营收来源,后面还有具体的章节介绍信贷业务,今天让我们了解一下贷款业务的基本知识吧!

No.1　什么是贷款?

贷款是指贷款人对借款人提供的并按约定的利率和期限还本付息的货币资金。

No.2　贷款人和借款人的概念是什么?

贷款人是指在中国境内依法设立的经营贷款业务的金融机构。

借款人是指从经营贷款业务的金融机构取得贷款的法人、其他经济组织、个体工商户和自然人。

No.3　贷款的种类有哪些?

自营贷款是指贷款人以合法方式筹集的资金自主发放的贷款,其风险由贷款人承担,并由贷款人收回本金和利息。

委托贷款是指由政府部门、企事业单位及个人等委托人提供资金,由贷款人(受托人)根据委托人确定的贷款对象、用途、金额、期限、利率等代为发放、监督使用并协助收回的贷款。贷款人(受托人)只收取手续费,不承担贷款风险。

特定贷款是指经国务院批准并对贷款可能造成的损失采取相应补救措施后责成国有独资商业银行发放的贷款。

No.4 贷款的期限有哪些？

（1）短期贷款是指贷款期限在 1 年以内（含 1 年）的贷款。

（2）中期贷款是指贷款期限在 1 年以上（不含 1 年）5 年以下（含 5 年）的贷款。

（3）长期贷款是指贷款期限在 5 年（不含 5 年）以上的贷款。

练一练

（单选题）贷款期限为 5 年的贷款属于（　　）。

A. 短期贷款　　　B. 中期贷款　　　C. 长期贷款　　　D. 逾期贷款

答案：B。

No.5 贷款担保方式有哪些？

贷款的担保方式主要有保证担保、抵押担保、质押担保。

保证担保是指保证人和贷款人约定，当借款人违约或无力归还贷款时，由保证人按照约定履行主合同的债务或者承担责任的行为。

抵押担保是指借款人或者第三人不转移抵押财产的占有，将抵押财产作为债权的担保。当借款人不履行债务时，贷款人有权依照担保法的规定以抵押财产折价或者以拍卖、变卖该财产的价款优先受偿。

质押担保是指借款人或者第三人将其动产移交贷款人占有，或者将其财产权利交由贷款人控制，将该动产或者财产权利作为债权的担保。借款人不履行债务时，贷款人有权依照担保法的规定以该动产或者财产权利折价，或者以拍卖、变卖该动产或者财产权利的价款优先受偿。

Day 6

法规学习：商业银行法（节选）

作为银行从业人员，除了要掌握银行业务、懂得营销以外，更要了解与银行相关的法律知识，接下来将分章节重点介绍《商业银行法》《会计法》等通识性的法律法规，《票据法》《支付结算办法》等支付结算相关法律法规，以及反洗钱相关法规。银行从业人员在做好本职工作中，要恪守职业"底线"，才能保证顺利地展开自己的职业生涯。

《商业银行法》是我国为了保护商业银行、存款人和其他客户的合法权益，规范商业银行的行为，提高信贷资产质量，加强监督管理，保障商业银行的稳健运行，维护金融秩序，促进社会主义市场经济的发展而制定的一部法律。以下为2015年修正的《商业银行法》中的重点节选条目，供大家学习参考。

No.1 《商业银行法》的第一章"总则"有哪些需要了解的规定？

第二条 本法所称的商业银行是指依照本法和《中华人民共和国公司法》设立的吸收公众存款、发放贷款、办理结算等业务的企业法人。

第三条 商业银行可以经营下列部分或者全部业务：（一）吸收公众存款；（二）发放短期、中期和长期贷款；（三）办理国内外结算；（四）办理票据承兑与贴现；（五）发行金融债券；（六）代理发行、代理兑付、承销政府债券；（七）买卖政府债券、金融债券；（八）从事同业拆借；（九）买卖、代理买卖外汇；（十）从事银行卡业务；（十一）提供信用证服务及担保；（十二）代理收付款项及代理保险业务；（十三）提供保管箱服务；（十四）经国务院银行业监督管理机构批准的其他业务。经营范围由商业银行章程规定，报国务院银行业监督管理机构批准。商业银行经中国人民银行批准，可以经营结汇、售汇业务。

第四条 商业银行以安全性、流动性、效益性为经营原则，实行自主经营，自担风险，自负盈亏，自我约束。商业银行依法开展业务，不受任何单位和个人的干涉。商业银行以其全部法人财产独立承担民事责任。

第五条 商业银行与客户的业务往来，应当遵循平等、自愿、公平和诚实信用的原则。

第六条 商业银行应当保障存款人的合法权益不受任何单位和个人的侵犯。

第七条 商业银行开展信贷业务，应当严格审查借款人的资信，实行担保，保障按期收回贷款。商业银行依法向借款人收回到期贷款的本金和利息，受法律保护。

第八条 商业银行开展业务，应当遵守法律、行政法规的有关规定，不得损害国家利益、社会公共利益。

第九条 商业银行开展业务，应当遵守公平竞争的原则，不得从事不正当竞争。

练一练

（多选题）商业银行的经营原则是（　　）。

A. 安全性　　　B. 流动性　　　C. 营利性　　　D. 效益性

答案：A、B、D。

No.2 《商业银行法》的第二章"商业银行的设立和组织机构"有哪些需要了解的规定？

第二十二条 商业银行对其分支机构实行全行统一核算，统一调度资金，分级管理的财务制度。商业银行分支机构不具有法人资格，在总行授权范围内依法开展业务，其民事责任由总行承担。

No.3 《商业银行法》的第三章"对存款人的保护"有哪些需要了解的规定？

第二十九条 商业银行办理个人储蓄存款业务，应当遵循存款自愿、取款自由、存款有息、为存款人保密的原则。对个人储蓄存款，商业银行有权拒绝任何单位或者个人查询、冻结、扣划，但法律另有规定的除外。

第三十条　对单位存款，商业银行有权拒绝任何单位或者个人查询，但法律、行政法规另有规定的除外；有权拒绝任何单位或者个人冻结、扣划，但法律另有规定的除外。

第三十一条　商业银行应当按照中国人民银行规定的存款利率的上下限，确定存款利率，并予以公告。

第三十二条　商业银行应当按照中国人民银行的规定，向中国人民银行交存存款准备金，留足备付金。

第三十三条　商业银行应当保证存款本金和利息的支付，不得拖延、拒绝支付存款本金和利息。

> **练一练**
>
> （判断题）商业银行应向人民银行交存存款准备金。　　　　（　　）
> 答案：正确。

No.4　《商业银行法》的第四章"贷款和其他业务的基本规则"有哪些需要了解的规定？

第三十七条　商业银行贷款，应当与借款人订立书面合同。合同应当约定贷款种类、借款用途、金额、利率、还款期限、还款方式、违约责任和双方认为需要约定的其他事项。

第三十八条　商业银行应当按照中国人民银行规定的贷款利率的上下限，确定贷款利率。

第三十九条　商业银行贷款，应当遵守下列资产负债比例管理的规定：（一）资本充足率不得低于百分之八；（二）流动性资产余额与流动性负债余额的比例不得低于百分之二十五；（三）对同一借款人的贷款余额与商业银行资本余额的比例不得超过百分之十；（四）国务院银行业监督管理机构对资产负债比例管理的其他规定。本法施行前设立的商业银行，在本法施行后，其资产负债比例不符合前款规定的，应当在一定的期限内符合前款规定。具体办法由国务院规定。

第四十一条　任何单位和个人不得强令商业银行发放贷款或者提供担保。商业银行有权拒绝任何单位和个人强令要求其发放贷款或者提供担保。

第四十二条 借款人应当按期归还贷款的本金和利息。借款人到期不归还担保贷款的，商业银行依法享有要求保证人归还贷款本金和利息或者就该担保物优先受偿的权利。商业银行因行使抵押权、质权而取得的不动产或者股权，应当自取得之日起二年内予以处分。借款人到期不归还信用贷款的，应当按照合同约定承担责任。

第四十三条 商业银行在中华人民共和国境内不得从事信托投资和证券经营业务，不得向非自用不动产投资或者向非银行金融机构和企业投资，但国家另有规定的除外。

第四十四条 商业银行办理票据承兑、汇兑、委托收款等结算业务，应当按照规定的期限兑现，收付入账，不得压单、压票或者违反规定退票。有关兑现、收付入账期限的规定应当公布。

第四十七条 商业银行不得违反规定提高或者降低利率以及采用其他不正当手段，吸收存款，发放贷款。

第四十八条 企事业单位可以自主选择一家商业银行的营业场所开立一个办理日常转账结算和现金收付的基本账户，不得开立两个以上基本账户。任何单位和个人不得将单位的资金以个人名义开立账户存储。

第五十二条 商业银行的工作人员应当遵守法律、行政法规和其他各项业务管理的规定，不得有下列行为：（一）利用职务上的便利，索取、收受贿赂或者违反国家规定收受各种名义的回扣、手续费；（二）利用职务上的便利，贪污、挪用、侵占本行或者客户的资金；（三）违反规定徇私向亲属、朋友发放贷款或者提供担保；（四）在其他经济组织兼职；（五）违反法律、行政法规和业务管理规定的其他行为。

第五十三条 商业银行的工作人员不得泄露其在任职期间知悉的国家秘密、商业秘密。

练一练

（单选题）商业银行贷款，应当遵守资产负债比例管理的规定，其中，流动性资产余额与流动性负债余额的比例不得低于（　　）。

A.75%　　　　B.25%　　　　C.80%　　　　D.20%

答案：B。

No.5 《商业银行法》的第八章"法律责任"有哪些需要了解的规定？

第七十三条 商业银行有下列情形之一，对存款人或者其他客户造成财产损害的，应当承担支付迟延履行的利息以及其他民事责任：（一）无故拖延、拒绝支付存款本金和利息的；（二）违反票据承兑等结算业务规定，不予兑现，不予收付入账，压单、压票或者违反规定退票的；（三）非法查询、冻结、扣划个人储蓄存款或者单位存款的；（四）违反本法规定对存款人或者其他客户造成损害的其他行为。有前款规定情形的，由国务院银行业监督管理机构责令改正，有违法所得的，没收违法所得，违法所得五万元以上的，并处违法所得一倍以上五倍以下罚款；没有违法所得或者违法所得不足五万元的，处五万元以上五十万元以下罚款。

第八十四条 商业银行工作人员利用职务上的便利，索取、收受贿赂或者违反国家规定收受各种名义的回扣、手续费，构成犯罪的，依法追究刑事责任；尚不构成犯罪的，应当给予纪律处分。有前款行为，发放贷款或者提供担保造成损失的，应当承担全部或者部分赔偿责任。

第八十五条 商业银行工作人员利用职务上的便利，贪污、挪用、侵占本行或者客户资金，构成犯罪的，依法追究刑事责任；尚不构成犯罪的，应当给予纪律处分。

第八十六条 商业银行工作人员违反本法规定玩忽职守造成损失的，应当给予纪律处分；构成犯罪的，依法追究刑事责任。违反规定徇私向亲属、朋友发放贷款或者提供担保造成损失的，应当承担全部或者部分赔偿责任。

第八十七条 商业银行工作人员泄露在任职期间知悉的国家秘密、商业秘密的，应当给予纪律处分；构成犯罪的，依法追究刑事责任。

案　　例

2013年1月，王某找到河南省郑州市某银行行长张某，称其向一个房地产公司借款1000万元，需要银行作担保。张某为获得王某的存款，爽快地同意了。不久，王某拿来一份空白还款保函，张某在未经银行内部审批的前提下，在备注栏处写上"受益人到期如不能按时还款，由银行负连带责任，并无条件支付本金及利息"，且张某在行长签章处签上自己的名字，还加盖了该银行公章。后来，王某又如法炮制，以银行为担保又借到了1000万元。借款到期后，王某未按合同归还欠款，债权人起诉银行要求银行承担连带保证责任，本案案发。

思考： 本案中，银行行长张某触犯了什么法律？

解析： 本案中，张某违规向王某提供担保造成损失，不仅违反了《商业银行法》第五十二条中"不得有以下行为……违反规定徇私向亲属、朋友发放贷款或者提供担保"，还违反了《刑法》第一百八十八条，构成违规出具金融票证罪，造成了严重的后果，应依法惩处。

Day 7
法规学习：会计法（节选）

《会计法》是为规范会计行为，保证会计资料真实、完整，加强经济管理和财务管理，提高经济效益，维护社会主义市场经济秩序而制定的经济领域的重要法律。以下为2017年修正的《会计法》节选，供大家学习参考。

大家可以结合 Day2 的学习内容，对银行会计基础进一步加强了解。

No.1 《会计法》的第一章"总则"有哪些需要了解的规定？

第二条 国家机关、社会团体、公司、企业、事业单位和其他组织（以下统称单位）必须依照本法办理会计事务。

第三条 各单位必须依法设置会计账簿，并保证其真实、完整。

第五条 会计机构、会计人员依照本法规定进行会计核算，实行会计监督。任何单位或者个人不得以任何方式授意、指使、强令会计机构、会计人员伪造、变造会计凭证、会计账簿和其他会计资料，提供虚假财务会计报告。任何单位或者个人不得对依法履行职责、抵制违反本法规定行为的会计人员实行打击报复。

第六条 对认真执行本法，忠于职守，坚持原则，作出显著成绩的会计人员，给予精神的或者物质的奖励。

第八条 国家实行统一的会计制度。国家统一的会计制度由国务院财政部门根据本法制定并公布。国务院有关部门可以依照本法和国家统一的会计制度制定对会计核算和会计监督有特殊要求的行业实施国家统一的会计制度的具体办法或者补充规定，报国务院财政部门审核批准。中国人民解放军总后勤部可以依照本法和国家统一的会计制度制定军队实施国家统一的会计制度的具体办法，报国务院财政部门备案。

No.2 《会计法》的第二章"会计核算"有哪些需要了解的规定？

第九条 各单位必须根据实际发生的经济业务事项进行会计核算，填制会计凭证，登记会计账簿，编制财务会计报告。任何单位不得以虚假的经济业务事项或者资料进行会计核算。

第十条 下列经济业务事项，应当办理会计手续，进行会计核算：（一）款项和有价证券的收付；（二）财物的收发、增减和使用；（三）债权债务的发生和结算；（四）资本、基金的增减；（五）收入、支出、费用、成本的计算；（六）财务成果的计算和处理；（七）需要办理会计手续、进行会计核算的其他事项。

第十一条 会计年度自公历1月1日起至12月31日止。

第十二条 会计核算以人民币为记账本位币。业务收支以人民币以外的货币为主的单位，可以选定其中一种货币作为记账本位币，但是编报的财务会计报告应当折算为人民币。

第十三条 会计凭证、会计账簿、财务会计报告和其他会计资料，必须符合国家统一的会计制度的规定。使用电子计算机进行会计核算的，其软件及其生成的会计凭证、会计账簿、财务会计报告和其他会计资料，也必须符合国家统一的会计制度的规定。任何单位和个人不得伪造、变造会计凭证、会计账簿及其他会计资料，不得提供虚假的财务会计报告。

第十四条 会计凭证包括原始凭证和记账凭证。办理本法第十条所列的经济业务事项，必须填制或者取得原始凭证并及时送交会计机构。会计机构、会计人员必须按照国家统一的会计制度的规定对原始凭证进行审核，对不真实、不合法的原始凭证有权不予接受，并向单位负责人报告；对记载不准确、不完整的原始凭证予以退回，并要求按照国家统一的会计制度的规定更正、补充。原始凭证记载的各项内容均不得涂改；原始凭证有错误的，应当由出具单位重开或者更正，更正处应当加盖出具单位印章。原始凭证金额有错误的，应当由出具单位重开，不得在原始凭证上更正。记账凭证应当根据经过审核的原始凭证及有关资料编制。

第十五条 会计账簿登记，必须以经过审核的会计凭证为依据，并符合相关法律、行政法规和国家统一的会计制度的规定。会计账簿包括总账、明细账、日记账和其他辅助性账簿。会计账簿应当按照连续编号的页码顺序登记。会计账簿记录发生错误或者隔页、缺号、跳行的，应当按照国家统一的会计制度规定的方法更正，并由会计人员和会计机构负责人（会计主管人员）在更正处盖章。使用电子计算机进行会计核算的，其会计账簿的登记、更正，应当符合国家统一的会计制度的规定。

第十六条　各单位发生的各项经济业务事项应当在依法设置的会计账簿上统一登记、核算，不得违反本法和国家统一的会计制度的规定私设会计账簿登记、核算。

第十七条　各单位应当定期将会计账簿记录与实物、款项及有关资料相互核对，保证会计账簿记录与实物及款项的实有数额相符、会计账簿记录与会计凭证的有关内容相符、会计账簿之间相对应的记录相符、会计账簿记录与会计报表的有关内容相符。

第十八条　各单位采用的会计处理方法，前后各期应当一致，不得随意变更；确有必要变更的，应当按照国家统一的会计制度的规定变更，并将变更的原因、情况及影响在财务会计报告中说明。

第二十二条　会计记录的文字应当使用中文。在民族自治地方，会计记录可以同时使用当地通用的一种民族文字。在中华人民共和国境内的外商投资企业、外国企业和其他外国组织的会计记录可以同时使用一种外国文字。

第二十三条　各单位对会计凭证、会计账簿、财务会计报告和其他会计资料应当建立档案，妥善保管。会计档案的保管期限和销毁办法，由国务院财政部门会同有关部门制定。

练一练

（判断题）会计核算以人民币为记账本位币。业务收支以人民币以外的货币为主的单位，可以选定其中一种货币编报财务会计报告。　　　　　　　　　　　　（　　）

答案： 错误。

解析： 业务收支以人民币以外的货币为主的单位，可以选定其中一种货币作为记账本位币，但是编报的财务会计报告应当折算为人民币。

（判断题）会计凭证指的是记账凭证。　　　　　　　　　　　　　　　　（　　）

答案： 错误。

解析： 会计凭证包括原始凭证和记账凭证。

No.3 《会计法》的第四章"会计监督"有哪些需要了解的规定？

第二十七条　各单位应当建立健全本单位内部会计监督制度。单位内部会计监督制度应当符合下列要求：（一）记账人员与经济业务事项和会计事项的审批人员、经办人员、财物保管人员的职责权限应当明确，并相互分离、相互制约；（二）重大对外投资、资产处置、资金调度和其他重要经济业务事项的决策和执行的相互监督、相互制约程序应当明确；（三）财产清查的范围、期限和组织程序应当明确；（四）对会计资料定期进行内部审计的办法和程序应当明确。

第二十八条　单位负责人应当保证会计机构、会计人员依法履行职责，不得授意、指使、强令会计机构、会计人员违法办理会计事项。会计机构、会计人员对违反本法和国家统一的会计制度规定的会计事项，有权拒绝办理或者按照职权予以纠正。

第二十九条　会计机构、会计人员发现会计账簿记录与实物、款项及有关资料不相符的，按照国家统一的会计制度的规定有权自行处理的，应当及时处理；无权处理的，应当立即向单位负责人报告，请求查明原因，作出处理。

第三十条　任何单位和个人对违反本法和国家统一的会计制度规定的行为，有权检举。收到检举的部门有权处理的，应当依法按照职责分工及时处理；无权处理的，应当及时移送有权处理的部门处理。收到检举的部门、负责处理的部门应当为检举人保密，不得将检举人姓名和检举材料转给被检举单位和被检举人个人。

No.4 《会计法》的第五章"会计机构和会计人员"有哪些需要了解的规定？

第三十六条　各单位应当根据会计业务的需要，设置会计机构，或者在有关机构中设置会计人员并指定会计主管人员；不具备设置条件的，应当委托经批准设立从事会计代理记账业务的中介机构代理记账。国有的和国有资产占控股地位或者主导地位的大、中型企业必须设置总会计师。总会计师的任职资格、任免程序、职责权限由国务院规定。

第三十八条　会计人员应当具备从事会计工作所需要的专业能力。担任单位会计机构负责人（会计主管人员）的，应当具备会计师以上专业技术职务资格或者从事会计工作三年以上经历。本法所称会计人员的范围由国务院财政部门规定。

第四十一条　会计人员调动工作或者离职，必须与接管人员办清交接手续。一般会计人员办理交接手续，由会计机构负责人（会计主管人员）监交；会计机构负责人（会计主管人员）办理交接手续，由单位负责人监交，必要时主管单位可以派人会同监交。

No.5 《会计法》的第六章"法律责任"有哪些需要了解的规定？

第四十三条 伪造、变造会计凭证、会计账簿，编制虚假财务会计报告，构成犯罪的，依法追究刑事责任。有前款行为，尚不构成犯罪的，由县级以上人民政府财政部门予以通报，可以对单位并处五千元以上十万元以下的罚款；对其直接负责的主管人员和其他直接责任人员，可以处三千元以上五万元以下的罚款；属于国家工作人员的，还应当由其所在单位或者有关单位依法给予撤职直至开除的行政处分；其中的会计人员，五年内不得从事会计工作。

第四十四条 隐匿或者故意销毁依法应当保存的会计凭证、会计账簿、财务会计报告，构成犯罪的，依法追究刑事责任。有前款行为，尚不构成犯罪的，由县级以上人民政府财政部门予以通报，可以对单位并处五千元以上十万元以下的罚款；对其直接负责的主管人员和其他直接责任人员，可以处三千元以上五万元以下的罚款；属于国家工作人员的，还应当由其所在单位或者有关单位依法给予撤职直至开除的行政处分；其中的会计人员，五年内不得从事会计工作。

案　例

审计机关对某股份有限公司2017年财务情况进行审计时，发现有以下行为：（1）公司作为一般纳税人，在未发生存货购入业务的情况下，从其他企业买入空白增值税发票，并在发票上注明购入商品，买价2000万元，增值税额340万元。财务部门以该发票为依据，编制购入商品的记账凭证；纳税申报时作为增值税进项税额抵扣税款。（2）公司销售商品开出发票时，"发票联"内容真实，但本单位"记账联"和"存根联"的金额比真实金额小。会计以"记账联"编制记账凭证，登记账簿，导致少记销售收入900万元，少记增值税153万元。

思考： 以上行为违反了《会计法》中的哪些规定，应如何处理？

解析： 违反了《会计法》第五条：任何单位或者个人不得以任何方式授意、指使、强令会计机构、会计人员伪造、变造会计凭证……根据《会计法》第四十三条：伪造、变造会计凭证、会计账簿，编制虚假财务会计报告，构成犯罪的，依法追究刑事责任。若尚不构成犯罪，则对单位、直接负责的主管人员和其他直接责任人员处以罚款，其中的会计人员，五年内不得从事会计工作。

第二章　柜面业务

柜面业务是最为人所熟知的银行业务，包括现金业务、结算业务等众多的业务种类。在柜面业务中，柜员扮演了重要角色，他们直接与客户接触，做好一线服务，推介银行产品，是银行最亮丽的"门面"。

Day 8 柜员的一天

> "柜员"是很多银行从业者要扮演的第一个角色。柜员的工作烦琐,还有些单调,却是银行维持日常运行,保证客户正常结算,以及作为银行"门面"的重要岗位。"宰相必起于州部,猛将必发于卒伍",无论将来我们在银行做什么样的工作,让我们先从做好一名合格的"小柜圆"开始吧!

No.1 网点营业前的准备包括哪些?

网点在进行营业前,要做好各种准备工作,其中包括安全规范检查、监控设备检查、自助设备检查、召开网点晨会、营业物品及环境检查、业务报表检查,并按照规范要求做好款箱接收及相关业务系统的签到处理等工作。

No.2 网点晨会应该包括哪些内容?有哪些注意事项?

网点每日晨会首先要选定主持人,主持人一般为支行行长或网点负责人,也可由柜员轮流担任。

晨会的内容及流程:

(1)检查着装,规范员工仪容仪表。

(2)进行产品通报,简单介绍近期正在销售或预销售产品情况。

(3)对前一日业务运行及核算情况进行总结,分析业务差错成因,并对当日重要风险事项进行提示,传达上级文件精神。

(4)进行表扬和鼓励,组织合规理念、合规警言学习。

(5)支行负责人对前一日工作进行总结并安排部署当日工作。

（6）会后主持人做好晨会时间、地点、参加人员及晨会内容等记录。

晨会注意事项：

① 晨会的形式不限，时长 15~20 分钟；时间也应灵活掌握，如运钞车到达较早的网点，可以先组织接款后召开晨会。

② 晨会以高效、趣味和实用为原则。

③ 晨会地点应在营业场所监控范围内的指定位置进行。

④ 主持人不论是支行负责人还是普通柜员，都应提前准备好晨会内容。

> **练一练**
>
> （单选题）以下关于网点晨会的描述，说法正确的是（　　）。
> A. 晨会应每周召开一次
> B. 晨会的形式不限，时长 15~20 分钟
> C. 必须在运钞车到达前召开晨会
> D. 晨会地点可随意选择
>
> 答案：B。
>
> 解析：A 项：晨会应每天召开。C 项：时间应灵活掌握，根据款车到达时间确定。D 项：在营业场所监控范围内的指定位置进行。

No.3　柜员的营业准备有哪些工作？

（1）检查自己的业务用品。检查对讲器、叫号器、办公终端设备（包括键盘、鼠标等）、柜内清设备、柜外清设备及点钞机、扎把机、清分机等是否处于可用状态；保证印台内印泥适当，沾水盒海绵湿润；将上述物品有序放置在桌面监控范围内。同时检查扎把条、橡皮筋、夹子、笔、一般凭证等办公用品是否充足。

（2）柜员接到款箱后，需在监控范围内开封、开双锁。并注意以下事项：

① 柜员对本人尾箱核对，发现款包破损或其他异常时应逐张清点，清点无误后方可对外营业。如需要增减库存现金和重要空白凭证的可根据实际库存情况向主管申请调拨。

② 当日尾箱平移接收方柜员，接收平移的款箱及钥匙，对接收尾箱中所有现金及单证进行逐张清点。

（3）柜员检查自己专匣保管的印章（业务用章、柜员名章等）是否齐全，并将日期调整为当天营业日期，调整完毕后将所有印章放置在监控录像有效监控范围内。

No.4　柜员的日间业务办理流程是什么？

（1）客户来到柜台前时，柜员应微笑询问客户需要的服务事项，双手接过客户提交的现金、凭证以及相关证件等物品。

（2）审核客户提供的交易介质、业务凭证及身份证件等。

（3）柜员受理客户业务申请后，应判断业务是否需要现场审批授权，需要的请审批人全程监督业务。

（4）在录像监控下，客户视线范围内清点现金。

（5）启动系统进行交易处理，无纸化交易提示客户核实确认业务内容，完成签字。需交客户确认的凭证递交客户，指明签字位置，请客户签字。

（6）收回凭证审核后加盖印章，并按业务顺序摆放。

（7）双手递送客户取款现金、凭证、回单等物品，提醒客户注意清点核对，向客户礼貌告别。

💡 **小提示**：柜员在业务办理过程中，通过简单的业务营销或许可以达到事半功倍的效果。

No.5　柜员临时离柜流程是什么？有哪些注意事项？

（1）告知：柜员要告知大堂经理，请大堂经理提醒客户到其他窗口办理业务。

（2）落牌：将"暂停服务"牌放置柜台窗口处。

（3）收物上锁：业务现金、重空凭证、印章、当日已入账凭证等入屉（款箱、保险柜）上锁；钥匙随身保管，不得转交他人；同时保证款箱、保险柜在录像监控的范围之内。

（4）退出（锁定）交易系统。

💡 **小提示**：注意离柜操作始终在监控下进行，动作到位、明显；工位收拾整洁；原则上临时离柜不应超过10分钟，午餐时间除外。

> **练一练**
>
> （单选题）以下关于柜员临时离柜的操作描述，说法错误的是（　　）。
>
> A. 将"暂停服务"牌放置柜台窗口处
>
> B. 钥匙随身保管，不得转交他人
>
> C. 业务现金、重空凭证、印章、当日已入账凭证等入屉（款箱、保险柜），上锁保管
>
> D. 将交易系统窗口最小化
>
> 答案：D项。
>
> 解析：必须退出系统或将交易系统锁定，不得最小化。

No.6 柜员营业结束后有哪些工作？

（1）每天营业结束，柜员结账。

（2）柜员清点尾箱现金和重要单证，核对无误后进行签退，应注意以下要点：

① 柜员尾箱仅允许保留零散现金，且余额不超过银行内部规定，超出部分需调出。

② 日终封箱。柜员尾箱需换人复点，无误后双人同时加锁封箱。复点人持尾箱实物清单对柜员尾箱中的全部现金进行清点，对于重要单证，整盒（包、本）未拆封的只清点大数，其他逐张（份）清点，清点时应注意凭证是否连号，手工销号的凭证应与登记簿进行核对。

③ 尾箱所属柜员需监督复点过程，实物核对无误后，双人在柜员尾箱实物清单上签章（或签字）确认。现金、凭证、印章一并放入款箱，上双锁加封，钥匙分开保管。

④ 柜员次日休班，尾箱需要交接的由接收柜员负责全部清点后，双人封箱；上锁后的款箱统一集中放置在监控录像下的固定位置。

（3）流水勾对。柜员完成签退后，应与当日交易凭证进行逐笔勾对，确保凭证录入及账务处理正确无误。

（4）日终离岗。全天营业结束后，柜员须对桌面进行清理整洁，桌面物品统一有序摆放，无杂物堆放；垃圾要及时放入垃圾箱，对附有客户信息的工作垃圾，要作粉碎处理至无法辨认；关闭柜台设备电源（含终端、打印机、点钞机、扎把机、对讲器等），清理打印机内纸屑、灰尘等，保持各营业设备整洁。

No.7 网点营业结束后的工作包括哪些？

对外营业结束后的工作主要有柜员结账上缴尾箱、日终封箱、与运钞车交接款箱、传票勾对、业务系统机构签退、自助设备日终检查、营业场所日终检查、安防日终检查及网点设防操作。

小知识

柜员服务营销七步法

1. 举手迎宾：面带微笑，眼睛看着客户，目光交流，声音充满热情与活力，右手垂直举起，大臂平行于地面与身体呈135度，大臂与小臂呈90度，五指并拢伸直，手心45度朝向客户，手指指尖高度与耳朵齐平，客户到达柜台前50厘米处时，自然垂下请客户入座。

2. 笑脸相问："您好，请坐。"

3. 双手接物："请问您办理什么业务？"

4. 快速办理："请您输入密码。""请您核对后签名。""请您看显示器清点现金。""好的，请稍等，您还办其他业务吗？"

5. 巧妙营销："四个一"。

"一句话"。询问完客户办理业务的种类，告知客户需要等待的时间，递出产品宣传折页。"您的业务办理大概需要3分钟，这是我们最新的服务介绍（这是我行最新推出的组合存款，利率能达到××%），您可以了解一下（手势指引展示牌）。"

"一观察"。办理完业务，在递送出客户单据证件之前，询问客户是否对产品感兴趣。"您对我们最新的服务介绍感兴趣吗？我可以请大堂经理/理财经理为您介绍一下。"

"一推荐"。客户对折页感兴趣，进行询问，一句话营销、解释。简单营销话术：我行某产品可随存随取，但利率比活期利率高很多……

"一反馈"。如果客户对我行理财产品感兴趣或是潜力优质客户，可现场转推荐给理财经理。

6. 提醒递回："这是您的卡（单、折、证）和现金××元，请点收！"

7. 敬目相送：请带好您的随身物品，请慢走！

Day 9

经验分享：优秀柜员成长记

柜员，是很多银行人的起点。电脑、凭证、钞票、客户是他们日常工作的全部。这个看似普通、简单的岗位，却有着不普通的人和故事，他们坚守岗位，不断发光发热，成为银行中闪闪亮亮的明星。下面以天津滨海农商银行的优秀柜员为例，将他们的经验与大家分享。

不畏艰难，砥砺前行，创造不平凡的人生

这位年仅27岁的朝鲜族姑娘，已经是党的十九大代表，她的名字叫金慧琼。

不畏艰苦，执着前行。2013年8月，在天津滨海农商银行汉沽地区的网点，初入职场的几位外省市的青年，意气风发地来到这里。他们被告知，这是天津滨海农商银行最偏远、条件最差的网点，但这也是最磨砺人心志、锤炼职业经理人匠心的好处所，希望他们在艰苦的环境中能够长久坚守，能够尽快成长。

然而，年轻人激扬一时的豪言壮语式的承诺，在农商银行业务存兑汇"三板斧"下，在四季飘溢的鱼腥味中，很快消耗殆尽。大家纷纷离去，似乎金慧琼也要离去了。在老员工审视和期盼的目光中，金慧琼想起了她的家乡，满坡怒放的金达莱，她不想在"金达莱花盛开的时候"做个逃兵，她不愿意被审视，而愿意被期待，被接受，被融入。她说："我远离家乡，来到这里。确实没想到这里条件差，有很多生活与职业发展上的困难，但如果一名共产党员都没有办法经受这样的考验，辜负了组织的信任，又该如何发挥模范带头作用呢？"

23岁的职场新人说出这样的话，竟被一些看透职场风云的老员工视为"作秀"。金慧琼明白，要发挥共产党员的模范带头作用，更有说服力的当是切实的行动，是超

人一等的服务水平。

苦练内功，静待花开。为了更快胜任本职岗位，她给自己规定了"四个一点"：早起一点，晚睡一点，中午少休息一点，平时少娱乐一点。她非常珍惜这些碎片化的时间，全部用来练习基本功，熟悉、掌握银行的基本常识和各项规章制度。

当时若不登高望，谁信东流海洋深。2014年，在天津滨海农商银行技能比武中，她凭借过硬的技能取得了个人三等奖和总行散把点钞项目第七名的好成绩，在众多员工中脱颖而出。2015年，她代表该行参加天津市银行业"依法金融创优服务"法律法规知识和综合业务技能劳动竞赛，获得优秀个人奖。共产党员的模范带头作用，该当如是，金慧琼说到了，更做到了。

贴心服务，赢得赞誉。金慧琼所在的杨家泊支行承担着粮食补贴、养老金发放等多项助农惠农政策的落地工作。为提升客户服务体验，她每天坚持提前到岗，带头清理营业厅卫生。在业务办理过程中她始终以文明优质服务规范严格要求自己，多一句问候，多一杯热水，让客户感觉到温暖，特别是面对客户存入的带有鱼虾腥味的现金和小面额现金回笼兑换的业务，她不嫌麻烦，从不推脱，耐心清点，无论多晚都会将款项收妥。

针对农村地区客户偏好新钞的特点，她总是多备一些新钞，特别是在春节期间，总会提前为大娘、大爷们准备好各面值的零币和新钞。贴心服务赢得了客户赞誉。

为挖掘和服务客户的个性化金融需求，金慧琼努力做好三个服务：一是个性服务，采取定期提醒、上门拜访、电话预约等方式与客户建立经常性的联系，了解客户对金融产品的需求动向；二是理财服务，为客户分析不同理财及存款产品，讲清办理业务的利与弊、优势与劣势，让客户在充分了解金融产品特性的基础上作出正确选择；三是超值服务，积极开展上门服务，为客户普及金融知识等，当客户的知心人。

为增强有效获客能力，她主动学习汉沽方言。8小时之外，她常到当地的对虾养殖大户和农户家中坐一坐，聊聊天。日复一日，4年如一日，金慧琼凭借柜台服务和出门走访两条腿，走出了属于她的服务新天地。

身为天津滨海农商银行青年志愿者队伍中的一员，金慧琼多次走进社区、街道、学校开展防范电信诈骗教育、金融知识宣讲、关爱慰问困难老人等活动。她还利用自己的语言优势，业余时间担任原汉沽招商局义务韩语翻译，为当地招商引资作出了贡献。

将美好的青春安放在偏远农村网点的三尺柜台，舍弃娱乐和休息时间提升服务技能，服务一方百姓，让金融活水在流经"最后一米"时畅通无阻。金慧琼4年里所做的种种努力，或许在众多年轻人看来，有些简单甚至无趣，但金慧琼有自己的独到体会。被选举为党的十九大代表后，在接受天津电视台和《今晚报》等地方媒体的采访时，金慧琼说："我只是一名工作在基层一线的普通党员，我的成长离不开组织的培养和帮助，这份荣誉是属于组织的，我所做的也是三尺柜台上一些平凡得不能再平凡的事情，坚守岗位、踏实做事总会有收获。"

优质服务是滨海农商银行一直强调的重中之重，是品牌，是形象，是核心竞争力。有位经济学家说过："不管你的工作是怎样的卑微，你都当付之以艺术家的精神，当有十二分热忱，这样你就会从平庸卑微的境况中解脱出来，不再有劳碌辛苦的感觉，你就能使你的工作成为乐趣，只有这样你才能真心实意地善待每一位客户。"

服务客户的过程一定会有委屈、会有心酸，不过只要用心去对待每一位客户，相信客户的笑容和赞许会成为最大的动力，激励每个服务岗位上的员工努力成为客户满意的服务明星。

设身处地地为客户着想，收好人民的"钱袋子"

2018年4月25日14时30分前后，一位老大爷在一名男子的陪同下来到新河支行要求支取现金，其中包括未到期定期存单10万元和活期储蓄存款1.2万元。经办柜员小赵察觉老人神情异常，便提高警惕，一再询问客户取款用途。在了解到陪同人员为药品销售人员时，小赵立刻判断取款用途可疑，意识到老人可能遭遇传销诈骗，立即停止了业务办理。小赵再三提醒，无奈老人坚持己见，十分激动，并表示钱是自己的，怎么使用他人无权过问。劝说未果，小赵立即报警，一边耐心安抚客户情绪，一边与其家人取得联系。老人的子女希望工作人员停止办理业务并积极安抚老人。

15:00前后，客户家人和警察到达支行营业厅，在大家的共同劝说下，老人终于理解了工作人员阻止其办理取款业务的良苦用心，认识到自己可能遭遇到传销骗局，打消了取现的念头。事后老人在家属的陪同下，给支行和柜员小赵送来了锦旗表示感谢。

同年5月30日16时许，类似的故事再次发生在津南八里台支行。支行柜员小刘接到客户郭老太太的求助电话，称自己接到陌生电话，说其账户涉嫌洗钱违法，她已将其账号、身份证号等重要信息告知了对方。小刘了解事情经过后，初步认定客户遭到电信诈骗。在安抚客户的同时，小刘马上联系客服中心，协助进行紧急账号冻结，并拨打110报警。

很快，老人来到八里台支行，派出所民警与柜员小刘运用工作中遇到的冒充公检法人员诈骗的典型案例对老人进行解释，告知其对方确实是骗子。最终，郭老太太听从劝告，避免了18万元的损失。老太太的家属得知此事后赶到支行，对银行工作人员和民警深表感谢。

近年来，电信、传销诈骗的手段层出不穷，而老年人则成为最大的受害者，损失的往往是一生的积蓄。对银行柜员来说，通过专业的研判，想尽办法进行劝阻，即便面对客户当时的不理解与不配合，甚至恶语相向，仍然坚持并最终成功堵截案件，这不仅是职业能力的体现，更是闪耀着人性的光辉。

久久为功，聚沙成塔，平凡岗位铸就非凡

作为一名柜员，每天面对的是形形色色的业务，很多看似简单的柜面操作，做一两笔可能不会出错，但是想做到成千上万笔都不出错，就绝非仅仅用认真二字就能概括。侯哥是一名老员工，他曾创造过10万笔业务无差错的纪录，这意味着在办理业务的过程中，他要核对比这个数据多得多的业务单据及系统操作，而这样海量的业务竟然无一差错，不禁令人惊叹不已。

侯哥也曾是一名新员工，那时，急脾气的他一看到营业厅排队就着急，一急就出错，这让他十分懊恼。然而爱较真、不服输的性格让他暗下决心，一定要练出一套"看家护院"的绝活来。从那时开始他自我加压，不但认真查找自己出错的原因，更留意观察同事们的工作状况和操作习惯，虚心向"前辈"学习，为不出错求解。

慢慢地，他发现除了心急会出错外，心不静也易出错。那时还年轻的他，喜欢互联网游戏，经常玩得有些晚，不仅影响睡眠，而且转天办业务时还容易走神，这是典型的人为因素所致。再有，就是一些制度、规定、流程和操作要求等更新快，稍微不注意学习，出错就在所难免。

找到"病因"，对症下药。他像上学时一样，严格控制好自己的作息，做到劳逸结合，另外就是不断地加强知识更新与积累，并做了大量的学习笔记。内容从操作代

码到柜面业务操作流程的核心环节，从文件要点摘录到稽核差错点评与提示，从制度规定到细节要求等，一应俱全，成了"独家秘籍"。

他还总结了自己的工作方法。例如，那时每家支行提入的支票往往有200多张，如果一张一张地审核，不仅时间长，而且由于关注点较多，往往不容易发现问题。他把票据集中在一起，每次只审核一至两个审核点，然后分 2~3 次把日期、大小写金额、背书看完，由于关注点集中，不仅容易发现问题，而且提高了效率。

用心，体现的是一种责任。由于他对柜面业务熟悉与认真，后来转到管理部室负责业务系统的需求等工作。他常说，没有规矩不成方圆，是柜台日积月累的工作锻炼了自己。

点钞、传票翻打、汉字录入都是银行柜员的基本功，有人说新时代下这些已经过时了，但作为塑造职业形象、提高职业精神、培养自己从一名学生到银行从业人员的"职业觉悟"，却永不过时。

每一份工作都不容易，每一份荣誉都浸透着汗水，每一点的进步都来自平时的积累。让我们从小事做起，从现在做起，塑造一个更好的自己。

思考与实践：

请各位新员工到岗后，看看身边谁办理业务又快又好，试着也挖掘一下他成功的"秘籍"。

Day 10
现金业务——基本规定

银行给大家的第一印象就是"钱多",但"数钱数到手抽筋"却是银行"小桂圆"的噩梦。虽然随着互联网业务日渐普及,现金使用量明显下降,但对于柜面业务而言,现金业务仍是非常重要的一部分。

No.1 办理现金存取款业务时有哪些注意事项?

(1)办理本外币现金收付应严格遵守"先收款后记账,先记账后付款"的记账规则。

(2)收付现金时,应认真审查收付款凭证是否符合规定,金额数字是否正确,内容是否完整,并在录像监控下、客户视线范围内清点现金。

(3)收款清点中发现差错,应当立即通知客户,并当面复点,由客户按凭证金额多退少补,或按实际金额重新填写缴款凭证。

(4)付出现金时,必须在录像监控下、客户视线范围内主动将现金放入现金机具进行复点后付给客户。

(5)大额现金收付,经有权人审批后方可办理。

(6)现金收付坚持"谁经办谁签章,谁签章谁负责"的原则。

(7)柜员不得代填或代改收付款凭证,收付款业务应坚持一笔一清,不得将若干笔款项混收、混付。一笔款项未办理完毕前,经办人员不得离岗,也不得与其他款项调换券别。

(8)现金收付必须坚持"唱收唱付"原则。收款时告诉客户收到的钱数,付款时告诉客户付给客户的钱数,保证工作准确度,避免发生纠纷。

> **练一练**
>
> （多选题）以下关于现金存取款业务的操作描述，说法正确的是（　　）。
>
> A. "先收款后记账"指收到现金，先清点金额，再在系统中操作，"先记账后付款"指付出现金时，先在系统操作，再备付现金
>
> B. 客户办理取款业务时一直在低头看手机，柜员未进行提醒，将现金通过点钞机清点后便交与客户
>
> C. 客户进行汇款时称自己不会填写凭证，于是柜员代客户进行填写
>
> D. 现金收付必须坚持"唱收唱付"原则，指现金收付时必须明确告知客户收到或付出的现金金额
>
> **答案**：A、D。
>
> **解析**：B项：现金支付需要在录像监控下、客户视线范围内清点现金，柜员应提醒客户查看清点过程。C项：柜员不得代填或代改收付款凭证。

No.2　柜面办理业务发现现金长短款怎么处理？

发生现金错款，应立即查找原因。对于确实无法核实错款原因的，应报备主管领导签批后确认损失或收益。同时应对有关责任人员进行教育管理，吸取教训改进工作。情节严重、涉及数额较大，造成一定影响的，要给予相应处分。

对于属于自盗、挪用以及侵吞长款的，均应追回款项，并给予相应的处分；触犯刑律的，移交司法部门处理。

> **练一练**
>
> （判断题）柜员小王在日终结账时，发现现金长款100元，便在其他同事不注意的时候，放入自己口袋内。　　　　　　　　　　　　　　　　　　（　　）
>
> **答案**：错。
>
> **解析**：发生现金错款，应报备主管领导签批后确认损失或收益。

No.3　什么是现金整点？现金整点的基本规定是什么？

人民币现金整点是指对现金的整理和复点工作。人民币现金整点应按人民银行

的要求进行。现金未整点前,不得将原封签、腰条丢弃,以便发现差错时证实和区分责任。

No.4 什么是现金清分?什么是现金全额清分?现金清分的标准是什么?

现金清分是指对人民币现金进行面额和套别区分、真假币鉴别、数量统计,并按照人民银行颁布的《钞票流通标准》进行质量分类的处理过程。

现金全额清分指金库或营业机构对外付出(柜台支付、自动取款机支付、自动存取款一体机支付、缴存人民银行发行库回笼款)的纸币现金全部进行清分。

清分标准:现金清分应按照人民银行"五好"钱捆、残缺污损人民币回笼券(纸币)分类整理、《不宜流通人民币挑剔标准》和自助设备用钞等相关标准执行。

No.5 各营业机构向人民银行缴存的现金必须达到"五好"钱捆标准,"五好"钱捆的标准是什么?

(1)挑净。区分完整券和不宜流通人民币,保证钱捆中没有不同券别混扎且无假人民币。

(2)点准。纸币每一百张为一把,每捆十把,不得多、缺。

(3)墩齐。钞票要平铺,每一把票币中间不得有折叠,且要四边整齐。

(4)捆紧。捆扎的腰条应保持"一条线",完整券腰条捆扎在中间位置,残损券以双腰条捆扎在两端四分之一的位置;成捆现金应扎成双十字形,在每捆结扣处粘贴专用封签。

(5)盖章清楚。个人名章应本人保管、使用,坚持"谁经办,谁盖章,谁负责"的原则;封捆员和复核员名章、行名章及"已清分"标识章等都要盖在规定的位置。

No.6 什么是现金收付收支两条线?

收支两条线指收入现金未经清分严禁对外支付,营业机构自上级机构调入加盖"已清分"标识的现金、自人民银行调入的原封券无须再进行清分。

No.7 柜员进行内部现金调剂有哪些注意事项?

(1)现金调剂双方需认真核实现金实物与系统调拨金额是否相符。

（2）现金调剂双方系统操作与实物调剂在时间上应保持一致，不能将现金给对方后间隔很长时间才进行系统操作，或在系统操作后很长时间才将现金交与对方。

（3）现金调剂双方调剂完成，核对无误收妥现金后方可进行业务办理。

> **练一练**
>
> （单选题）进行内部现金调剂时，柜员做法正确的是（　　）。
> A. 柜员小王给小李调剂现金，小王录入金额后，小李未进行核对便指纹验证通过
> B. 营业前，柜员小李将现金拿给小王，日终前才进行系统操作
> C. 柜员小李需要现金，柜员小王调剂后，小李未进行清点即将现金放入款箱
> D. 柜员小李需要现金，现金调剂后，小李清点无误才进行业务办理
> **答案**：D。
> **解析**：A项：现金调剂双方需认真核实现金实物与系统调拨金额是否相符。B项：现金调剂双方系统操作与实物调剂在时间上应保持一致。C项：现金调剂双方调剂完成，需进行核对。

No.8　什么是现金出库和现金入库？有哪些注意事项？

现金出库指将现金调出本机构，会导致本机构库存现金减少的行为，包括将现金上缴人民银行、上缴上级行或调剂给下级行。

现金入库指将现金调入本机构，会导致本机构库存现金增加的行为，包括从人民银行调入现金、从上级行调入现金、下级行上缴现金。

注意事项：

（1）现金出库时，应坚持"先记账，后付款"的原则；现金入库时，应坚持"先收款，后记账"的原则。

（2）各营业网点在对调入的成捆现金开封时，需在监控范围内逐把逐张清点细数。在清点完成前不得丢弃现金封签及扎把条。

Day 11
现金业务——人民币防伪

作为银行从业人员,人民币识假是基本的能力,让我们从认识第五套人民币开始吧!

1999年10月1日,在中华人民共和国成立50周年之际,中国人民银行陆续发行第五套人民币(1999年版)。后不断增加防伪技术,发行2005年版、2015年版及2020年版。

2019年4月29日,中国人民银行发布公告,定于2019年8月30日起发行2019年版第五套人民币50元、20元、10元、1元纸币和1元、5角、1角硬币。2020年7月8日,中国人民银行发布公告,定于2020年11月5日起发行2020年版第五套人民币5元纸币。发行后,其与同面额流通人民币等值流通。

No.1 第五套人民币有哪些票面?

第五套人民币共有1角、5角、1元、5元、10元、20元、50元、100元8种面额,其中1元、1角、5角有纸币、硬币各2种。

No.2 第五套人民币2015年版100元纸币与2005年版相比,做了哪些调整?

2015年版第五套人民币100元纸币在保持2005年版规格、主图案、主色调、"中国人民银行"行名、国徽、盲文和汉语拼音行名、民族文字等不变的前提下,对部分图案做了调整,对整体防伪性能进行了提升。

正面图案主要调整:

(1)取消了票面右侧的凹印手感线、隐形面额数字和左下角的光变油墨面额数字。

（2）票面中部增加了光彩光变数字，票面右侧增加了光变镂空开窗安全线和竖号码。

（3）票面右上角面额数字由横排改为竖排，并对数字样式做了调整；中央团花图案中心花卉色彩由桔红色调整为紫色，取消花卉外淡蓝色花环，并对团花图案、接线形式做了调整；胶印对印图案由古钱币图案改为面额数字"100"，并由票面左侧中间位置调整至左下角。

背面图案主要调整：

（1）取消了右侧的全息磁性开窗安全线和右下角的防复印标记。

（2）减少了票面左右两侧边部胶印图纹，适当留白；胶印对印图案由古钱币图案改为面额数字"100"，并由票面右侧中间位置调整至右下角；面额数字"100"上半部颜色由深紫色调整为浅紫色，下半部由大红色调整为桔红色，并对线纹结构进行了调整；票面局部装饰图案色彩由蓝、红相间调整为紫、红相间；左上角、右上角面额数字样式均做了调整。

（3）年号调整为"2015年"。

练一练

（单选题）第五套人民币2015年版100元人民币与2005年版100元人民币相比，主要变化之一为票面正面中部增加了（　　）。

A. 光变油墨面额数字　　　　B. 光彩光变数字

C. 隐形面额数字　　　　　　D. 凹印手感线

答案： B。

No.3　第五套人民币2015年版100元纸币主要防伪特征包括什么？

（1）光变镂空开窗安全线：位于票面正面右侧。垂直票面观察，安全线呈品红色；与票面成一定角度观察，安全线呈绿色；透光观察，可见安全线中正反交替排列的镂空文字"100"。

（2）光彩光变数字：位于票面正面中部。垂直票面观察，数字以金色为主；平视观察，数字以绿色为主。随着观察角度的改变，数字颜色在金色和绿色之间交替变化，并可见到一条亮光带上下滚动。

（3）人像水印：位于票面正面左侧空白处。透光观察，可见毛泽东头像。

（4）胶印对印图案：票面正面左下方和背面右下方均有面额数字"100"的局部图案。透光观察，正背面图案组成一个完整的面额数字"100"。

（5）横竖双号码：票面正面左下方采用横号码，其冠字和前两位数字为暗红色，后六位数字为黑色；右侧竖号码为蓝色。

（6）白水印：位于票面正面横号码下方。透光观察，可以看到透光性很强的水印面额数字"100"。

（7）雕刻凹印：票面正面毛泽东头像、国徽、"中国人民银行"行名、右上角面额数字、盲文及背面人民大会堂等均采用雕刻凹印印刷，用手指触摸有明显的凹凸感。

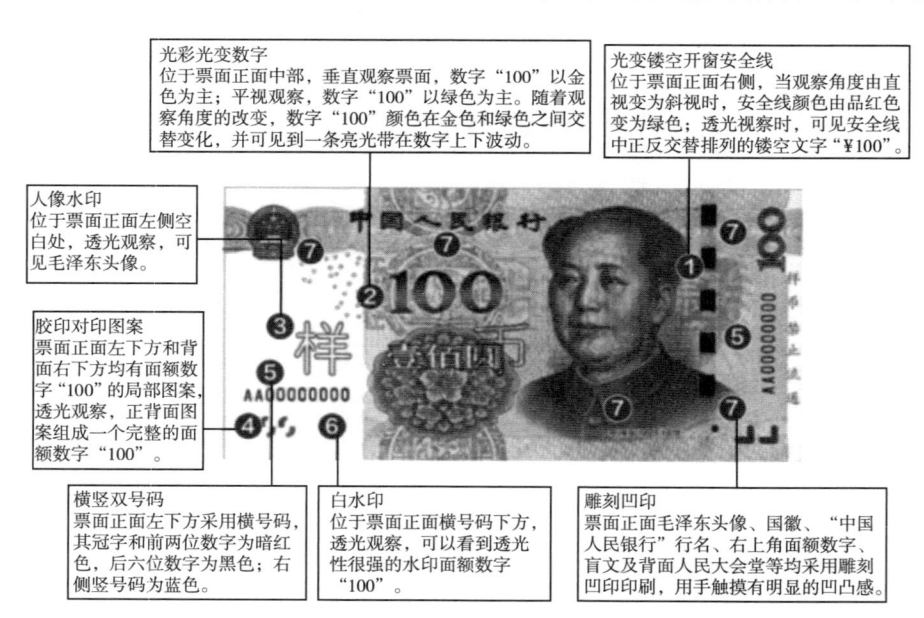

> ✎ 练一练
>
> （单选题）2015年版100元人民币的光彩光变数字位于票面正面中部。随着观察角度的改变，数字颜色在（　　）之间交替变化，并可见到一条亮光带上下滚动。
>
> A. 金色和蓝色　B. 红色和绿色　C. 金色和绿色　D. 红色和蓝色
>
> 答案：C。

No.4 第五套人民币2019年版包括哪些面额？与现行第五套人民币纸币、硬币有什么区别？

2019年版第五套人民币包括50元、20元、10元、1元纸币和1元、5角、1角硬币。

2019年版第五套人民币50元、20元、10元、1元纸币提高了票面色彩鲜亮度，优化了票面结构层次与效果。

50元纸币：正面中部面额数字调整为光彩光变面额数字"50"；调整装饰团花的样式；左侧增加装饰纹样，调整横号码、胶印对印图案的样式，取消左下角光变油墨面额数字；右侧增加动感光变镂空开窗安全线和竖号码，调整毛泽东头像、右上角面额数字的样式，取消凹印手感线。

背面调整主景、面额数字、胶印对印图案的样式，取消全息磁性开窗安全线和右下角局部图案，年号改为"2019年"。

1	调整为光彩光变面额数字	8	增加动感光变镂空开窗安全线
2	调整装饰团花图案造型与层次效果	9	增加竖号码
3	调整为标准字型双色横号码	10	取消光变油墨面额数字
4	调整为面额数字对印图案	11	取消凹印手感线
5	调整毛泽东头像亮度、层次、位置与尺寸	12	取消凹印线纹
6	调整面额数字设计样式为竖式	13	取消凹印隐形面额数字
7	增加装饰纹样		

1	调整主景图案造型与层次效果	4	取消全息磁性开窗安全线
2	调整面额数字样式	5	取消局部图案并适当留白
3	调整胶印对印图案样式	6	年号改为"2019年"

20元纸币、10元纸币：正面中部面额数字调整为光彩光变面额数字"20"、"10"；调整装饰团花的样式，取消全息磁性开窗安全线；左侧增加装饰纹样，调整横号码、胶印对印图案的样式；右侧增加光变镂空开窗安全线和竖号码，调整毛泽东头像、右上角面额数字的样式，取消凹印手感线。

背面调整主景、面额数字、胶印对印图案的样式，取消右下角局部图案，年号改为"2019年"。

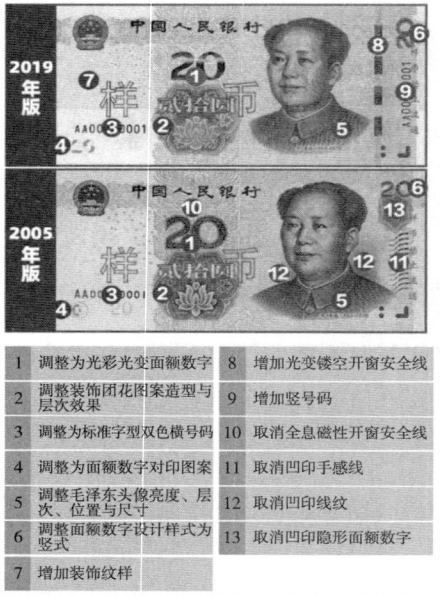
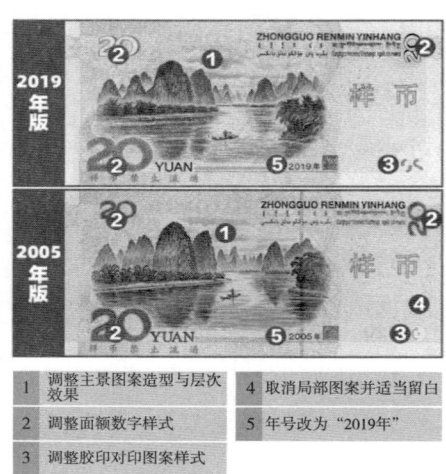

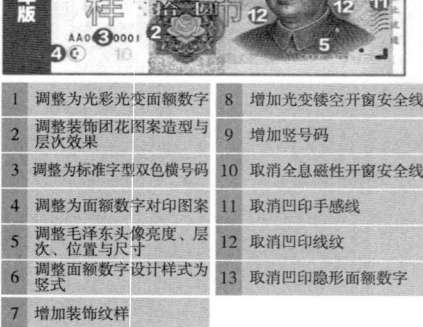
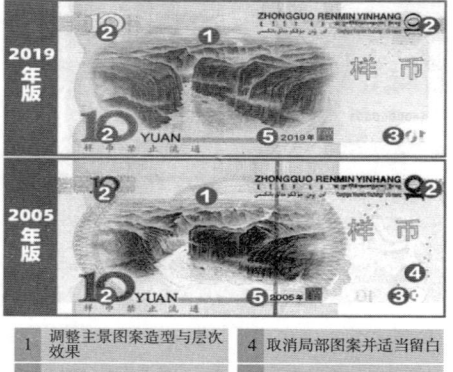

1元纸币：正面中部调整面额数字、装饰团花的样式；左侧增加装饰纹样、面额数字白水印，调整横号码的样式，取消左下角装饰纹样；右侧调整毛泽东头像的样式，取消凹印手感线。

背面调整主景、面额数字的样式，取消右下角局部图案，年号改为"2019年"。

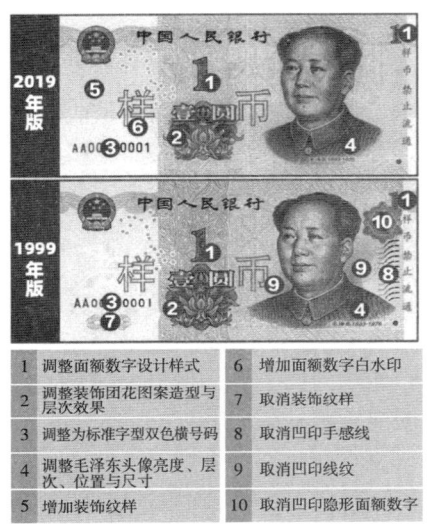

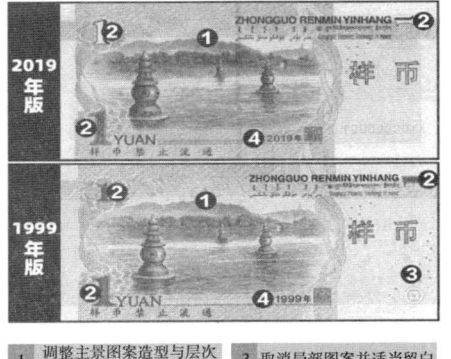

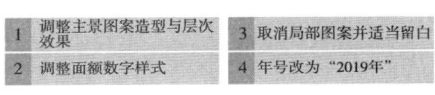

2019年版第五套人民币1元、5角、1角硬币调整了正面面额数字的造型，背面花卉图案适当收缩。

1元硬币：直径由25毫米调整为22.25毫米。正面面额数字"1"轮廓线内增加隐形图文"¥"和"1"，边部增加圆点。材质保持不变。

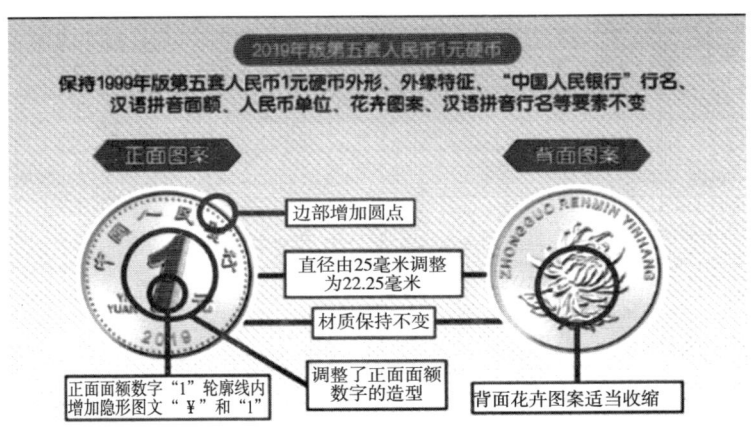

5角硬币：材质由钢芯镀铜合金改为钢芯镀镍，色泽由金黄色改为镍白色。正背

面内周缘由圆形调整为多边形。直径保持不变。

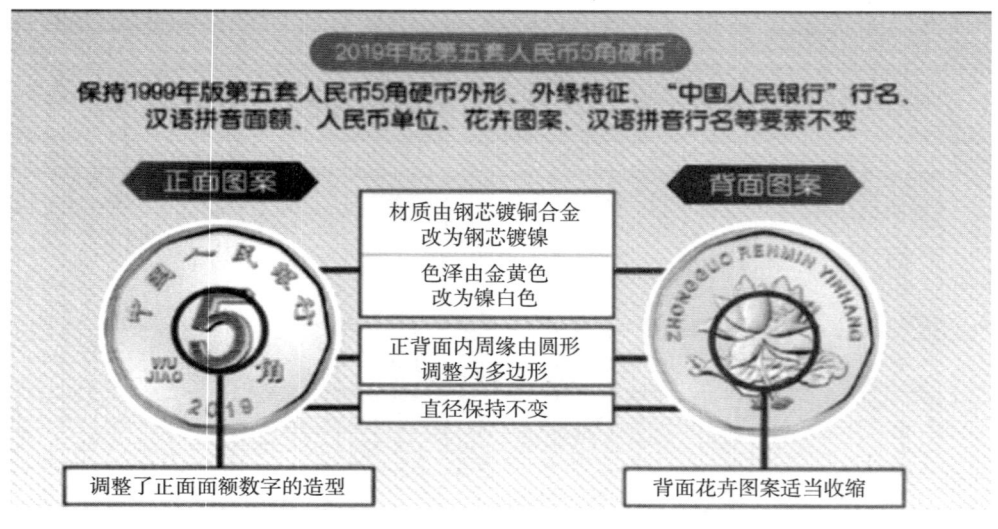

1角硬币：正面边部增加圆点。直径和材质保持不变。

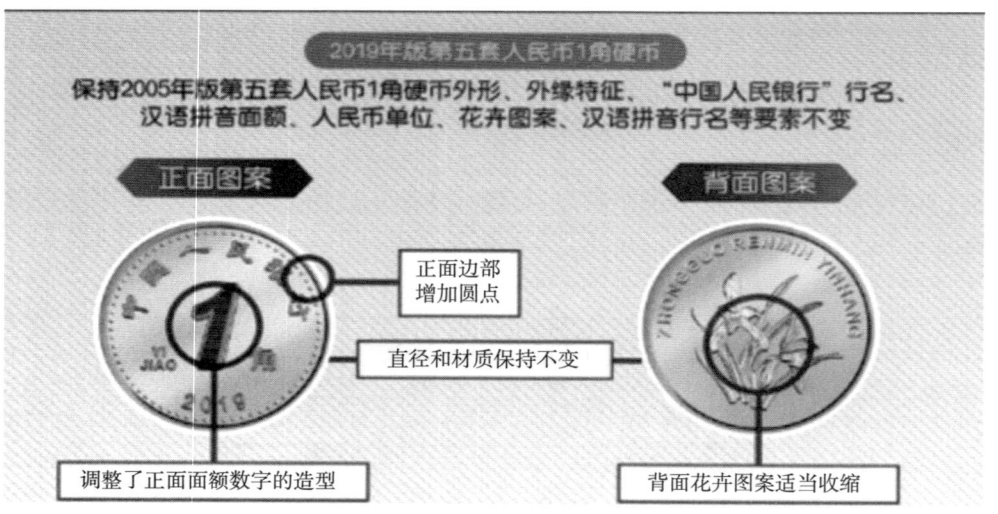

> ✎ 练一练
>
> （单选题）2019年版第五套人民币不包括面额（　　）的纸币。
>
> A.50元　　　　B.10元　　　　C.5元　　　　D.1元
>
> 答案：C。

No.5 什么是冠字号码？营业网点受理人民币冠字号码查询的条件是什么？

冠字号码是指印在票券上的号码与符号，用于表示各种票券和印制数量的批号。

冠字号码是用于控制各种票券印制数量和防伪作用的冠字和号码。依靠纸币上的"冠字"与"号码"，再辅以银行和印钞厂的存档资料，可以追溯任何一张纸币的印刷时间、印刷地点、印刷人员、检查封装人员等相关信息。

基本规定：

（1）办理冠字号码查询业务的货币为人民银行要求记录冠字号码的纸币，目前包括50元和100元券别的人民币。

（2）查询人取款交易须为本网点柜面或自助设备受理的业务。

（3）查询日应在办理取款业务之日起20个工作日内（含取款当日）。

（4）查询人应携带有效证件（身份证、军官证、台胞证或护照等）、假币实物或《假币收缴凭证》、办理取款业务的证明材料（银行卡、存折、取款凭证等）。代理他人进行查询的，还应携带代理人的有效证件。

小知识

人民币的识假口诀

以上我们介绍了2015年版100元纸币及2019年版人民币的防伪特征，那么当你遇到疑似假币时，应当采取什么方法鉴别呢？介绍给大家一个口诀，那就是"一看、二摸、三听、四测"。

一看：看水印、光彩光变数字、安全线。各券别纸币的固定水印位于票面左侧的空白处，迎光透视，可以看到立体感很强的水印。

2015年版100元纸币新增的防伪技术"光彩光变数字"位于票面正面中部。垂直票面观察，数字以金色为主；平视观察，数字以绿色为主。随着观察角度的改变，数字颜色在金色和绿色之间交替变化，并可见到一条亮光带上下滚动。

二摸：摸人像、盲文点、中国人民银行行名等处是否有凹凸感；摸纸币是否薄厚适中、挺括度好。

三听：通过抖动钞票使其发出声响，人民币的纸张，具有挺括、耐折、不易撕裂等特点。手持钞票用力抖动、手指轻弹或两手一张一弛轻轻对称拉动，能听到清脆响亮的声音。

四测：用仪器进行荧光检测，一是检测纸张有无荧光反应，假币在荧光灯下有明显荧光反应，纸张发白发亮。二是人民币有一到两处荧光文字，呈淡黄色，假人民币的荧光文字色泽不正，呈惨白色。

以上为公众及刚入职银行柜员便于快速、简单地掌握人民币识假方法口诀，随着职业经验的日渐丰富，柜员通常在点钞的过程中就能完成识假，让我们一起努力练习吧。

Day 12
现金业务——假币收缴

在前一天的学习中,我们熟悉了第五套人民币的主要防伪点,那么我们在工作中如果发现了假币应该如何处理呢?让我们开始今天的学习!

No.1 什么是假币?

假币是指伪造、变造的货币。

伪造的货币,是指仿照真币的图案、形状、色彩等,采用各种手段制作的假币。

变造的货币,是指在真币的基础上,利用挖补、揭层、涂改、拼凑、移位、重印等多种方法制作,改变真币原形态的假币。

No.2 哪些金融机构有权收缴假币?哪些金融机构有权鉴定假币?

有权收缴假币的金融机构是办理货币存取款和外币兑换业务的金融机构,包括商业银行、城乡信用社、邮政储蓄的业务机构。

有权鉴定假币的金融机构是具有货币真伪鉴定技术与条件,并经中国人民银行授权的商业银行业务机构。另外,中国人民银行及其分支机构有权鉴定假币。

No.3 金融机构发现假币应如何处理?

(1)在办理业务时发现假币,由两名以上具有《反假货币上岗资格证书》的业务人员当面予以收缴。

(2)对假人民币纸币,应当面加盖有统一编号的"假币"字样戳记,假币正面戳记盖在左侧水印部位,背面戳记盖在假币正中央部位。("假币"印章应使用蓝色

印油）

正面：左侧水印部位

背面：正中央部位

（3）对各种假硬币，应当面以统一格式的专用袋加封，封口处加盖"假币"字样戳记，并在专用袋上标明券别、面额、张（枚）数、冠字号码、收缴人、复核人名章等细项。

（4）在办理假人民币纸币收缴业务时，除在假人民币纸币上加盖"假币"印章外，还应将对应的"假币收缴凭证"编号用黑色签字笔写在假人民币纸币正面水印处。

（5）收缴假币的营业机构应向持有人出具《假币收缴凭证》，假币收缴人员要告知持有人如对被收缴的货币真伪有异议，可向中国人民银行当地分支机构或中国人民银行授权的当地鉴定机构申请鉴定。

（6）持有人应在假币收缴凭证上签字，持有人拒绝在假币收缴凭证上签字的，由该营业机构假币收缴人员将情况记录备查。《假币收缴凭证》应加盖银行公章。

（7）收缴的假币，不得再交与持有人。

练一练

（单选题）金融机构在办理业务时发现假外币和假硬币应（　　）。

A. 当面加盖"假币"字样的戳记

B. 当面交与假币持有人

C. 当面销毁

D. 当面以统一格式的专用袋加封，封口处加盖"假币"字样戳记

答案：D。

No.4 办理货币存取款业务的金融机构人员，是否均可办理假币收缴业务？

（1）取得"反假货币上岗资格证书"且该证书在有效期内的，可以进行假币收缴。

（2）自2020年开始人民银行不再负责组织金融机构现金从业人员反假货币知识与技能培训、考试，无"反假货币上岗资格证书"或该证书已经失效的，需通过本单位组织的反假货币知识与技能考核，才可以办理假币收缴业务。

> **练一练**
>
> （多选题）以下关于金融机构收缴假币的相关说法，正确的是（　　）。
> A. 由一名具有"反假货币上岗资格证书"的业务人员当面予以收缴
> B. 在持有人视线范围内当面收缴
> C. 客户要求将假币取回再仔细看一下，柜员可将假币还给客户进行确认
> D. 告知持有人如对被收缴的货币真伪有异议，可向中国人民银行当地分支机构或中国人民银行指定机构申请鉴定
>
> **答案**：B、D。
>
> **解析**：A项：至少两名具有假币收缴资格的业务人员当面予以收缴。C项：柜员确定为假币后，不得再交与客户。

No.5 被收缴假币的持有人申请假币鉴定的程序是什么？

持有人对被收缴货币的真伪有异议，可以自收缴之日起3个工作日内，持"假币收缴凭证"直接或通过收缴营业机构，向中国人民银行当地分支机构或中国人民银行授权的当地鉴定机构提出书面鉴定申请。

No.6 对盖有"假币"字样戳记的人民币纸币，经鉴定后如何处理？

（1）经鉴定为真币的，由收缴营业机构按照面额兑换完整券退还持有人，收回持有人的假币收缴凭证，盖有"假币"戳记的人民币按损伤人民币处理。

（2）经鉴定为假币的，由鉴定单位予以没收，并向收缴营业机构和持有人开具货

币真伪鉴定书和假币没收收据。

No.7　金融机构收缴假币后如何处理？

金融机构收缴的假币，每季度末解缴到人民银行当地分支机构，由中国人民银行统一销毁，任何部门不得自行处理。

No.8　柜员在假币收缴过程中，遇到哪些情况应立即报告当地中国人民银行分支机构和公安机关？

（1）一次性发现假币5张（枚）以上和当地中国人民银行分支机构和公安机关发文另有规定的两者较小者。

（2）属于利用新的造假手段制造假币的。

（3）获得制造、贩卖、运输、持有或者使用假币线索的。

（4）持有人不配合金融机构收缴行为的。

Day 13
案例学习：耐心服务化解假币风波

前几天，我们已经学习了假币的识别与收缴流程，那么，当我们在实际工作中遇到客户在不知情的情况下出示假币时，应如何处理并安抚客户呢？今天，我们通过几则案例来学习一下如何化解假币风波。

某天中午，一位老年客户至支行，声称其几天前在该行办理了一笔2000元的取款业务，在使用该笔钱时发现其中存在一张百元假币，故来该行讨说法。大堂经理接待了该客户，了解情况后，初步向其做了些解释，但客户听完大堂经理的解释后，误以为银行推脱责任，心情顿时急躁起来，情绪变得激动，不断大声吵闹。此时，网点值班经理发现该情况后主动上前，先安抚客户情绪，并将客户引导至非现金区进行沟通。经过交谈，值班经理了解到，原来客户是取钱之后去买菜，用100元付款时，商贩告知其为假币。根据经验及近段时间时常出现小贩将真钱换成假币的案例，值班经理初步判断客户的钱可能被小贩调包了，随即将自己的怀疑告知了客户，并让客户仔细回忆当时事情的经过。但因客户为老年人，记性不好，加上又激动，根本无法配合，值班经理又想到通过监控来了解当时取钱的情况。通过仔细查看监控，值班经理确认该假币并非从该行流出，最终获得了客户的认同，妥善地处理了此起事件。

让我们继续看另一个案例：

一位客户来到网点办理人民币存款业务，当班柜员在详细为其清点现金时发现一张面值100元的人民币是假币，便告知该客户，并当面进行了假币收缴业务处理。当柜员在假币上盖上"假币"戳记后，这位客户说自己的钱刚从某行ATM取来，不可能是假币，要求柜员把这张假币拿出柜台给自己看，并在大厅内大声喊道："你们是什么破银行？我刚刚取的钱凭什么说有假币呀？"面对客户的无理举动，当班柜员没有生气，而是面带笑容对她说："这位客户，对于这张假币，如果您有什么异议，可凭银行没收假币的《假币收缴凭证》到中国人民银行进行鉴定，如果有需要，我们的工作人员可以陪同您一起去，我们是执行反假币制度规定的单位，若在业务办理中遇到假币要严格执行假币收缴制度，请您理解我们的工作，谢谢。"而后，柜员多次向这位客户解释假币流通给社会带来的危害："如果这张假币继续流通到市场，就会有另外一位像您一样的受害者。"柜员一番耐心细致的解释后，化解了客户的不满情绪。

案例分析：

假币收缴有别于商业银行的一般性业务，它属于银行负有法律义务所开展的业务，极易发生纠纷，必须慎重对待。

从客户的角度而言，他们的职业环境、特征均决定了他们极易接触到假币，但同时对假币相关的知识、法规不甚了解，识假技能相对欠缺。案例中的客户由于欠缺假币相关的法律法规知识，对银行人员收缴假币的资质和行为存在质疑，并试图通过引发冲突的方式加以阻挠，甚至怀疑假币是银行提供的。

从银行的角度而言，案例中的当事柜员熟练掌握与假币相关的各项知识，收缴假币的流程准确无误，同时在客户的情绪激动之下，不卑不亢，耐心进行解释说明工作，保持了银行一贯的服务质量。大堂值班经理在网点有突发状况时，也随机应变，及时冷静地上前处置，通过不断地沟通与倾听，打破了与客户的隔阂和对立关系，成功安抚了客户情绪，化解了风波，维护了网点的营业秩序。

思考与实践：

作为银行工作人员，理应以遵守国家、人民银行和本行的各项规章制度为底线，切不可屈从于客户施加的压力而罔顾自身职责。与此同时，我们也必须及时取得反假资质，熟练掌握与假币有关的各种知识，如法律法规、程序制度、辨别技能等，这样才能应对客户的询问，经受客户的质疑，令客户信服。

在假币收缴过程中，要注意与客户的沟通，多站在客户的立场上思考，并做到察言观色，及时体察客户情绪的波动，避免与客户发生冲突。指导客户掌握辨别假币的要点等。若发生纠纷，要及时处置，避免扰乱营业秩序，影响银行声誉。

反假币是一项长期工作，必须长抓不懈，对于反假币知识的普及也是如此。所谓授人以鱼，不如授人以渔，反假币知识的普及更应惠于那些易于受到假币危害的人群，惠于那些社会中的基层群体。这就要求我们的反假币宣传工作深入社区、深入基层、深入群众，将反假币宣传教育工作落到实处。

Day 14
现金业务——残损币兑换

我们在柜台处理现金业务的时候，除了有可能收到假币以外，更常见的其实是残损币，我们应该怎么处理残损币，今天来学习一下。

No.1　什么是残损币？残损币具体兑换标准是什么？

残损币即残缺、污损人民币，是指票面撕裂、损缺，或因自然磨损、侵蚀，外观、质地受损，颜色变化，图案不清晰，防伪特征受损，不宜再继续流通使用的人民币。

兑换标准：

（1）能辨别面额，票面剩余 3/4（含 3/4）以上，其图案、文字能按原样连接的残缺、污损人民币，金融机构应向持有人按原面额全额兑换。

（2）能辨别面额，票面剩余 1/2（含 1/2）至 3/4 以下，其图案、文字能按原样连接的残缺、污损人民币，金融机构应向持有人按原面额的一半兑换。

（3）纸币呈正十字形缺少 1/4 的，按原面额的一半兑换。

（4）兑付额不足一分的，不予兑换；五分按半额兑换的，兑付二分。

练一练

（多选题）甲某至营业网点办理残损币兑换业务，第一张人民币中间被烧毁断裂，左侧剩余面积 1/3，右侧剩余面积 1/4，第二张只剩余面积 1/2，针对以上情况下列表述正确的是（　　）。

A. 第一张残损币可以半额兑换　　B. 第一张残损币可以全额兑换

C. 第二张残损币可以半额兑换　　　D. 不予兑换的残损人民币应退回原持有人

答案：C、D。

解析：第一张不能按原样连接，不予退换。

No.2　残损币兑换业务的基本规定是什么？

（1）收兑网点应挂牌设立残缺、污损人民币兑换窗口。

（2）无偿为公众兑换残缺、污损人民币。

（3）兑换残缺、污损人民币无推诿或拒兑现象。

（4）临柜出纳人员掌握残缺、污损人民币兑换标准。

（5）对外支付现金符合要求，无残缺、污损人民币的现象。

（6）回收的现金按《不宜流通人民币挑剔标准》进行挑剔，按"五好钱捆"标准进行整点。

练一练

（多选题）以下关于残损币兑换业务的说法，错误的是（　　）。

A. 对于纸币呈正十字形缺少1/4的，不予兑换

B. 对于兑付额不足一分的纸币，按一分兑换

C. 一张人民币纸币损坏两部分（含）以上，通过粘贴等方式，按原样连接的，属于拼接，为不宜流通人民币

D. 对兑换的残缺、污损人民币纸币，金融机构可在客户走后在票面上加盖带有本行行名的"全额"或"半额"戳记

答案：A、B、D。

解析：A项：应按原面额的一半兑换。B项：不予兑换。D项：应当面加盖。

No.3　残损币具体兑换流程是什么？

（1）对票币进行真伪辨别，确认是否为真币。

（2）确认为真币的，按照残缺、污损人民币兑换标准判定剩余面积（对于票面不规则缺失且目测不易判定剩余面积的，经办人员应使用残损币兑换尺辅助测量）。

（3）判定剩余面积后，要向残损币持有人说明认定的兑换结果。

残缺、污损人民币持有人同意金融机构认定结果的，对兑换的残缺、污损人民币纸币，金融机构应当面将带有行名的"全额"或"半额"戳记加盖在票面上；对兑换的残缺、污损人民币硬币，金融机构应当面使用专用袋密封保管，并在袋外封签上加盖"兑换"戳记。

（4）不予兑换的残缺、污损人民币，应退回原持有人。

练一练

（多选题）以下属于残缺污损人民币兑换流程的是（　　）。

A. 首先对票币进行真伪辨别

B. 确认为真币的，判定剩余面积

C. 对于票面不规则缺失且目测不易判定剩余面积的，拒绝兑换

D. 判定剩余面积后，要马上向残损币持有人说明认定的兑换结果

答案：A、B、D。

解析：C 项：使用银行配发的残损币兑换尺辅助测量。

No.4　什么是特殊残损币？计算特殊残损币剩余面积时应包括哪些部分？

特殊残损币即特殊残缺、污损人民币，是指票面因火灾、虫蛀、鼠咬、霉烂等特殊原因，造成外观、质地、防伪特征受损，纸张炭化、变形，图案不清晰，不宜再继续流通使用的人民币。

特殊残损币剩余面积，是指票面图案、文字、纸张能按原样连接的实物面积，包括与票面原样连接的炭化、变形部分。不能按原样连接的部分，不作为票面剩余面积计算。

No.5　特殊残损币的具体兑换流程是什么？

（1）临柜人员按照《中国人民银行残缺污损人民币兑换办法》有关规定对收到的客户的特殊残缺污损人民币确定兑换标准并辨伪，经复核、业务主管确认无误后，分券别、版别按全额、半额分别使用专用封袋密封。

注：每一专用信封仅封装一种券别的某一个版别货币的全额或半额，全额兑换与

半额兑换的货币不能混装于同一袋中。

（2）专用封袋左右封口处各使用一个配套"专用封签"加封，封签边缘以兑换结果为标准，使用"全额"或"半额"兑换专用章加盖骑缝章。专用封袋及封签封装完毕后应具有不可恢复性。

（3）填制"金融机构特殊残缺污损人民币兑换单"，加盖有关人员名章，并向持有人办理特殊残缺、污损人民币兑换业务。

（4）如兑入的特殊残缺污损人民币纸张已炭化或严重损毁，用手触摸时纸张随即成块状散落，为防止此类特殊残缺污损人民币装袋扎把后在上缴运送过程中自然散落，导致收兑机构在拆袋复点时无法辨别剩余面积和兑换标准的准确性的现象发生，兑换网点须在装袋前将此类特殊残缺污损人民币粘贴于与其相同券别全额面积大小相同的白纸上，再对其进行装袋加封处理。

No.6　什么是停止流通人民币？停止流通人民币如何兑换？

停止流通人民币是指经国务院批准，由中国人民银行公布，停止在市场上流通的人民币。停止流通的人民币依然是我国法定货币，虽然退出流通领域，但依然代表人民币的法定形象，享有法律赋予的神圣权益。

兑换网点临柜人员将客户交来的停止流通人民币首先进行辨伪，确认无误后，完整券按照面额全额为客户兑换，残损券按照《中国人民银行残缺污损人民币兑换办法》相关标准兑换。

Day 15
结算业务——结算票据

在各类银行业务中,"票据"以及衍生出的票据业务,发挥了重要的作用。今天,让我们了解一下票据业务的相关知识吧!

No.1 《票据法》中所称的票据指什么?

《票据法》所称票据,是指汇票、本票和支票。

No.2 什么是支票?支票有哪些分类?

支票是出票人签发的,委托办理支票存款业务的银行或者其他金融机构在见票时无条件支付确定的金额给收款人或者持票人的票据。

支票分为现金支票、转账支票两种。现金支票只能用于支取现金,转账支票只能用于转账。

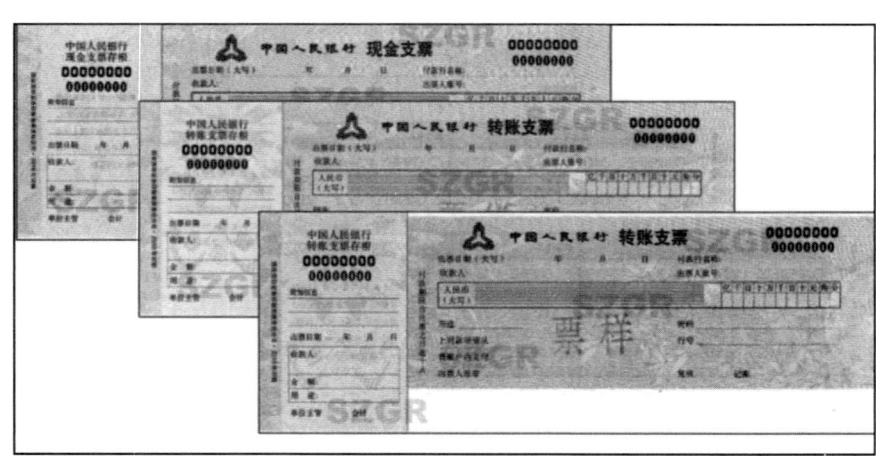

No.3 什么是汇票？汇票有哪些分类？

汇票是出票人签发的，委托付款人在见票时或者在指定日期无条件支付确定的金额给收款人或者持票人的票据。

汇票分为银行汇票和商业汇票。

银行汇票是指由出票银行签发的，由其在见票时按照实际结算金额无条件付给收款人或者持票人的票据。

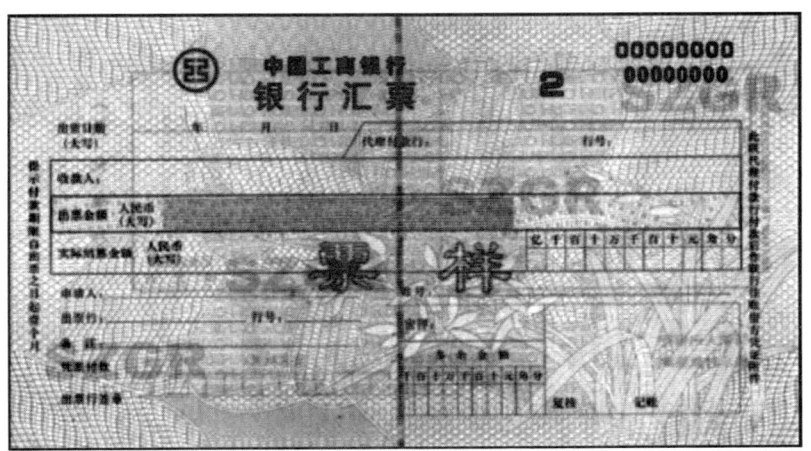

商业汇票是出票人签发的，委托付款人在指定日期无条件支付确定的金额给收款人或者持票人的票据。商业汇票分为商业承兑汇票和银行承兑汇票。商业承兑汇票由银行以外的付款人承兑（付款人为承兑人），银行承兑汇票由银行承兑。

（关于电子银行承兑汇票相关知识，请参考第五章公司业务有关内容。）

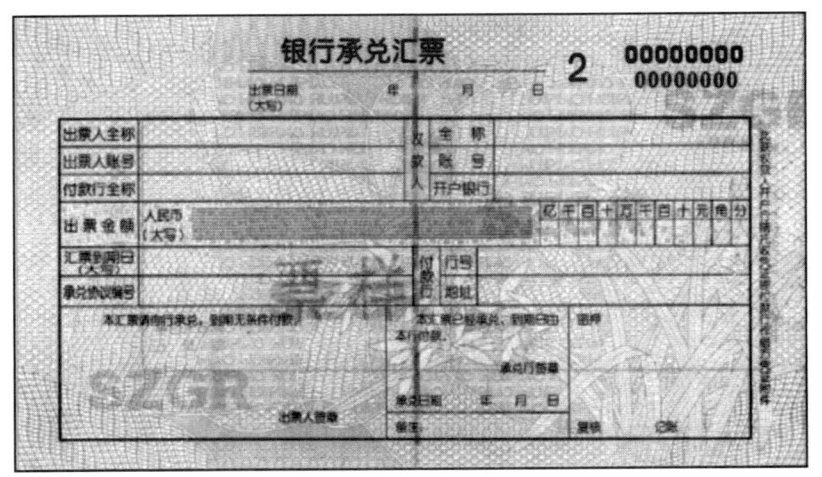

No.4　什么是本票？

本票是出票人签发的，承诺自己在见票时无条件支付确定的金额给收款人或者持票人的票据。《票据法》所称本票，是指银行本票。

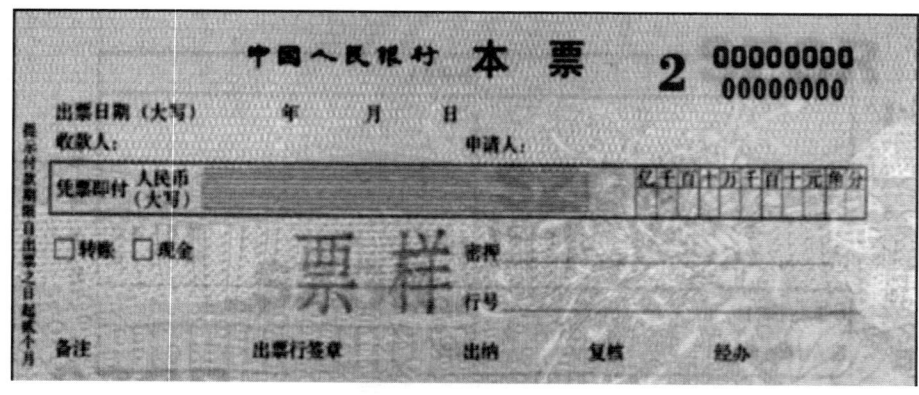

No.5　什么是提示付款及提示付款期？三种票据的"提示付款期"分别是多长时间？

提示付款是指持票人向承兑人或付款人出示票据，请求付款的行为。提示付款期就是提示付款的有效期。

（1）支票的提示付款期限自出票日起 10 日，但中国人民银行另有规定的除外。超过提示付款期限提示付款的，持票人开户银行不予受理，付款人不予付款。

（2）银行汇票的提示付款期限自出票日起 1 个月。持票人超过付款期限提示付款的，代理付款人不予受理。

（3）商业汇票的提示付款期限，自汇票到期日起 10 日。持票人应在提示付款期限内通过开户银行委托收款或直接向付款人提示付款。对异地委托收款的，持票人可匡算邮程，提前通过开户银行委托收款。持票人超过提示付款期限提示付款的，持票人开户银行不予受理。

（4）银行本票的提示付款期限自出票日起最长不得超过 2 个月。持票人超过付款期限提示付款的，代理付款人不予受理。银行本票的代理付款人是代理出票银行审核支付银行本票款项的银行。

> **练一练**
>
> （判断题）超过提示付款期限的，付款人可以不予付款，付款人不予付款的，出票人仍应当对持票人承担票据责任。（　　）
>
> **答案**：正确。

No.6　什么是挂失止付？哪些票据可以申请挂失止付？哪些不能挂失止付？

挂失止付是指在票据丧失时，失票人将丧失票据的情况通知付款人，并请求付款人停止付款，接受挂失止付的在票据项未被他人取得的情况下，决定暂停支付的一种失票补救措施。

已承兑的商业汇票、支票、填明"现金"字样和代理付款人的银行汇票以及填明"现金"字样的银行本票丧失，可以由失票人通知付款人或者代理付款人挂失止付。

未填明"现金"字样和代理付款人的银行汇票以及未填明"现金"字样的银行本票丧失，不得挂失止付。

No.7　什么是票据背书？

背书是指在票据背面或者粘单上记载有关事项并签章的票据行为。

背书是由持票人在汇票背面签上自己的名字，并将汇票交付给受让人的行为。这里的持票人称为背书人，受让人称为被背书人。

> **练一练**
>
> （多选题）下列关于票据背书的说法正确的是（　　）。
> A. 票据背书转让时，背书未记载日期的，视为在票据到期日前背书
> B. 票据背书人记载"不得转让"字样的票据，票据不得转让
> C. 背书不得附有条件，背书附有条件的，所附条件不具有票据上的效力
> D. 票据上的最后一个背书人，应当在票据和粘单的粘接处签章
>
> **答案**：A、B、C。
>
> **解析**：D项：粘单上的第一记载人在票据和粘单的粘接处签章。

No.8 哪些票据不得背书转让?

填明"现金"字样的银行汇票、银行本票和用于支取现金的支票不得背书转让。

练一练

（多选题）下列票据中不得背书转让的有（　　）。
A. 被拒绝付款的票据　　　　　　B. 用于支取现金的支票
C. 超过付款提示期限的票据　　　D. 填明"现金"字样的银行汇票
答案： A、B、C、D。

No.9 什么是"背书连续"?

背书连续是指票据第一次背书转让的背书人是票据上记载的收款人，前次背书转让的被背书人是后一次背书转让的背书人，依次前后衔接，最后一次背书转让的被背书人是票据的最后持票人。

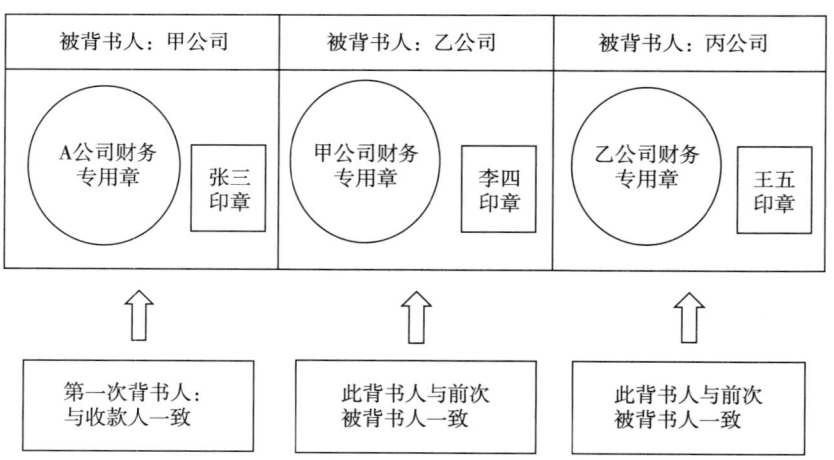

No.10 什么是支付密码?哪些凭证可以使用支付密码?

支付密码是用于验证支付凭证上存款人签章真实性的辅助措施，它是指存款人在签发票据和支付凭证时，通过支付密码器采集票据、支付凭证上的重要信息及数据进行加密运算，生成的一个唯一的包含存款人身份信息和支付信息的密码数据，并填写在支付凭证上供银行核验的16位数字。

练一练

（多选题）以下关于支付密码管理的相关说法，正确的是（　　）。

A. 存款人签发支付密码正确的票据和支付凭证，但签章与银行预留印鉴不符，营业机构可予受理

B. 支付密码应使用碳素墨水或墨汁书写

C. 出票人在支票出票环节支付密码填写错误的，可在划掉错误的支付密码后填写正确的支付密码并在更正处签章确认

D. 存款人签发支付密码错误的支票，营业机构应予退票，并按退票相关规定进行处理

答案：B、C、D。

解析：A项：存款人签发支付密码正确的票据和支付凭证，但签章与银行预留印鉴不符，营业机构不予受理。

Day 16
结算业务——印鉴管理

> "印鉴"是中国独特的鉴权方式,直到今天仍然具有广泛的应用场景,特别是各类对公企业对外权益表达上,因此对印鉴的识别,是银行从业人员的必修课,下面让我们开始学习吧!

No.1　什么是预留印鉴?存款人如何预留印鉴?

预留印鉴是存款人因在银行开立银行结算账户而向开户银行预留凭以办理支付结算的签章样本。

存款人为单位的,其预留印鉴为该单位的公章或财务专用章加其法定代表人(单位负责人)或其授权的代理人的签名或盖章。

存款人为个人的,其预留印鉴为该个人的签名或盖章,且应与有效身份证件中的名称全称相一致。

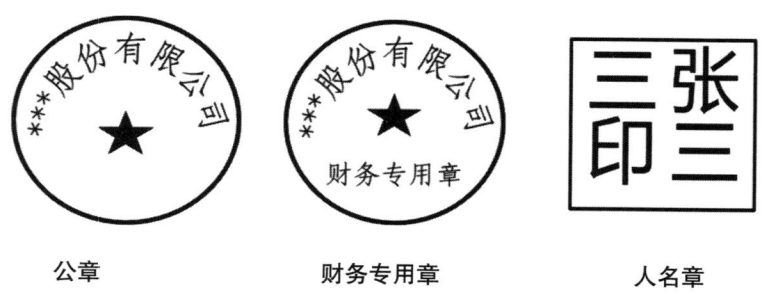

公章　　　　　　财务专用章　　　　　　人名章

No.2　存款人预留印鉴的基本要求是什么?

存款人在银行预留印鉴中公章或财务章的名称应与开立的银行结算账户的账户名

称、出具的开户证明文件上记载的存款人名称保持一致，但下列情形除外：

（1）因注册验资开立的临时存款账户，其预留银行印鉴中公章或财务专用章的名称应是存款人与银行在银行结算账户管理协议中约定的出资人名称。

（2）预留银行印鉴中公章或财务专用章的名称依法可使用简称的，账户名称应与其保持一致。

（3）没有字号的个体工商户开立的银行结算账户，其预留印鉴中公章或财务专用章应是个体户字样加营业执照上载明的经营者的签字或盖章。

No.3　预留印鉴是法定代表人以外的其他人，应如何处理？

预留印鉴中人名章如果是法定代表人（单位负责人）授权的代理人的签名或盖章，则需要开户单位提供被授权代理人的有效身份证件及情况说明，说明中需注明以被授权代理人签名或盖章作为预留印鉴等情况。

No.4　什么情况下需要进行印鉴变更？印鉴变更的注意事项有哪些？

单位存款人因单位名称变更、人员变动、原章损坏或变形时，需要申请变更预留印鉴。

注意事项：

（1）印鉴变更后，新预留印鉴次日启用。对存款人在启用日前使用原印鉴签发的，且在提示付款期内的票据仍予支付；对启用当日及以后存款人用原印鉴签发的票据一律作退票处理。

（2）单位存款人变更预留公章或财务章时，需提供公安机关批准刻章的备案证明或刻章发票。

练一练

（单选题）印鉴变更后，新预留印鉴（　　）启用。

A. 当日　　　　B. 次日　　　　C. 2个工作日后　　　　D. 3个工作日后

答案：B。

No.5 什么是印鉴卡？印鉴卡的预留有哪些注意事项？

印鉴卡，是指记载存款人预留印鉴及相关信息的卡片，是开户银行办理支付结算业务的审核依据。

预留印鉴应使用硬质材料进行刻制，不得有破损，不得使用万次印（原子印）作为银行预留签章（其他行政管理部门认可或其他文件另行规定的印章除外）。预留签章应清晰完整、易辨别审核，字体不得为篆体字和繁体字，可以是签名、盖章或签名加盖章。

> **小贴士**：印鉴卡中记载了单位客户账号、法定代表人、开户时间等信息。印鉴卡一式三联，第一联由开户单位留存，第二联由开户银行留存，第三联由开户银行专夹保管。
>
> 印鉴卡第一联由客户留存，客户应妥善保管；印鉴卡中加盖有单位预留印鉴，作为重要凭证，各营业机构需要按规定定期进行核对，营业机构根据第二联核对是否与账户数量相符；印鉴卡第三联是进行建库的依据，建库后，单位客户办理相关业务中，需要核对凭证上加盖的预留印鉴是否与建库时预留的一致。

×××××××银行　印鉴卡			
户　名		法人代表	
账　号		账户性质	
开户行		存款类型	
地　址		邮　编	
联系电话	联系人	开户行电话	
财务电话	联系人	支付行号	
启用日期	注销日期	备　注	
预留印鉴（请居中清晰盖章，勿压线、交叉、重影、折叠）： 样　本			
经办柜员：	复核柜员：	授权柜员：	

编号：××××××××

第一联　开户单位留存

No.6 印鉴卡的保管和使用有什么规定？

（1）预留印鉴卡的保管遵循"谁使用，谁保管，谁负责"的原则，营业机构应指定专人保管，明确责任。预留印鉴卡一律不得外借或拿出柜台外使用。

（2）不得将预留印鉴卡随意丢放，做到人离卡收。营业时间，预留印鉴卡应放在监控录像范围内使用；预留印鉴卡保管人在营业时间内临时离开岗位，要将印鉴卡装箱上锁；营业终了，要将预留印鉴卡装箱上锁入库保管。

（3）预留印鉴卡保管人轮班、短期离岗和调离，要按规定做好有关交接工作。办理交接时需做好交接登记，并注明预留印鉴卡个数；接收人要认真清点预留印鉴卡片数相符后方可办理接收手续；交接时由网点负责人负责监交。

练一练

（多选题）以下关于印鉴卡的使用和保管，说法正确的是（　　）。

A. 营业时间，预留印鉴卡应放在监控录像范围内使用

B. 预留印鉴卡保管人在营业时间内临时离开岗位，让别人帮忙看管即可

C. 营业终了，要将预留印鉴卡装箱上锁入库保管

D. 不得将预留印鉴卡随意丢放，做到人离卡收

答案：A、C、D。

解析：B 项：要将印鉴卡装箱上锁。

Day 17

案例学习：未能识别假印鉴，银行难辞其咎

通过之前的学习，我们知道，截至目前，客户预留印鉴仍然是现阶段柜面渠道银行付款的主要依据。因此，避免假印鉴自然是柜面业务管理和风险防范的重点。假印鉴被预留的原因很多，但归根结底，大多数与银行员工违规操作有关。

王某经人介绍认识了张某。张某称自己与政商界的很多人相熟，更是熟识政府机关及银行的人，能为有钱的人找到回报高的投资项目，也能为缺钱的人融资。王某曾通过张某投资过项目，确实获得了一定的回报。

2005年4月，张某联系王某说要其成立一个公司，并到A银行开户存入1500万元，存款时间为20天。在此期间，资金可能会转出占用，到期后按每天4‰的利率支付资金占用费。4‰的日利息对王某很有诱惑力。2005年4月底，王某与张某成立了大志公司，法定代表人是王某。2005年5月12日，在张某的引荐下，王某结识了赵某。赵某是当时A银行某支行负责人的弟弟，声称对银行的流程非常熟悉。

次日，王某代表大志公司到A银行开户，张某及赵某一同前往。由于提交的开户资料不全，赵某与A行工作人员交涉后，A银行同意先开户，待补齐开户资料后再启用账户。同月17日上午，张某、赵某陪同王某到A银行补交开户资料并启用大志公司账户，同日存入人民币1500万元，王某当场购买了大志公司的支票和电汇凭证。

张某、赵某分别于2005年5月和7月使用盖有虚假的大志公司公章和法定代表人王某私章的支票和电汇凭证将该公司账户内的1500万元划走。后张某因犯票据诈骗罪、金融凭证诈骗罪（除本案外还有其他案件）被法院判处无期徒刑，大志公司被划走的款项，有200万元被追回，其他款项均被转账、取现或用于其他开支。

2006年8月17日，大志公司向法院提起储蓄合同纠纷诉讼，要求A银行赔偿大

志公司存款损失及利息。诉讼中，因大志公司于2008年10月14日被注销，且在注销前将涉案债权转让给了王某，王某作为原告参加诉讼，要求A银行支付王某1500万元及利息。

诉讼开始后，法院查明以下事实：（1）王某在与张某约定的期限到期后，找张某要过几次钱，每次张某都把资金占用费支付给王某。经查实，大志公司和王某共收到资金占用费330万元，加上被追回的200万元，大志公司实际损失970万元。（2）经鉴定，大志公司提供的印章与其保留的印鉴卡上的印章及《开户申请书》《单位银行结算账户管理协议》上的印章一致。A银行保留的印鉴卡上的印章与转账支票、电汇凭证等结算凭证上的印章一致，但A银行保留的印鉴卡上的印章与大志公司留存的印鉴卡上的印章及《开户申请书》《单位银行结算账户管理协议》上的印章不一致。（3）大志公司2005年5月13日开户时预留印鉴卡上的户名、地址、电话均由赵某填写。5月13日办理开户及5月17日办理启用账户业务时，赵某均进入过A行的开放式柜台。在开户过程中，因部分印鉴卡上印章不符合要求，在重新盖印时，王某将大志公司公章及其私章交由张某，由张某进行盖印。（4）大志公司账户中存款被划走后，A银行根据规定通知王某对账，王某仍未亲自前往，而是联系张某，由张某通知赵某去银行拿出对账单再盖好章后送回银行。

经审理，法院认为：（1）大志公司管理上存在严重漏洞，允许他人填写印鉴卡资料，并将公章和法定代表人私章交由他人加盖，还不按规定履行对账义务。（2）银行存在违规操作，在大志公司开户资料提供不全的情况下仍为其办理开户手续，并允许他人进入柜台，接触印鉴卡资料。（3）银行没有尽到充分审慎注意的义务，没有发现留存的印鉴卡上的印章与《开户申请人单位银行结算账户管理协议》、大志公司保留的印鉴卡上的印章不一致。

案例分析：

在本案中，大志公司的管理存在明显的疏漏，应对造成的损失承担主要责任。例如，王某事前明知获取的收益为非正常的高收益，仍然坚持开户存款；开户过程中资料由与公司无关的赵某代为填写，给不法分子制假印章、实施欺诈制造可乘之机；资金被划走后，大志公司应当发现异常，但未采取行动。

同时，A银行由于未尽到严格审查和注意的义务，也应承担相应的责任。例如，企业开户资料提供不全，A银行仍为其办理开户手续，非银行工作人员赵某还进入过银行柜台，均为违规行为。最重要的问题为 A 银行工作人员未能发现银行保留的印鉴卡上的印章与大志公司留存的印鉴卡上的印章，以及《开户申请书》《单位银行结算账户管理协议》上的印章不一致问题，并被犯罪分子利用实施了诈骗。

思考与实践：

预留印鉴仍然是现阶段柜面渠道对公客户付款的主要依据，因此，避免假印鉴是柜面业务管理审核的要点。应该说随着技术的发展，假印鉴制作的水平也不断提高，单从技术上的防范越来越困难。更多的应该在开户的流程上，增加管控流程。例如，严格审查客户提交的资料，核实开户意愿，严控虚假开户行为；对于异常的开户情况应加强关注，对于注册地址不存在、虚构经营场所的客户都应加强甄别，并可拒绝开户。

在本案中，是谁更换的假印鉴并未查证，请你思考一下，可能是在哪些环节出了问题，导致大志公司的印鉴被造假更换？

Day 18
结算业务——支付结算

> 传统的银行业务曾被简称"存、贷、结",代指存款业务、贷款业务及结算业务,可见支付结算在银行主营业务中的位置。近年来,随着支付手段的不断升级、支付渠道日益丰富,结算业务迎来了很多新的变化。

No.1 什么是全国支票影像交换系统?

全国支票影像交换系统是指运用影像技术将实物支票转换为支票影像信息,通过计算机及网络技术,将影像信息传递至出票人开户银行提示付款的业务处理系统,它是中国人民银行继大额支付系统、小额支付系统建成后的又一重要金融基础设施。

No.2 全国支票影像交换系统处理支票业务的金额上限是多少?时限是多少?

中国人民银行规定,支票影像交换处理系统支票业务的单笔金额上限暂定为50万元(含)。超过金额上限的支票,拒绝受理,由持票人或其开户银行通过其他途径向出票人开户银行提示付款。

提出行应在受理支票的当日至迟下一个法定工作日上午10:00前,通过小额支付系统发送支票影像信息。

各营业机构收到支票影像提入业务及信息类业务报文时,须及时进行回执处理,营业终了前收到的业务应于当日日终前完成处理,营业终了后收到的业务最迟应于下一工作日上午10:00前完成回执处理,应严格控制业务回执处理时间,杜绝支票影像业务逾期回执和逾期未回执情况发生。

> 练一练

（多选题）以下关于全国支票影像交换系统的说法，正确的是（　　）。

A. 金额为 100 万元的支票，可以通过全国支票影像交换系统提出

B. 金额为 40 万元的支票，可以通过全国支票影像交换系统提出

C. 提出行 10：00 受理支票后，15：00 进行发送

D. 营业机构周一 11：00 收到支票影像提入业务后，周二 9：00 进行处理

答案：B、C。

解析：A 项：单笔金额上限为 50 万元。D 项：营业终了前收到的业务应于当日日终前完成处理。

No.3　支票影像业务处理遵循什么原则？

支票影像业务处理应遵循"先付后收、收妥抵用、全额清算、银行不垫款"的原则。

No.4　什么是空头支票？空头支票的惩罚是怎么规定的？

出票人签发的支票金额超过其付款时在付款人账户实有的存款金额的为空头支票。

出票人签发空头支票，银行应予以退票，中国人民银行按票面金额处以 5% 但不低于 1000 元的罚款。持票人有权要求出票人赔偿支票金额 2% 的赔偿金。对屡次签发的，开户银行停止其签发支票。

> 练一练

（单选题）一张票款为 18000 元的支票因付款人账户余额不足，不能支付票款。根据《支付结算办法》的有关规定，付款人应受到至少（　　）元的罚款处罚。

A.360　　　　B.1800　　　　C.900　　　　D.1000

答案：D。

No.5　空头支票的处理措施有哪些？

对于签发空头支票的企业，可以采取停售或限售等措施。

对于符合限售支票标准的，原则上每次出售支票不超过 5 张，且再次出售时应充分考虑已售支票的使用情况。对于符合停售支票标准的，还应采取有效措施收回未签发使用的支票凭证。对于符合解除限售、停售标准的客户，应对客户资信情况重新进行审查，审慎核定出售支票数量。

No.6　什么是现代化支付系统？主要包括哪些系统？

中国现代化支付系统主要提供商业银行之间跨行的支付清算服务，是为商业银行之间和商业银行与中国人民银行之间的支付业务提供最终资金清算的系统，是各商业银行电子汇兑系统资金清算的枢纽系统，是连接国内外银行重要的桥梁，也是金融市场的核心支持系统。

中国现代化支付系统包括中国人民银行大额支付系统、小额支付系统、全国支票影像交换系统、电子商业汇票系统、网上支付跨行清算系统。

No.7　什么是农信银系统？主要可办理哪些业务？

农信银系统是农信银支付清算系统的简称，是根据全国农村信用社、农村合作银行、农村商业银行支付结算业务需求，应用现代化计算机网络和信息技术开发的集资金清算和信息服务为一体的支付清算平台，为所有入网机构提供异地支付清算和信息服务的系统。

农信银系统与现代化支付系统相比，网点覆盖更广，可以为广大城乡客户，特别是农村地区企业和个人办理实时电子汇兑、农信银银行汇票和个人账户通存通兑等业务。

No.8　根据转账汇款到账时间不同，转账方式有哪些？

根据转账汇款到账时间不同，转账方式分为实时到账、普通到账、次日到账。

实时到账指在受理业务后，实时发起资金清算；个人现金汇款业务只支持实时到账方式。

普通到账指在受理完成业务后，延迟 2 小时进行资金清算；普通到账业务受理截止时间为每个工作日 15：00。

次日到账指在受理完成业务后，在第二个工作日 10：00 发起资金清算。

> ✎ 练一练
>
> （多选题）以下关于转账汇款的说法，错误的是（　　）。
>
> A. 根据转账金额不同，转账方式分为实时到账、普通到账、次日到账
>
> B. 客户选择"次日到账"方式进行转账，收款方第二个工作日 8：00 即可收到款项
>
> C. 客户希望收款方在汇款完成后 2 小时收到款项，应选择"次日到账"方式
>
> D. 客户 16：00 要求柜台以"普通到账"方式进行汇款，可以受理
>
> 答案：A、B、C、D。
>
> 解析：A 项：应为根据转账汇款到账时间的不同。B 项：应在第二个工作日 10：00 发起资金清算。C 项：应选普通到账方式。D 项：普通到账业务截止时间为每个工作日 15：00。

No.9 现代化支付系统及农信银系统的运行时序分哪几个阶段？

大额支付系统运行时序分营业准备、日间处理、业务截止、清算窗口、日终处理五个阶段，正常受理业务时间为工作日的前一日（T-1 日）20：30 至当日（T 日）17：15，清算窗口时间为 17：15 至 17：30。

小额支付系统、网上支付跨行清算系统、农信银系统均实行 7×24 小时不间断运行。小额支付系统、网上支付跨行清算系统自然日 16：00 日切，农信银系统日切时间为每日 17：30（年终各系统日切时间按中国人民银行及农信银资金清算中心相关文件执行）。

> ✎ 练一练
>
> （多选题）以下关于各系统运行时间的说法，正确的是（　　）。
>
> A. 大额系统受理业务时间为工作日的前一日 20：30 至当日 17：30
>
> B. 电子商业汇票系统 7×12 小时运行，运行时间为 8：00 至 20：00
>
> C. 小额支付系统为 7×24 小时运行，每日日切时间为 16：00
>
> D. 农信银支付清算系统实行 7×24 小时不间断运行，农信银支付清算系统日切时间为每日 17：00
>
> 答案：B、C。

Day 19
法规学习：票据法（节选）

为规范票据行为，保障票据活动中当事人的合法权益，维护社会经济秩序，促进社会主义市场经济的发展，我国制定了《中华人民共和国票据法》（以下简称《票据法》）。以下为2004年修正的《票据法》节选，供大家学习参考。

No.1 《票据法》的第一章"总则"有哪些需要了解的规定？

第二条 在中华人民共和国境内的票据活动，适用本法。本法所称票据，是指汇票、本票和支票。

第四条 票据出票人制作票据，应当按照法定条件在票据上签章，并按照所记载的事项承担票据责任。持票人行使票据权利，应当按照法定程序在票据上签章，并出示票据。其他票据债务人在票据上签章的，按照票据所记载的事项承担票据责任。本法所称票据权利，是指持票人向票据债务人请求支付票据金额的权利，包括付款请求权和追索权。本法所称票据责任，是指票据债务人向持票人支付票据金额的义务。

第七条 票据上的签章，为签名、盖章或者签名加盖章。法人和其他使用票据的单位在票据上的签章，为该法人或者该单位的盖章加其法定代表人或者其授权的代理人的签章。在票据上的签名，应当为该当事人的本名。

第八条 票据金额以中文大写和数码同时记载，二者必须一致，二者不一致的，票据无效。

第九条 票据上的记载事项必须符合本法的规定。票据金额、日期、收款人名称不得更改，更改的票据无效。对票据上的其他记载事项，原记载人可以更改，更改时应当由原记载人签章证明。

第十四条 票据上的记载事项应当真实，不得伪造、变造。伪造、变造票据上的签章和其他记载事项的，应当承担法律责任。票据上有伪造、变造的签章的，不影响票据上其他真实签章的效力。票据上其他记载事项被变造的，在变造之前签章的人，对原记载事项负责；在变造之后签章的人，对变造之后的记载事项负责；不能辨别是在票据被变造之前或者之后签章的，视同在变造之前签章。

第十五条 票据丧失，失票人可以及时通知票据的付款人挂失止付，但是，未记载付款人或者无法确定付款人及其代理付款人的票据除外。收到挂失止付通知的付款人，应当暂停支付。失票人应当在通知挂失止付后三日内，也可以在票据丧失后，依法向人民法院申请公示催告，或者向人民法院提起诉讼。

第十七条 票据权利在下列期限内不行使而消灭：（一）持票人对票据的出票人和承兑人的权利，自票据到期日起二年。见票即付的汇票、本票，自出票日起二年；（二）持票人对支票出票人的权利，自出票日起六个月；（三）持票人对前手的追索权，自被拒绝承兑或者被拒绝付款之日起六个月；（四）持票人对前手的再追索权，自清偿日或者被提起诉讼之日起三个月。票据的出票日、到期日由票据当事人依法确定。

第十八条 持票人因超过票据权利时效或者因票据记载事项欠缺而丧失票据权利的，仍享有民事权利，可以请求出票人或者承兑人返还其与未支付的票据金额相当的利益。

练一练

（判断题）票据金额以中文大写和数码同时记载，二者必须一致，二者不一致的，以中文大写为准。　　　　　　　　　　　　　　　　　　　（　）

答案： 错误。

解析： 二者不一致的，票据无效。

No.2 《票据法》的第二章"汇票"有哪些需要了解的规定？

第十九条 汇票是出票人签发的，委托付款人在见票时或者在指定日期无条件支付确定的金额给收款人或者持票人的票据。汇票分为银行汇票和商业汇票。

第二十条 出票是指出票人签发票据并将其交付给收款人的票据行为。

第二十二条 汇票必须记载下列事项：（一）表明"汇票"的字样；（二）无条件

支付的委托；（三）确定的金额；（四）付款人名称；（五）收款人名称；（六）出票日期；（七）出票人签章。汇票上未记载前款规定事项之一的，汇票无效。

第二十三条　汇票上记载付款日期、付款地、出票地等事项的，应当清楚、明确。汇票上未记载付款日期的，为见票即付。汇票上未记载付款地的，付款人的营业场所、住所或者经常居住地为付款地。汇票上未记载出票地的，出票人的营业场所、住所或者经常居住地为出票地。

第二十七条　持票人可以将汇票权利转让给他人或者将一定的汇票权利授予他人行使。出票人在汇票上记载"不得转让"字样的，汇票不得转让。持票人行使第一款规定的权利时，应当背书并交付汇票。背书是指在票据背面或者粘单上记载有关事项并签章的票据行为。

第二十八条　票据凭证不能满足背书人记载事项的需要，可以加附粘单，粘附于票据凭证上。粘单上的第一记载人，应当在汇票和粘单的粘接处签章。

第二十九条　背书由背书人签章并记载背书日期。背书未记载日期的，视为在汇票到期日前背书。

第三十条　汇票以背书转让或者以背书将一定的汇票权利授予他人行使时，必须记载被背书人名称。

第三十一条　以背书转让的汇票，背书应当连续。持票人以背书的连续，证明其汇票权利；非经背书转让，而以其他合法方式取得汇票的，依法举证，证明其汇票权利。前款所称背书连续，是指在票据转让中，转让汇票的背书人与受让汇票的被背书人在汇票上的签章依次前后衔接。

第三十三条　背书不得附有条件。背书时附有条件的，所附条件不具有汇票上的效力。将汇票金额的一部分转让的背书或者将汇票金额分别转让给二人以上的背书无效。

第三十五条　背书记载"委托收款"字样的，被背书人有权代背书人行使被委托的汇票权利。但是，被背书人不得再以背书转让汇票权利。汇票可以设定质押；质押时应当以背书记载"质押"字样。被背书人依法实现其质权时，可以行使汇票权利。

第三十六条　汇票被拒绝承兑、被拒绝付款或者超过付款提示期限的，不得背书转让；背书转让的，背书人应当承担汇票责任。

第三十八条　承兑是指汇票付款人承诺在汇票到期日支付汇票金额的票据行为。

第三十九条　定日付款或者出票后定期付款的汇票，持票人应当在汇票到期日前向付款人提示承兑。提示承兑是指持票人向付款人出示汇票，并要求付款人承诺付款的行为。

第四十三条　付款人承兑汇票，不得附有条件；承兑附有条件的，视为拒绝承兑。

第四十四条　付款人承兑汇票后，应当承担到期付款的责任。

第四十五条　汇票的债务可以由保证人承担保证责任。保证人由汇票债务人以外的他人担当。

第四十六条　保证人必须在汇票或者粘单上记载下列事项：（一）表明"保证"的字样；（二）保证人名称和住所；（三）被保证人的名称；（四）保证日期；（五）保证人签章。

第四十七条　保证人在汇票或者粘单上未记载前条第（三）项的，已承兑的汇票，承兑人为被保证人；未承兑的汇票，出票人为被保证人。保证人在汇票或者粘单上未记载前条第（四）项的，出票日期为保证日期。

第五十三条　持票人应当按照下列期限提示付款：（一）见票即付的汇票，自出票日起一个月内向付款人提示付款；（二）定日付款、出票后定期付款或者见票后定期付款的汇票，自到期日起十日内向承兑人提示付款。持票人未按照前款规定期限提示付款的，在作出说明后，承兑人或者付款人仍应当继续对持票人承担付款责任。通过委托收款银行或者通过票据交换系统向付款人提示付款的，视同持票人提示付款。

第五十四条　持票人依照前条规定提示付款的，付款人必须在当日足额付款。

第五十五条　持票人获得付款的，应当在汇票上签收，并将汇票交给付款人。持票人委托银行收款的，受委托的银行将代收的汇票金额转账收入持票人账户，视同签收。

第五十七条　付款人及其代理付款人付款时，应当审查汇票背书的连续，并审查提示付款人的合法身份证明或者有效证件。付款人及其代理付款人以恶意或者有重大过失付款的，应当自行承担责任。

第五十八条　对定日付款、出票后定期付款或者见票后定期付款的汇票，付款人在到期日前付款的，由付款人自行承担所产生的责任。

第六十一条　汇票到期被拒绝付款的，持票人可以对背书人、出票人以及汇票的其他债务人行使追索权。汇票到期日前，有下列情形之一的，持票人也可以行使追索权：(一)汇票被拒绝承兑的；(二)承兑人或者付款人死亡、逃匿的；(三)承兑人或者付款人被依法宣告破产的或者因违法被责令终止业务活动的。

第六十二条 持票人行使追索权时，应当提供被拒绝承兑或者被拒绝付款的有关证明。持票人提示承兑或者提示付款被拒绝的，承兑人或者付款人必须出具拒绝证明，或者出具退票理由书。未出具拒绝证明或者退票理由书的，应当承担由此产生的民事责任。

第六十四条 承兑人或者付款人被人民法院依法宣告破产的，人民法院的有关司法文书具有拒绝证明的效力。承兑人或者付款人因违法被责令终止业务活动的，有关行政主管部门的处罚决定具有拒绝证明的效力。

📝 **练一练**

（判断题）背书记载"委托收款"字样的，被背书人有权代背书人行使被委托的汇票权利。（　　）

答案： 正确。

No.3 《票据法》的第三章"本票"有哪些需要了解的规定？

第七十三条 本票是出票人签发的，承诺自己在见票时无条件支付确定的金额给收款人或者持票人的票据。本法所称本票，是指银行本票。

第七十四条 本票的出票人必须具有支付本票金额的可靠资金来源，并保证支付。

第七十五条 本票必须记载下列事项：(一)表明"本票"的字样；(二)无条件支付的承诺；(三)确定的金额；(四)收款人名称；(五)出票日期；(六)出票人签章。本票上未记载前款规定事项之一的，本票无效。

第七十六条 本票上记载付款地、出票地等事项的，应当清楚、明确。本票上未记载付款地的，出票人的营业场所为付款地。本票上未记载出票地的，出票人的营业场所为出票地。

第七十七条 本票的出票人在持票人提示见票时，必须承担付款的责任。

第七十八条 本票自出票日起，付款期限最长不得超过二个月。

第七十九条 本票的持票人未按照规定期限提示见票的，丧失对出票人以外的前手的追索权。

No.4 《票据法》的第四章"支票"有哪些需要了解的规定？

第八十一条 支票是出票人签发的，委托办理支票存款业务的银行或者其他金融机构在见票时无条件支付确定的金额给收款人或者持票人的票据。

第八十二条 开立支票存款账户，申请人必须使用其本名，并提交证明其身份的合法证件。开立支票存款账户和领用支票，应当有可靠的资信，并存入一定的资金。开立支票存款账户，申请人应当预留其本名的签名式样和印鉴。

第八十三条 支票可以支取现金，也可以转账，用于转账时，应当在支票正面注明。支票中专门用于支取现金的，可以另行制作现金支票，现金支票只能用于支取现金。支票中专门用于转账的，可以另行制作转账支票，转账支票只能用于转账，不得支取现金。

第八十四条 支票必须记载下列事项：（一）表明"支票"的字样；（二）无条件支付的委托；（三）确定的金额；（四）付款人名称；（五）出票日期；（六）出票人签章。支票上未记载前款规定事项之一的，支票无效。

第八十五条 支票上的金额可以由出票人授权补记，未补记前的支票，不得使用。

第八十六条 支票上未记载收款人名称的，经出票人授权，可以补记。支票上未记载付款地的，付款人的营业场所为付款地。支票上未记载出票地的，出票人的营业场所、住所或者经常居住地为出票地。出票人可以在支票上记载自己为收款人。

第八十七条 支票的出票人所签发的支票金额不得超过其付款时在付款人处实有的存款金额。出票人签发的支票金额超过其付款时在付款人处实有的存款金额的，为空头支票。禁止签发空头支票。

第八十八条 支票的出票人不得签发与其预留本名的签名式样或者印鉴不符的支票。

第八十九条 出票人必须按照签发的支票金额承担保证向该持票人付款的责任。出票人在付款人处的存款足以支付支票金额时，付款人应当在当日足额付款。

第九十条 支票限于见票即付，不得另行记载付款日期。另行记载付款日期的，该记载无效。

第九十一条 支票的持票人应当自出票日起十日内提示付款；异地使用的支票，其提示付款的期限由中国人民银行另行规定。超过提示付款期限的，付款人可以不予付款；付款人不予付款的，出票人仍应当对持票人承担票据责任。

第九十二条 付款人依法支付支票金额的，对出票人不再承担受委托付款的责任，对持票人不再承担付款的责任。但是，付款人以恶意或者有重大过失付款的除外。

✍ 练一练

（判断题）支票仅可用于支取现金。（　　）

答案： 错误。

解析： 支票可以支取现金，也可以转账，用于转账时，应当在支票正面注明。

No.5 《票据法》的第六章"法律责任"及第七章"附则"有哪些需要了解的规定？

第一百零四条 金融机构工作人员在票据业务中玩忽职守，对违反本法规定的票据予以承兑、付款或者保证的，给予处分；造成重大损失，构成犯罪的，依法追究刑事责任。由于金融机构工作人员因前款行为给当事人造成损失的，由该金融机构和直接责任人员依法承担赔偿责任。

第一百零五条 票据的付款人对见票即付或者到期的票据，故意压票，拖延支付的，由金融行政管理部门处以罚款，对直接责任人员给予处分。票据的付款人故意压票，拖延支付，给持票人造成损失的，依法承担赔偿责任。

第一百零七条 本法规定的各项期限的计算，适用民法通则关于计算期间的规定。按月计算期限的，按到期月的对日计算；无对日的，月末日为到期日。

✍ 练一练

（多选题）汇票必须记载下列事项（　　）。

A. 表明"汇票"的字样　　B. 无条件支付的委托　　C. 确定的金额
D. 付款人名称　　E. 收款人名称　　F. 出票日期　　G. 出票人签章

答案： A、B、C、D、E、F、G。

案 例

甲公司向某银行申请一张银行承兑汇票，该银行作了必要的审查后受理了这份申请，并依法在票据上签章。甲公司得到票据后没有在票据上签章便将该票据直接交付给乙公司作为购货款。乙公司又将此票据背书转让给丙公司以偿债。到了票据上记载的付款日期，丙公司持票向承兑银行请求付款时，该银行以票据无效为理由拒绝付款。

思考：（1）从以上案情显示的情况看，这张汇票有效吗？（2）根据我国《票据法》关于汇票出票行为的规定，记载了哪些事项的汇票才是有效票据？（3）银行既然在票据上依法签章，它可以拒绝付款吗？为什么？

解析：（1）无效。（2）根据我国《票据法》关于汇票出票行为的规定，汇票必须记载下列事项：表明"汇票"的字样；无条件支付的委托；确定的金额；付款人名称；收款人名称；出票日期；出票人签章。汇票上未记载前款规定事项之一的，汇票无效。（3）本案中，承兑银行可以拒绝付款。因为根据票据行为的一般原理，出票行为属于基本的票据行为，承兑行为属于附属的票据行为。如果基本的票据行为无效，附属的票据行为也随之无效。

Day 20
法规学习：支付结算办法（节选）

　　《支付结算办法》是为了规范支付结算行为，保障支付结算活动中当事人的合法权益，加速资金周转和商品流通，促进市场经济的发展，依据《中华人民共和国票据法》和《票据管理实施办法》以及有关法律、行政法规而制定的。

　　《支付结算办法》与上一节介绍的《票据法》，与银行柜面支付结算业务密切相关，大家须了解掌握。

No.1　《支付结算办法》的第一章"总则"有哪些需要了解的规定？

　　第三条　本办法所称支付结算是指单位、个人在社会经济活动中使用票据、信用卡和汇兑、托收承付、委托收款等结算方式进行货币给付及其资金清算的行为。

　　第六条　银行是支付结算和资金清算的中介机构。未经中国人民银行批准的非银行金融机构和其他单位不得作为中介机构经营支付结算业务。但法律、行政法规另有规定的除外。

　　第八条　在银行开立存款账户的单位和个人办理支付结算，账户内须有足够的资金保证支付，本办法另有规定的除外。没有开立存款账户的个人向银行交付款项后，也可以通过银行办理支付结算。

　　第十条　单位、个人和银行签发票据、填写结算凭证，应按照本办法和附一《正确填写票据和结算凭证的基本规定》记载，单位和银行的名称应当记载全称或者规范化简称。

　　第十一条　票据和结算凭证上的签章，为签名、盖章或者签名加盖章。单位、银行在票据上的签章和单位在结算凭证上的签章，为该单位、银行的盖章加其法定代表人或其授权的代理人的签名或盖章。个人在票据和结算凭证上的签章，应为该个人本名的签名或盖章。

第十二条　票据和结算凭证的金额、出票或签发日期、收款人名称不得更改，更改的票据无效；更改的结算凭证，银行不予受理。对票据和结算凭证上的其他记载事项，原记载人可以更改，更改时应当由原记载人在更改处签章证明。

第十三条　票据和结算凭证金额以中文大写和阿拉伯数码同时记载，二者必须一致，二者不一致的票据无效；二者不一致的结算凭证，银行不予受理。少数民族地区和外国驻华使领馆根据实际需要，金额大写可以使用少数民族文字或者外国文字记载。

第十五条　办理支付结算需要交验的个人有效身份证件是指居民身份证、军官证、警官证、文职干部证、士兵证、户口簿、护照、港澳台同胞回乡证等符合法律、行政法规以及国家有关规定的身份证件。

第十六条　单位、个人和银行办理支付结算必须遵守下列原则：（一）恪守信用，履约付款；（二）谁的钱进谁的账，由谁支配；（三）银行不垫款。

第十九条　银行依法为单位、个人在银行开立的基本存款账户、一般存款账户、专用存款账户和临时存款账户的存款保密，维护其资金的自主支配权。对单位、个人在银行开立上述存款账户的存款，除国家法律、行政法规另有规定外，银行不得为任何单位或者个人查询；除国家法律另有规定外，银行不代任何单位或者个人冻结、扣款，不得停止单位、个人存款的正常支付。

练一练

（判断题）票据和结算凭证的记载事项不得更改，更改的票据无效。　　　（　　）

答案： 错误。

解析： 票据和结算凭证的金额、出票或签发日期、收款人名称不得更改，更改的票据无效；更改的结算凭证，银行不予受理。对票据和结算凭证上的其他记载事项，原记载人可以更改，更改时应当由原记载人在更改处签章证明。

No.2　《支付结算办法》的第二章"票据"有哪些需要了解的规定？

第二十三条　银行汇票的出票人在票据上的签章，应为经中国人民银行批准使用的该银行汇票专用章加其法定代表人或其授权经办人的签名或者盖章。银行承兑商业汇票、办理商业汇票转贴现、再贴现时的签章，应为经中国人民银行批准使用的该银行汇票专用章加其法定代表人或其授权经办人的签名或者盖章。银行本票的出票人在票据上的签章，应为经中国人民银行批准使用的该银行本票专用章加其法定代表人或其授权经办人的签名或者盖章。单位在票据上的签章，应为该单位的财务专用章或者公章加其法定代表人或其授权的代理人的签名或者盖章。个人在票据上的签章，应为该个人的签名或者盖章。支票的出票人和商业承兑汇票的承兑人在票据上的签章，应为其预留银行的签章。

第二十四条　出票人在票据上的签章不符合《票据法》《票据管理实施办法》和本办法规定的，票据无效；承兑人、保证人在票据上的签章不符合《票据法》《票据管理实施办法》和本办法规定的，其签章无效，但不影响其他符合规定签章的效力；背书人在票据上的签章不符合《票据法》《票据管理实施办法》和本办法规定的，其签章无效，但不影响其前手符合规定签章的效力。

第二十六条　区域性银行汇票仅限于出票人向本区域内的收款人出票，银行本票和支票仅限于出票人向其票据交换区域内的收款人出票。

第二十七条　票据可以背书转让，但填明"现金"字样的银行汇票、银行本票和用于支取现金的支票不得背书转让。区域性银行汇票仅限于在本区域内背书转让。银行本票、支票仅限于在其票据交换区域内背书转让。

第二十八条　区域性银行汇票和银行本票、支票出票人向规定区域以外的收款人出票的，背书人向规定区域以外的被背书人转让票据的，区域外的银行不予受理，但出票人、背书人仍应承担票据责任。

第二十九条　票据背书转让时，由背书人在票据背面签章、记载被背书人名称和背书日期。背书未记载日期的，视为在票据到期日前背书。持票人委托银行收款或以票据质押的，除按上款规定记载背书外，还应在背书人栏记载"委托收款"或"质押"字样。

第三十条　票据出票人在票据正面记载"不得转让"字样的，票据不得转让；其直接后手再背书转让的，出票人对其直接后手的被背书人不承担保证责任，对被背书人提示付款或委托收款的票据，银行不予受理。票据背书人在票据背面背书人栏记载"不得转让"字样的，其后手再背书转让的，记载"不得转让"字样的背书人对其后手的被背书人不承担保证责任。

第三十三条 以背书转让的票据，背书应当连续。持票人以背书的连续，证明其票据权利。非经背书转让，而以其他合法方式取得票据的，依法举证，证明其票据权利。背书连续，是指票据第一次背书转让的背书人是票据上记载的收款人，前次背书转让的被背书人是后一次背书转让的背书人，依次前后衔接，最后一次背书转让的被背书人是票据的最后持票人。

第三十四条 票据的背书人应当在票据背面的背书栏依次背书。背书栏不敷背书的，可以使用统一格式的粘单，粘附于票据凭证上规定的粘接处。粘单上的第一记载人，应当在票据和粘单的粘接处签章。

第三十六条 商业汇票的持票人超过规定期限提示付款的，丧失对其前手的追索权，持票人在作出说明后，仍可以向承兑人请求付款。银行汇票、银行本票的持票人超过规定期限提示付款的，丧失对出票人以外的前手的追索权，持票人在作出说明后，仍可以向出票人请求付款。支票的持票人超过规定的期限提示付款的，丧失对出票人以外的前手的追索权。

第四十八条 已承兑的商业汇票、支票、填明"现金"字样和代理付款人的银行汇票以及填明"现金"字样的银行本票丧失，可以由失票人通知付款人或者代理付款人挂失止付。未填明"现金"字样和代理付款人的银行汇票以及未填明"现金"字样的银行本票丧失，不得挂失止付。

第四十九条 允许挂失止付的票据丧失，失票人需要挂失止付的，应填写挂失止付通知书并签章。挂失止付通知书应当记载下列事项：（一）票据丧失的时间、地点、原因；（二）票据的种类、号码、金额、出票日期、付款日期、付款人名称、收款人名称；（三）挂失止付人的姓名、营业场所或者住所以及联系方法。欠缺上述记载事项之一的，银行不予受理。

第五十条 付款人或者代理付款人收到挂失止付通知书后，查明挂失票据确未付款时，应立即暂停支付。付款人或者代理付款人自收到挂失止付通知书之日起12日内没有收到人民法院的止付通知书的，自第13日起，持票人提示付款并依法向持票人付款的，不再承担责任。

第五十二条 银行汇票的付款地为代理付款人或出票人所在地，银行本票的付款地为出票人所在地，商业汇票的付款地为承兑人所在地，支票的付款地为付款人所在地。

第五十三条 银行汇票是出票银行签发的，由其在见票时按照实际结算金额无条件支付给收款人或者持票人的票据。银行汇票的出票银行为银行汇票的付款人。

第五十四条 单位和个人各种款项结算，均可使用银行汇票。银行汇票可以用于转账，填明"现金"字样的银行汇票也可以用于支取现金。

第五十五条 银行汇票的出票和付款，全国范围限于中国人民银行和各商业银行参加"全国联行往来"的银行机构办理。跨系统银行签发的转账银行汇票的付款，应通过同城票据交换将银行汇票和解讫通知提交给同城的有关银行审核支付后抵用。代理付款人不得受理未在本行开立存款账户的持票人为单位直接提交的银行汇票。省、自治区、直辖市内和跨省、市的经济区域内银行汇票的出票和付款，按照有关规定办理。银行汇票的代理付款人是代理本系统出票银行或跨系统签约银行审核支付汇票款项的银行。

第五十八条 申请人使用银行汇票，应向出票银行填写"银行汇票申请书"，填明收款人名称、汇票金额、申请人名称、申请日期等事项并签章，签章为其预留银行的签章。申请人和收款人均为个人，需要使用银行汇票向代理付款人支取现金的，申请人须在"银行汇票申请书"上填明代理付款人名称，在"汇票金额"栏先填写"现金"字样，后填写汇票金额。申请人或者收款人为单位的，不得在"银行汇票申请书"上填明"现金"字样。

第六十二条 银行汇票的实际结算金额不得更改，更改实际结算金额的银行汇票无效。

第六十三条 收款人可以将银行汇票背书转让给被背书人。银行汇票的背书转让以不超过出票金额的实际结算金额为准。未填写实际结算金额或实际结算金额超过出票金额的银行汇票不得背书转让。

第六十五条 持票人向银行提示付款时，必须同时提交银行汇票和解讫通知，缺少任何一联，银行不予受理。

第六十六条 在银行开立存款账户的持票人向开户银行提示付款时，应在汇票背面"持票人向银行提示付款签章"处签章，签章须与预留银行签章相同，并将银行汇票和解讫通知、进账单送交开户银行。银行审查无误后办理转账。

第六十八条 银行汇票的实际结算金额低于出票金额的，其多余金额由出票银行退交申请人。

第六十九条 持票人超过期限向代理付款银行提示付款不获付款的，须在票据权利时效内向出票银行作出说明，并提供本人身份证件或单位证明，持银行汇票和解讫通知向出票银行请求付款。

第七十条 申请人因银行汇票超过付款提示期限或其他原因要求退款时，应将银行汇票和解讫通知同时提交到出票银行。申请人为单位的，应出具该单位的证明；申请人为个人的，应出具该本人的身份证件。对于代理付款银行查询的该张银行汇票，应在汇票提示付款期满后方能办理退款。出票银行对于转账银行汇票的退款，只能转入原申请人账户；对于符合规定填明"现金"字样银行汇票的退款，才能退付现金。申请人缺少解讫通知要求退款的，出票银行应于银行汇票提示付款期满一个月后办理。

第七十一条 银行汇票丧失，失票人可以凭人民法院出具的其享有票据权利的证明，向出票银行请求付款或退款。

第七十六条 银行承兑汇票的出票人必须具备下列条件：（一）在承兑银行开立存款账户的法人以及其他组织；（二）与承兑银行具有真实的委托付款关系；（三）资信状况良好，具有支付汇票金额的可靠资金来源。

第七十九条 商业承兑汇票可以由付款人签发并承兑，也可以由收款人签发交由付款人承兑。银行承兑汇票应由在承兑银行开立存款账户的存款人签发。

第八十条 商业汇票可以在出票时向付款人提示承兑后使用，也可以在出票后先使用再向付款人提示承兑。定日付款或者出票后定期付款的商业汇票，持票人应当在汇票到期日前向付款人提示承兑。见票后定期付款的汇票，持票人应当自出票日起1个月内向付款人提示承兑。汇票未按照规定期限提示承兑的，持票人丧失对其前手的追索权。

第八十七条 商业汇票的付款期限，最长不得超过6个月。定日付款的汇票付款期限自出票日起计算，并在汇票上记载具体的到期日。出票后定期付款的汇票付款期限自出票日起按月计算，并在汇票上记载。见票后定期付款的汇票付款期限自承兑或拒绝承兑日起按月计算，并在汇票上记载。

第八十八条 商业汇票的提示付款期限，自汇票到期日起10日。持票人应在提示付款期限内通过开户银行委托收款或直接向付款人提示付款。对异地委托收款的，持票人可匡算邮程，提前通过开户银行委托收款。持票人超过提示付款期限提示付款的，持票人开户银行不予受理。

第九十条 银行承兑汇票的出票人应于汇票到期前将票款足额交存其开户银行。承兑银行应在汇票到期日或到期日后的见票当日支付票款。承兑银行存在合法抗辩事由拒绝支付的，应自接到商业汇票的次日起3日内，作成拒绝付款证明，连同商业银行承兑汇票邮寄持票人开户银行转交持票人。

第九十一条 银行承兑汇票的出票人于汇票到期日未能足额交存票款时，承兑银行除凭票向持票人无条件付款外，对出票人尚未支付的汇票金额按照每天万分之五计收利息。

第九十三条 符合条件的商业汇票的持票人可持未到期的商业汇票连同贴现凭证向银行申请贴现。贴现银行可持未到期的商业汇票向其他银行转贴现，也可向中国人民银行申请再贴现。贴现、转贴现、再贴现时，应作成转让背书，并提供贴现申请人与其直接前手之间的增值税发票和商品发运单据复印件。

第九十四条 贴现、转贴现和再贴现的期限从其贴现之日起至汇票到期日止。实付贴现金额按票面金额扣除贴现日至汇票到期前1日的利息计算。承兑人在异地的，贴现、转贴现和再贴现的期限以及贴现利息的计算应另加3天的划款日期。

第九十六条 存款人领购商业汇票，必须填写"票据和结算凭证领用单"并签章，签章应与预留银行的签章相符。存款账户结清时，必须将全部剩余空白商业汇票交回银行注销。

第九十八条 单位和个人在同一票据交换区域需要支付各种款项，均可以使用银行本票。银行本票可以用于转账，注明"现金"字样的银行本票可以用于支取现金。

第一百零三条 银行本票的提示付款期限自出票日起最长不得超过2个月。持票人超过付款期限提示付款的，代理付款人不予受理。银行本票的代理付款人是代理出票银行审核支付银行本票款项的银行。

第一百零四条 申请人使用银行本票，应向银行填写"银行本票申请书"，填明收款人名称、申请人名称、支付金额、申请日期等事项并签章。申请人和收款人均为个人需要支取现金的，应在"支付金额"栏先填写"现金"字样，后填写支付金额。申请人或收款人为单位的，不得申请签发现金银行本票。

第一百零八条 银行本票见票即付。跨系统银行本票的兑付，持票人开户银行可根据中国人民银行规定的金融机构同业往来利率向出票银行收取利息。

第一百一十一条 持票人超过提示付款期限不获付款的,在票据权利时效内向出票银行作出说明,并提供本人身份证件或单位证明,可持银行本票向出票银行请求付款。

第一百一十二条 申请人因银行本票超过提示付款期限或其他原因要求退款时,应将银行本票提交到出票银行,申请人为单位的,应出具该单位的证明;申请人为个人的,应出具该本人的身份证件。出票银行对于在本行开立存款账户的申请人,只能将款项转入原申请人账户;对于现金银行本票和未在本行开立存款账户的申请人,才能退付现金。

第一百一十三条 银行本票丧失,失票人可以凭人民法院出具的其享有票据权利的证明,向出票银行请求付款或退款。

第一百一十六条 单位和个人在同一票据交换区域的各种款项结算,均可以使用支票。

第一百一十九条 支票的金额、收款人名称,可以由出票人授权补记。未补记前不得背书转让和提示付款。

第一百二十条 签发支票应使用碳素墨水或墨汁填写,中国人民银行另有规定的除外。

第一百二十二条 支票的出票人签发支票的金额不得超过付款时在付款人处实有的存款金额。禁止签发空头支票。

第一百二十三条 支票的出票人预留银行签章是银行审核支票付款的依据。银行也可以与出票人约定使用支付密码,作为银行审核支付支票金额的条件。

第一百二十四条 出票人不得签发与其预留银行签章不符的支票;使用支付密码的,出票人不得签发支付密码错误的支票。

第一百二十六条 支票的提示付款期限自出票日起10日,但中国人民银行另有规定的除外。超过提示付款期限提示付款的,持票人开户银行不予受理,付款人不予付款。

第一百二十七条 持票人可以委托开户银行收款或直接向付款人提示付款。用于支取现金的支票仅限于收款人向付款人提示付款。持票人委托开户银行收款的支票,银行应通过票据交换系统收妥后入账。持票人委托开户银行收款时,应作委托收款背书,在支票背面背书人签章栏签章、记载"委托收款"字样、背书日期,在被背书人栏记载开户银行名称，并将支票和填制的进账单送交开户银行。持票人持用于转账的支票向付款人提示付款时，应在支票背面背书人签章栏签章，并将支票和填制的进账单交送出票人开户银行。收款人持用于支取现金的支票向付款人提示付款时，应在支票背面"收款人签章"处签章，持票人为个人的，还需交验本人身份证件，并在支票背面注明证件名称、号码及发证机关。

第一百二十八条　出票人在付款人处的存款足以支付支票金额时，付款人应当在见票当日足额付款。

第一百二十九条　存款人领购支票，必须填写"票据和结算凭证领用单"并签章，签章应与预留银行的签章相符。存款账户结清时，必须将全部剩余空白支票交回银行注销。

练一练

（判断题）所有票据均可背书转让。　　　　　　　　　　　　　　（　　）

答案：错误。

解析：票据可以背书转让，但填明"现金"字样的银行汇票、银行本票和用于支取现金的支票不得背书转让。

（判断题）商业汇票的提示付款期限是自汇票到期日起1个月。　　（　　）

答案：错误。

解析：商业汇票的提示付款期限是自汇票到期日起10日。

（判断题）支票的提示付款期限一般是自出票日起10日。　　　　（　　）

答案：正确。

No.3　《支付结算办法》的第三章"信用卡"有哪些需要了解的规定？

第一百三十条　信用卡是指商业银行向个人和单位发行的，凭以向特约单位购物、消费和向银行存取现金，且具有消费信用的特制载体卡片。

第一百三十一条　信用卡按使用对象分为单位卡和个人卡；按信誉等级分为金卡和普通卡。

第一百三十五条　凡在中国境内金融机构开立基本存款账户的单位可申领单位卡。单位卡可申领若干张，持卡人资格由申领单位法定代表人或其委托的代理人书面指定和注销。凡具有完全民事行为能力的公民可申领个人卡。个人卡的主卡持卡人可为其配偶及年满18周岁的亲属申领附属卡，申领的附属卡最多不得超过两张，也有权要求注销其附属卡。

第一百三十七条 单位卡账户的资金一律从其基本存款账户转账存入，不得交存现金，不得将销货收入的款项存入其账户。个人卡账户的资金以其持有的现金存入或以其工资性款项及属于个人的劳务报酬收入转账存入。严禁将单位的款项存入个人卡账户。

第一百三十九条 信用卡备用金存款利息，按照中国人民银行规定的活期存款利率及计息办法计算。

第一百四十条 信用卡仅限于合法持卡人本人使用，持卡人不得出租或转借信用卡。

第一百四十二条 持卡人可持信用卡在特约单位购物、消费。单位卡不得用于10万元以上的商品交易、劳务供应款项的结算。

第一百五十条 单位卡一律不得支取现金。

第一百五十六条 单位卡在使用过程中，需要向其账户续存资金的，一律从其基本存款账户转账存入。个人卡在使用过程中，需要向其账户续存资金的，只限于其持有的现金存入和工资性款项以及属于个人的劳务报酬收入转账存入。

第一百六十一条 信用卡丧失，持卡人应立即持本人身份证件或其他有效证明，并按规定提供有关情况，向发卡银行或代办银行申请挂失。发卡银行或代办银行审核后办理挂失手续。

练一练

（判断题）信用卡是指商业银行向个人和单位发行的，凭以向特约单位购物、消费和向银行存取现金，且具有消费信用的特制载体卡片。　　　　　　　　　（　　）

答案：正确。

No.4 《支付结算办法》的第四章"结算方式"有哪些需要了解的规定？

第一百六十七条 银行办理结算向外发出的结算凭证，必须于当日至迟次日寄发；收到的结算凭证，必须及时将款项支付给结算凭证上记载的收款人。

第一百六十八条 汇兑是汇款人委托银行将其款项支付给收款人的结算方式。

第一百七十二条 汇兑凭证上记载收款人为个人的，收款人需要到汇入银行领取汇款，汇款人应在汇兑凭证上注明"留行待取"字样；留行待取的汇款，需要指定单位的收款人领取汇款的，应注明收款人的单位名称；信汇凭收款人签章支取的，应在信汇凭证上预留其签章。汇款人确定不得转汇的，应在汇兑凭证备注栏注明"不得转汇"字样。

第一百七十三条 汇款人和收款人均为个人，需要在汇入银行支取现金的，应在信、电汇凭证的"汇款金额"大写栏，先填写"现金"字样，后填写汇款金额。

第一百七十四条 汇出银行受理汇款人签发的汇兑凭证，经审查无误后，应及时向汇入银行办理汇款，并向汇款人签发汇款回单。汇款回单只能作为汇出银行受理汇款的依据，不能作为该笔汇款已转入收款人账户的证明。

第一百七十五条 汇入银行对开立存款账户的收款人，应将汇给其的款项直接转入收款人账户，并向其发出收账通知。收账通知是银行将款项确已收入收款人账户的凭据。

第一百七十八条 汇款人对汇出银行已经汇出的款项可以申请退汇。对在汇入银行开立存款账户的收款人，由汇款人与收款人自行联系退汇；对未在汇入银行开立存款账户的收款人，汇款人应出具正式函件或本人身份证件以及原信、电汇回单，由汇出银行通知汇入银行，经汇入银行核实汇款确未支付，并将款项汇回汇出银行，方可办理退汇。

第一百七十九条 转汇银行不得受理汇款人或汇出银行对汇款的撤销或退汇。

第一百八十条 汇入银行对于收款人拒绝接受的汇款，应立即办理退汇。汇入银行对于向收款人发出取款通知，经过2个月无法交付的汇款，应主动办理退汇。

第一百八十一条 托收承付是根据购销合同由收款人发货后委托银行向异地付款人收取款项，由付款人向银行承认付款的结算方式。

第一百八十四条 收付双方使用托收承付结算必须签有符合《经济合同法》的购销合同，并在合同上订明使用托收承付结算方式。

第一百八十五条 收付双方办理托收承付结算，必须重合同、守信用。收款人对同一付款人发货托收累计3次收不回货款的，收款人开户银行应暂停收款人向该付款人办理托收；付款人累计3次提出无理由拒付的，付款人开户银行应暂停其向外办理托收。

第一百八十七条 托收承付结算每笔的金额起点为1万元。新华书店系统每笔的金额起点为1000元。

第一百八十八条 托收承付结算款项的划回方法，分邮寄和电报两种，由收款人选用。

第一百九十八条 委托收款是收款人委托银行向付款人收取款项的结算方式。

第一百九十九条 单位和个人凭已承兑商业汇票、债券、存单等付款人债务证明办理款项的结算，均可以使用委托收款结算方式。

第二百条 委托收款在同城、异地均可以使用。

第二百零二条 签发委托收款凭证必须记载下列事项：（一）表明"委托收款"的字样；（二）确定的金额；（三）付款人名称；（四）收款人名称；（五）委托收款凭据名称及附寄单证张数；（六）委托日期；（七）收款人签章。欠缺记载上列事项之一的，银行不予受理。委托收款以银行以外的单位为付款人的，委托收款凭证必须记载付款人开户银行名称；以银行以外的单位或在银行开立存款账户的个人为收款人的，委托收款凭证必须记载收款人开户银行名称；未在银行开立存款账户的个人为收款人的，委托收款凭证必须记载被委托银行名称。欠缺记载的，银行不予受理。

第二百零三条 委托。收款人办理委托收款应向银行提交委托收款凭证和有关的债务证明。

第二百零四条 付款。银行接到寄来的委托收款凭证及债务证明，审查无误办理付款。（一）以银行为付款人的，银行应在当日将款项主动支付给收款人。（二）以单位为付款人的，银行应及时通知付款人，按照有关办法规定，需要将有关债务证明交给付款人的应交给付款人，并签收。付款人应于接到通知的当日书面通知银行付款。按照有关办法规定，付款人未在接到通知日的次日起3日内通知银行付款的，视同付款人同意付款，银行应于付款人接到通知日的次日起第4日上午开始营业时，将款项划给收款人。付款人提前收到由其付款的债务证明，应通知银行于债务证明的到期日付款。付款人未于接到通知日的次日起3日内通知银行付款，付款人接到通知日的次日起第4日在债务证明到期日之前的，银行应于债务证明到期日将款项划给收款人。银行在办理划款时，付款人存款账户不足支付的，应通过被委托银行向收款人发出未付款项通知书。按照有关办法规定，债务证明留存付款人开户银行的，应将其债务证明连同未付款项通知书邮寄被委托银行转交收款人。

第二百零五条 拒绝付款。付款人审查有关债务证明后，对收款人委托收取的款项需要拒绝付款的，可以办理拒绝付款。（一）以银行为付款人的，应自收到委托收款及债务证明的次日起3日内出具拒绝证明连同有关债务证明、凭证寄给被委托银行，转交收款人。（二）以单位为付款人的，应在付款人接到通知日的次日起3日内出具拒绝证明，持有债务证明的，应将其送交开户银行。银行将拒绝证明、债务证明和有关凭证一并寄给被委托银行，转交收款人。

第二百零六条 在同城范围内，收款人收取公用事业费或根据国务院的规定，可以使用同城特约委托收款。收取公用事业费，必须具有收付双方事先签订的经济合同，由付款人向开户银行授权，并经开户银行同意，报经中国人民银行当地分支行批准。

第二百零八条 银行办理支付结算，不准以任何理由压票、任意退票、截留挪用客户和他行资金；不准无理由拒绝支付应由银行支付的票据款项；不准受理无理由拒付、不扣少扣滞纳金；不准违章签发、承兑、贴现票据，套取银行资金；不准签发空头银行汇票、银行本票和办理空头汇款；不准在支付结算制度之外规定附加条件，影响汇路畅通；不准违反规定为单位和个人开立账户；不准拒绝受理、代理他行正常结算业务；不准放弃对企事业单位和个人违反结算纪律的制裁；不准逃避向人民银行转汇大额汇划款项。

第二百一十五条 付款人及其代理付款人以恶意或者重大过失付款的，应当自行承担责任。

第二百一十七条 承兑人或者付款人拒绝承兑或拒绝付款，未按规定出具拒绝证明，或者出具退票理由书的，应当承担由此产生的民事责任。

第二百三十一条 银行违反本办法规定，未经批准发行信用卡的；帮助持卡人将其基本存款账户以外的存款或其他款项转入单位卡账户，将单位的款项转入个人卡账户的；违反规定帮助持卡人提取现金的，应按规定承担行政责任。

第二百四十一条 银行办理支付结算，因工作差错发生延误，影响客户和他行资金使用的，按中国人民银行规定的同档次流动资金贷款利率计付赔偿金。

第二百四十二条 银行违反规定故意压票、退票、拖延支付，受理无理拒付、擅自拒付退票、有款不扣以及不扣、少扣赔偿金，截留挪用结算资金，影响客户和他行资金使用的，要按规定承担赔偿责任。因重大过失错付或被冒领的，要负责资金赔偿。

第二百四十三条 银行违反本办法规定将支付结算的款项转入储蓄和信用卡账户的，应按规定承担行政责任。

第二百四十四条 银行违反规定签发空头银行汇票、银行本票和办理空头汇款的，应按照规定承担行政责任。

第二百四十五条 银行违反规定故意压票、退票、拖延支付，受理无理拒付、擅自拒付退票、有款不扣以及不扣、少扣赔偿金，截留、挪用结算资金的，应按规定承担行政责任。

第二百四十六条 银行未按规定通过人民银行办理大额转汇的，应按规定承担行政责任。

第二百四十七条 银行在结算制度之外规定附加条件，影响汇路畅通的，应按规定承担行政责任。

练一练

（多选题）银行结算方式包括（　　）等。

A. 汇兑　　　B. 托收承付　　　C. 委托收款　　　D. 银行汇票　　　E. 信用卡

答案： A、B、C、D、E。

No.5 《支付结算办法》的第六章"附则"有哪些需要了解的规定？

第二百五十五条 本办法规定的各项期限的计算，适用民法通则关于计算期间的规定。期限最后一日是法定休假日的，以休假日的次日为最后一日。按月计算期限的，按到期月的对日计算；无对日的，月末日为到期日。本办法所规定的各项期限，可以因不可抗力的原因而中止。不可抗力的原因消失时，期限可以顺延。

案　例

甲工厂某采购人员持由该厂开户银行签发的、不能用于支取现金的银行本票前往乙公司购置一批价值10万元的物资。由于该采购人员保管不慎，在途中将其装有银行本票的提包丢失。随后，甲工厂根据该采购人员的报告，将银行本票遗失情况通知该银行本票的付款银行，要求挂失止付。但该银行对上述情况进行审查后拒绝办理挂失止付。

思考：（1）该银行拒绝挂失止付是否正确，为什么？（2）甲工厂在被银行拒绝挂失止付后，可以采取哪些措施维护自己的权益？

解析：（1）该银行拒绝挂失止付是正确的。根据《支付结算办法》第四十八条规定，填明"现金"字样的银行本票丧失，可以由失票人通知付款人或者代理付款人挂失止付，而未填明"现金"字样的银行本票丧失不得挂失止付。（2）甲工厂可以采取公示催告的措施维护其权益，即可以向银行本票支付地的基层人民法院提出公示催告申请，请求人民法院向该银行本票的付款银行发出立即停止付款的通知，并以公告方式通知不确定的利害关系人限期申报权利，逾期未申报者，则权利失效。

Day 21
案例学习：觊觎公款触刑律，铁窗漫漫恨终生

> 任何岗位的工作，都要有与业务水平所匹配的道德修养，以及坚守底线的意识，特别是每天与"金钱"打交道的银行从业人员，我们来看看以下这个"反面典型"。

2018年8月的一天，广东某商业公司的一名员工到开户的A银行某支行打印公司明细账，向支行反映对2018年5月7日发生的20万元转账业务存有异议。支行柜员查询档案资料后将该笔汇款凭证出示给客户。同日下午，该客户财务人员一行第二次来到支行柜台询问账户情况，并反映该账户资金不符，指明该单位从2018年4月至今均未通过该账户发生任何业务。接投诉后，支行迅速对该公司账户进行核查，通过账务核对及调看监控录像，发现有关业务均为支行柜员陈某办理，其有重大作案嫌疑。

原来，从2017年底开始，陈某利用工作之余对其熟悉的客户进行重点筛选，挑选出9个账务活动率低或与其较为熟悉的对公客户，然后先后以需到柜面办理对账、签约等各种名义，电话通知客户携带预留银行印鉴到柜面办理业务。在为客户办理业务时，陈某偷偷在提前准备好的空白电汇凭证、空白签约申请书上私自加盖客户印鉴。在获得已加盖客户印鉴的空白电汇凭证后，陈某自制汇款凭证，将客户及相关汇款信息套打在已加盖客户印鉴的空白电汇凭证上，以客户名义汇出资金，共疯狂实施10余次，合计1500余万元。

经了解，自2012年起陈某以高息向其朋友、同事多次借取资金，获取资金后，大肆挥霍，仅其中一张银行卡就在高档商场大额刷卡消费金额147万元，购买十余套珍珠首饰，单套购买价最低在8万元以上。同时，公安机关搜索陈某家时，还发现至

少上百万元的衣物以及名表、名包、名牌眼镜等。这些物品同事都没见其穿戴过，均被藏在家中不起眼的地方，甚至部分连包装都没有拆开。陈某供述自己只是享受购物过程，而非购物结果。

陈某偏执的消费观念和病态扭曲的亏欠感将自己送上了人生的不归路。2018年12月，人民法院认为陈某无视国家法律，利用职务上的便利，将本单位财物非法占为己有，且数额巨大，其行为已构成职务侵占罪，依照《刑法》有关的规定，判处陈某有期徒刑14年，并处没收全部个人财产。

案例分析：

陈某侵占客户资金事件的发生，暴露出该银行机构在柜面业务操作、日常管理中存在薄弱环节和漏洞，教训极为深刻。近年来，随着业务的发展，部分银行对业务发展和风险控制的关系处理得不够好，重业务发展，轻内控管理，导致银行内部人员造成的类似案件时有发生。在本案中，经过公安机关调查，在陈某转出的多笔大额（100万元以上）转账业务中，大多未登记与付款单位联系人交易真实性的记录，仅有3笔有陈某本人笔迹的简单书写记录。在支行的业务复核、授权流程中，复核、授权人员仅针对业务要素进行复核与审查，未对交易真实性进行有效审核。此外，该行在柜面风险检查、岗位分离制度建设等方面存在漏洞，陈某的作案手段比较原始，而且多次作案，客户找到支行才案发。该行应该深刻反省，填补漏洞。

思考与实践：

银行从业人员不同于一般企业员工，目前各家银行均不断加强对员工的风险排查，特别是对员工思想上的关怀、关心，重视对员工八小时以外工作情况的把握。作为一名银行从业人员，除对有关的排查积极配合以外，更应该树立正确的"三观"，避免不良嗜好逐渐发展，最终葬送自己的职业生涯。

Day 22
挂失业务

前几节我们介绍了柜面较为常见的现金及结算业务，今天开始我们学习银行柜面其他经常要遇到的业务。

No.1 挂失的种类包括哪些？有哪些区别？

挂失分为口头挂失和书面挂失。

口头挂失指客户因凭证被盗、毁损、灭失、遗失或印鉴丢失，但无法到营业网点办理，从而通过拨打客服电话，提供有效身份证件号码等信息，提出挂失申请。

书面挂失指客户因存款凭证被盗或毁损、遗失及印鉴丢失等原因，提供有效身份证件及相关资料，在营业网点提出挂失申请，银行营业机构为其进行处理。

区别：

（1）时效性不同：口头挂失5天后自动失效，书面挂失不会自动失效。因此，口头挂失后应尽快办理书面挂失手续。

（2）挂失对象不同：口头挂失可以为凭证或印鉴，书面挂失可以是密码、凭证或印鉴。

（3）办理渠道不同：口头挂失可通过拨打客服电话办理，书面挂失必须到营业网点办理。

（4）办理要求不同：口头挂失需提供有效身份证件号码及相关信息，书面挂失必须提供有效身份证件原件及相关资料。

（5）收费要求不同：口头挂失不收取手续费，凭证的书面挂失，需要按规定收取手续费（可以减免的除外），印鉴的书面挂失，需要按规定收取手续费。

> **练一练**
>
> （单选题）客户小王发现自己的银行卡丢失，由于在外地出差，于是打电话进行口头挂失，但是口头挂失（　　）后会失效，需要再次打电话进行口头挂失或到柜面办理书面挂失。
>
> A.3 天　　　　B.5 天　　　　C.7 天　　　　D.10 天
>
> 答案：B。

No.2　挂失的对象包括什么？

挂失对象包括凭证和印鉴。

凭证挂失指客户因存款凭证被盗、毁损、灭失、遗失等原因，向银行营业机构提出挂失申请，银行营业机构为其办理凭证补发或销户的业务。

印鉴挂失指客户因印鉴丢失等原因，向银行营业机构提出挂失申请，银行营业机构为其办理印鉴解挂重置的业务。

No.3　柜员办理挂失业务有哪些注意事项？

（1）挂失业务必须认真审核是否客户本人，由代理人代为办理的，需审核代理人与证件是否一致。

个人账户的密码重置必须由客户本人进行办理；

凭证挂失可以由代理人代为办理，但是挂失后续处理，如凭证挂失补发、挂失结清必须由客户本人进行办理；

个人印鉴的挂失及印鉴解挂重置必须由客户本人进行办理。

（2）口头挂失不收费，账户密码重置不收费，凭证及印鉴的书面挂失需按规定收取手续费，可以减免的情况除外。

（3）账户密码重置及凭证、印鉴的挂失后续处理，在申请挂失的当天即可进行处理。

（4）挂失业务的相关纸质资料需要永久保存。

> 📝 **练一练**
>
> （单选题）以下关于挂失业务的说法，正确的是（　　）。
>
> A. 个人账户的密码重置可以由他人代理办理
>
> B. 凭证挂失、凭证挂失补发、挂失结清必须由客户本人进行办理
>
> C. 凭证及印鉴的书面挂失需按规定收取手续费，可减免的情况除外
>
> D. 挂失业务的相关纸质资料保存期限为 10 年
>
> 答案：C。
>
> 解析：A 项：个人账户密码重置必须本人办理。B 项：凭证挂失可以由他人代理。D 项：永久保存。

No.4　单位进行印鉴挂失基本规定有哪些？

（1）单位进行印鉴挂失需要提供下述材料：

① 基本户开户许可证或基本存款账户编号，营业执照等相关开户证明文件，加盖单位公章的公函（如公章也遗失的，由法人在公函上签字，非法人单位提供上级主管单位的证明）承诺原预留印鉴确已遗失，并承担由此引起的一切经济、法律责任。

② 经办人有效身份证件原件及加盖单位公章的复印件。

（2）单位印鉴挂失需按规定进行收费。

No.5　柜员办理单位印鉴解挂重置有哪些注意事项？

（1）单位存款人印鉴挂失的当日起可申请印鉴解挂重置。

（2）印鉴解挂重置需要客户提供下述材料：

① 客户提供相关申请。

② 法定代表人（单位负责人）有效身份证件原件及复印件，代理人办理的需提供授权书及代理人有效身份证件原件及复印件，复印件需加盖单位公章。

③ 非法人单位需提供上级主管部门的公函证明原件。

④ 存款人变更预留公章或财务专用章时，需提供公安机关批准刻章的备案证明或刻章发票。

⑤ 新预留印鉴中留存授权代理人签章的，需出具授权书。

⑥ 其他证明材料。

（3）印鉴解挂重置后，新预留印鉴次日启用。对存款人在启用日前使用原印鉴签发的，且在提示付款期内的票据仍予支付；对启用当日及以后存款人用原印鉴签发的票据一律作退票处理。

Day 23
协助司法

> 银行是一个金融企业,要履行自己的社会使命,其中非常重要的一个体现就是协助有权机关,对涉诉资金进行查询、冻结、扣划等处理。在这些业务场景中,我们要如何处理呢?下面开始学习今天的内容。

No.1 什么是协助查询、冻结、扣划业务?

协助查询是指银行依照有关法律或行政法规的规定,以及有权机关的查询要求,将单位或个人存款的金额、币种以及其他存款信息告知有权机关的行为。

协助冻结是指银行依照法律的规定,以及有权机关冻结的要求,在一定时期内禁止单位或个人提取其存款账户内的全部或部分存款的行为。

协助扣划是指银行依照法律的规定,以及有权机关扣划的要求,将单位或个人存款账户内的全部或部分存款资金划拨到指定账户上的行为。

No.2 被冻结的存款如何进行利息计算和处理?

冻结款项不属赃款的,冻结期间计付利息。属于赃款的,冻结期间不计付利息。如冻结有误,解除冻结时补计冻结期间利息。

No.3 哪些存款不能被冻结和扣划?

(1)由于存款或账户的特殊性质不得冻结、扣划的:

① 金融机构存款储备金、备付金不得冻结、扣划;

② 社会保险基金不得冻结、扣划;

③ 国有企业下岗职工基本生活保障资金不得冻结、扣划；

④ 国库库款不得冻结、扣划。

（2）由于资金的专属性而一般不得冻结扣划的：

① "工会经费集中户"不得因企业欠债而冻结扣划；

② 旅行社质量保证金非特定原因不得扣划；

③ 信托财产非因法定原因不得冻结、扣划；

④ 证券投资基金财产非因自身债务不得冻结、扣划。

（3）由于资金的特定用途已经明确，而只能冻结不能扣划的：

① 信用证开证保证金可冻结不得扣划；

② 银行承兑汇票保证金可以冻结不得扣划；

③ 信用卡账户不宜冻结、扣划。

> **练一练**
>
> （多选题）公安机关办理刑事案件时，对下列账户和款项，不能冻结的是（　　）。
>
> A．特定非金融机构备付金　　　　B．银行承兑汇票保证金
>
> C．党、团费账户和工会经费集中户　　D．国有企业下岗职工基本生活保障资金
>
> **答案**：A、C、D。
>
> **解析**：B项：可以冻结，不得扣划。

No.4　哪些执法机关有权对银行结算账户进行查询、冻结和扣划？

表2-1　　　有权对银行结算账户查询、冻结、扣划的执法机关

单位名称	查询		冻结		扣划	
	单位	个人	单位	个人	单位	个人
人民法院	有权	有权	有权	有权	有权	有权
税务机关	有权	有权	有权	有权	有权	有权
海关	有权	有权	有权	有权	有权	有权
人民检察院	有权	有权	有权	有权	无权	无权
公安机关	有权	有权	有权	有权	无权	无权
国家安全机关	有权	有权	有权	有权	无权	无权
军队保卫部门	有权	有权	有权	有权	无权	无权
监狱	有权	有权	有权	有权	无权	无权

续表

单位名称	查询		冻结		扣划	
	单位	个人	单位	个人	单位	个人
走私犯罪侦查机关	有权	有权	有权	有权	无权	无权
监察机关（包括军队监察机关）	有权	有权	有权	有权	无权	无权
证券监督管理机关	有权	有权	有权	有权	无权	无权
人民银行	有权	有权	有权（临时冻结不超过48小时）	有权（临时冻结不超过48小时）	无权	无权
审计机关	有权	有权	无权	无权	无权	无权
工商行政管理机关	有权	无权	暂停结算	暂停结算	无权	无权
财政部门	有权	有权	无权	无权	无权	无权
银保监督管理部门	有权	有权	无权	无权	无权	无权
反垄断执法机构	有权	有权	无权	无权	无权	无权
国家外汇管理局	有权	有权	无权	无权	无权	无权
民政部门	无权	有权	无权	无权	无权	无权
物价部门	有权	有权	无权	无权	无权	无权

练一练

（单选题）下列哪个机关对单位和个人同时具有查询、冻结、扣划的权力（　　）。

A. 审计机关　　　　B. 人民法院　　　　C. 公安机关　　　　D. 人民检察院

答案：B。

No.5 柜员办理查询、冻结和扣划业务有哪些注意事项？

（1）有权机关办理查询、冻结、扣划业务时，需由两名或两名以上执法人员办理。

（2）协助有权机关查询的资料应限于存款资料，包括被查询单位或个人开户、存款情况以及与存款有关的会计凭证、账簿、对账单等资料。对上述资料，业务受理机构应如实提供，有权机关根据需要可以抄录、复制、照相，但不得带走原件。

（3）不得向被查询、冻结、扣划单位或个人通风报信，帮助隐匿或转移存款。在协助有权机关办理完毕查询存款手续后，有权机关要求予以保密的，应当保守秘密。在协助有权机关完成冻结、扣划存款手续后，根据业务需要可以通知存款单位或个人。

（4）对有权机关通过网络查控系统发起的网络查控请求，应于24小时之内予以有效反馈。

（5）在协助执行时应注意保密，严禁非执法人员接触银行账户资料，严禁执法人员接触非被执行人的账户资料。

（6）有权机关在查询单位存款情况时，只提供被查询单位名称而未提供账号的，应根据账户管理档案积极协助查询，没有所查询的账户的，应如实告知有权机关；有权机关在查询个人存款情况时，不能提供账号的，应要求有权机关提供该个人的居民身份证号码或其他足以确定该个人存款账户的信息。

（7）冻结单位或个人存款的期限最长为1年，期满后可以续冻。需要延长期限的，有权机关应按照原批准权限和程序，在原冻结期限届满前办理续冻手续，逾期未办理续冻手续的，系统自动解除冻结。每次续冻期限最长不得超过1年。

（8）有权机关在冻结、解冻工作中发生错误，其上级机关直接作出变更决定或裁定的，银行接到变更决定或裁定书后，应予以办理。

（9）协助有权机关扣划时，应将扣划的存款直接划入有权机关指定的账户。有权机关要求提取现金的，银行不予协助办理。

（10）协助查询、冻结、扣划存款通知书与解除冻结、扣划存款通知书均应由有权机关执行人员依法送达，不接受有权机关执法人员以外的人员代为送达的上述通知书，不接受通过传真、邮寄或其他方式送达的协助查询文书（通过网络查控系统及其他线上途径查控的除外）。

（11）两个以上有权机关对同一单位或个人的同一笔存款采取冻结或扣划措施时，应协助最先送达协助冻结、扣划存款通知书的有权机关办理冻结、扣划手续。两个以上有权机关对本行相关机构协助冻结、扣划的具体措施有争议的，银行应按照有关争议机关协商后的意见办理。

（12）异地有权机关委托当地机关代为送达的相关法律文书，银行应与有权机关直接送达的法律文书同等对待。

> **练一练**
>
> （多选题）以下关于查询、冻结、扣划业务的说法，正确的是（　　）。
>
> A. 冻结单位或个人存款的期限最长为1年
>
> B. 有权机关在查询单位存款情况时，必须提供被查询单位名称和账号

C. 协助有权机关办理存款查询业务，根据需要可以抄录、复制、照相，但不得带走原件

D. 异地有权机关委托当地机关代为送达的解除冻结存款通知书的，营业网点应拒绝受理

答案：A、C。

解析：B 项：有权机关在查询单位存款情况时，只提供被查询单位名称而未提供账号的，应当根据账户管理档案积极协助查询。D 项：应与有权机关直接送达的解除冻结存款通知书同等对待。

No.6 查询、冻结、扣划业务中需要重点审核的证件是什么？

（1）受理协助查询业务时，应认真核实：

① 执法人员的工作证件；

② 有权机关县团级（含）以上机构签发的协助查询存款通知书。

（2）受理协助冻结业务时，应认真核实：

① 有权机关执法人员的工作证件；

② 有权机关县团级（含）以上机构签发的协助冻结存款通知书，法律、行政法规规定应由有权机关主要负责人签字的，应由主要负责人签字；

③ 人民法院出具的冻结存款裁定书、其他有权机关出具的冻结存款决定书。

（3）受理协助扣划业务时，应认真核实：

① 有权机关执法人员的工作证件；

② 有权机关县团级（含）以上机构签发的协助扣划存款通知书，法律、行政法规规定应当由有权机关主要负责人签字的，应当由主要负责人签字；

③ 有关生效法律文书或行政机关的有关决定书。

练一练

（单选题）以下执法机关办理协助冻结业务时，除《协助冻结存款通知书》，会提供《协助冻结存款裁定书》的是（　　）。

A. 人民法院　　B. 公安机关　　C. 税务机关　　D. 海关

答案：A。

> **解析：** 人民法院出具冻结存款裁定书，其他有权机关出具冻结存款决定书。
> （多选题）人民法院查询被执行人在金融机构的存款时，执行人员应出示（　　）。
> A. 本人工作证　　B. 本人身份证　　C. 本人的执行公务证　　D. 介绍信
> **答案：** A、C。

No.7　司法冻结的方式有哪些？

司法冻结通常有只收不付、不收不付、定额冻结三种冻结方式。经办人员应根据有权机关的要求选择相应的冻结方式协助办理冻结业务。

只收不付：该方式冻结的账户可以正常收款但无法办理支取等付款业务。

不收不付：该方式冻结的账户正常收付业务均无法办理。

定额冻结：该方式冻结的账户可以正常收款，超过冻结金额部分可以正常支取，小于等于冻结金额部分无法办理正常支取业务。

No.8　柜员在办理解除冻结时有哪些需要注意的地方？

在冻结期限内只有在原作出冻结决定的有权机构作出解冻决定，并出具解冻存款通知书的情况下，才能对已经冻结的存款予以解冻。被执行人对冻结提出异议的，应告知其与作出冻结决定的有权机关联系，在存款冻结期限内不得自行解冻。

No.9　有权机关进行冻结的渠道有哪些？

有权机关可以通过现场、网络查控系统或其他线上途径对单位或个人在银行开立的存款账户进行查询、冻结、扣划。

Day 24
案例学习：通风报信导致罚款拘留

通过上一节的学习，我们知晓了协助司法业务的严肃性，今天，我们通过一个案例，来了解一下向被执行企业通风报信、干扰司法将产生什么严重后果。

江苏省某水泥公司为某建筑公司提供建材，该建筑公司累计欠该水泥公司 200 多万元货款，水泥公司催讨未果，于是一纸诉状将建筑公司起诉到法院。经水泥公司申请，区法院工作人员前往某银行红星支行查询并冻结建筑公司存款。经查询，建筑公司账户存款余额为 250 万元。由于建筑公司是红星支行的大客户，支行负责人高某指示员工小李尽量拖延时间。为落实高某要求，小李在填写冻结回执时故意将账号抄错，并要求法院执行人员重新提供一份协助通知书。后来小李又称，根据银行内部规定需由支行负责人签字授权后才可办理冻结手续，而负责人恰好外出开会，需等其开完会才能办理。法院工作人员明确告知小李情况紧急，必须立刻协助办理。由于法院之前已在其他银行冻结了水泥公司 20 万元资金，因此本次出具的协助冻结通知书金额为 180 万元，比执行裁定上的金额要少 20 万元，小李又以冻结裁定和协助冻结存款通知书上的金额不一致，而且未附法律文书副本为由，说法院冻结手续存在问题。法官就有关规定对小李做了耐心解释。后来，小李又怀疑法院执行人员的真实身份，以近期发生过诈骗分子冒充法官扣划存款为由，坚持查看执行人员的身份证及单位介绍信，并打电话报警，警察到场后核实了法官的身份，但小李仍以支行负责人没有回行为借口拒绝配合，而此时银行已到下班时间。法院认定红星支行故意拖延冻结时间，其行为已构成拒不协助执行，决定对支行罚款 50 万元，对支行行长高某及员工小李分别罚款 10 万元。

第二天上午 10：00，法院执行人员再次来到红星支行，向红星支行、高某和小李送达了处罚决定书，但高某表示对处罚决定无法接受，并声称建筑公司账户已无款项，冻结已无意义。在执行人员的坚持下，红星支行打印出建筑公司的账户明细，明细显示当日上午9：20该账户通过网上银行转款100万元。同时，执行人员还调取了高某同建筑公司财务负责人的通话记录，查实高某上午9：00曾联系过建筑公司财务总监。

法院责令红星支行在3日内追回被转移的存款，否则将对高某作出拘留15天的处罚。高某这才慌了神，表示愿意先协助法院冻结建筑公司账户，并承认因建筑公司财务负责人是自己的好朋友，所以私下泄露了区法院扣划的消息。随后支行对建筑公司的账户做了冻结，但此时账户余额已所剩无几。高某又主动与建筑公司联系，劝说公司将转移资金退回银行账户，但建筑公司答复转出的资金已被其他法院冻结，无法转回。

3日后，法院再次作出处罚决定，对红星支行罚款80万元，拘留高某10天并罚款10万元。红星支行随后依照法定程序向市中级人民法院申请复议，请求免予处罚或减轻处罚。市中级人民法院经复议审查认为，涉事支行干扰了司法执行活动，依法应予处罚，维持了区法院的处罚决定。最终，红星支行累计被罚款130万元；高某被拘留10日，罚款20万元；小李被罚款10万元。

案例分析：

通风报信在性质上属于《民事诉讼法》规定的其他拒绝协助执行的行为，在接到法院协助查询、冻结、扣划存款通知书后，金融机构不得向被查询、冻结、扣划单位或个人泄露消息。金融机构通风报信致使当事人转移存款的，法院有权责令该金融机构限期追回，逾期未追回的，根据《民事诉讼法》的规定，法院有权对单位、主要责任人和直接责任人予以罚款、拘留，情节严重会构成犯罪。

本案中红星支行负责人高某虽然自称是出于私人关系向建筑公司泄露消息，但作为银行负责人，其通风报信的行为也会被视为金融机构的行为，导致红星支行被罚款80万元，同时，高某作为直接责任人受到相应制裁。

思考与实践：

通过案例的学习我们知道，金融机构是无权要求执法人员出示身份证的，要提供介绍信也要看具体情况，而且法院扣划存款可不提供法律文书副本，同时金融机构不得以内部规定对抗协助执行。

那么，面对近来出现的假冒执法人员的案件，我们应该如何应对呢？可从以下四点着手。第一，要认真审核工作证件上是否盖有公章或钢印，印章是否清晰，落款是有权机关还是有权机关的职能部门，通常情况下，职能部门是无权制作工作证件的；第二，审核工作证件上的照片是否为执法人员本人；第三，证件上的发证日期是否处于有效期内；第四，必要时，可通过电话方式与有权机关联系，确认执法人员身份，注意联系电话不能依赖执法人员提供，应通过"114"或网络等公开方式进行获取。

最后，作为银行从业人员，应保守国家秘密，严守政治纪律，在协助司法执行过程中，包括执行之后，管住自己的"嘴"，避免信息泄露致使被查询人转移财产，影响有权机关后续工作。

Day 25 对账管理

银企对账对银行和企业来说都是非常重要的风控措施,今天让我们来了解一下银企对账业务的要点。

No.1 什么是银企对账?

对账是指银行与存款人之间、与其他金融机构之间以及系统内之间就某一具体日期双方账户的账面余额,以及某一时段双方账户的明细发生额进行核对。

No.2 银企对账的对账方式有哪些?

对账的方式包括余额对账和明细对账。

余额对账指与存款人就某一时点双方账户余额进行对账,银行定期向客户发出"银企余额对账单",经客户核对确认账户余额正确与否并返回"银企余额对账单回执"的过程。

明细对账指由营业机构根据客户需要,按规定核实身份向客户提供交易明细信息,不需要客户返回回执。

No.3 在对账管理中,银企对账的范围是什么?

银企对账账户包括单位客户本外币结算账户(含签约款项)、定期(通知)存款账户、保证金账户、结构性存款、理财产品、其他存款账户及贷款账户等。

以下单位客户账户不再对账:纳入久悬管理的单位结算账户及其关联的理财产品和存贷款账户、已转列表外科目的贷款账户、委托贷款及经审批的其他不对账账户。

> **练一练**
>
> （多选题）以下属于单位结算账户对账范围的是（　　）。
> A. 活期存款账户　　　　　　B. 定期（通知）存款账户
> C. 纳入久悬管理的单位结算账户　　D. 贷款账户
> 答案：A、B、D。

No.4　银行的对账渠道有哪些？

银行向客户提供纸质（邮寄）、电子（微银行、网上银行、手机银行）等对账渠道。

No.5　对账周期是怎么规定的？

针对不同类型的账户采取不同的对账周期。重点账户采取固定日按月对账方式，普通账户采取固定日按季度对账方式。

单位重点账户指月日均余额人民币500万元（含）以上、外币折合人民币300万元（含）以上的账户及其他金融机构开立的同业存款账户，对账范围内的其他账户纳入普通账户管理。

> **练一练**
>
> （单选题）普通账户采取固定日按（　　）对账方式，以（　　）日账户余额为对账数据发送余额对账单。
> A. 月　月初　　B. 季　季初　　C. 季　季末　　D. 月　月末
> 答案：C。

No.6　对账的意义是什么？

总体而言，通过对账，可以有效防范风险，保障账户资金安全。

对账有助于企业防范操作风险。会计人员在计算金额时出现的运算错误或录入错误往往很难发现，通过银企对账，可以及时找到账务的错误点，保证企业财务核算的准确性。

对账也有助于企业防范管理风险。如果企业的内部工作人员有机会侵占企业的资金，对账能够及时发现账务上的异常，防范内部作案风险。

　　对账还有助于企业防范外部风险。近几年，企业外部人员侵占资金的案件时有发生，及时有效地对账可以在最短时间内发现问题，从而保障资金安全。

Day 26 印章管理

前面"印鉴管理"的章节我们介绍了账户印鉴的有关要求,其实银行柜台也有一些业务印章,虽然随着凭证无纸化及电子印章的应用,实体印章的数量大幅减少,但对其管理不能疏忽。

No.1 什么是临柜业务印章?临柜业务印章有哪些分类?

临柜业务印章是指各营业机构在业务办理中为确认业务事项加盖或用于票据、凭证、函件等会计资料上的印章。

(1) 按照刻制类型,临柜业务印章分为各银行按内部规定设计和按照人民银行要求设计的印章。

各银行按内部规定设计的临柜业务印章包括业务办讫章、业务专用章等;按照人民银行要求设计的临柜业务印章包括同城清算专用章、结算专用章、假币章、残币全额兑换章、残币半额兑换章等。

(2) 按照介质不同,临柜业务印章分为实物印章和电子印章。

实物印章为实体印章,用印方式为柜面经办人员手持方式在票据、凭证、函件等会计资料上加盖相应实物印章。

电子印章指系统内预设参数权限,在用印环节由业务系统实时描绘印章图样,并配以业务验证序列号或二维码后,通过打印、电子数据文件等形式输出的印章。

No.2 临柜业务印章如何使用?

(1) 实物印章:

① 业务受理章,加盖在受理客户提交但尚未进行账务处理的业务中涉及的各种

凭证回单上。

② 转讫章,加盖在办理缴税业务所涉及的相关凭证上。

③ 同城清算专用章,加盖在同城票据交换的票据以及人民银行规定的其他结算业务中涉及的相关凭证上。

④ 本票专用章,用于签发银行本票,本票印模视同本票专用章管理。

⑤ 账户年检专用章,用于企业客户年检。

⑥ 假币章,按照人民银行要求加盖在伪造、变造的人民币上。

⑦ 残币全额兑换章,加盖在可以进行全额兑换的残缺污损人民币上。

⑧ 残币半额兑换章,加盖在可以进行半额兑换的残缺污损人民币上。

⑨ 业务用个人名章,按规定在会计凭证、会计账簿、会计报表,以及各类需加盖个人名章的对外单据等会计资料上的签章。

(2) 电子印章:

① 电子"业务办讫章",用于电子票据、凭证、函件等,表明业务已经处理完毕,可替代实物业务办讫章,打印输出于业务系统生成的相应电子凭证上。

② 电子"收讫专用章",仅用于国税代缴税的电子渠道业务,以电子形式输出于相应电子缴税凭证上。

③ 电子"回单专用章",用在客户通过自助回单机打印的业务回单上。

No.3　临柜业务印章的保管有哪些规定?

(1) 临柜业务印章的保管应坚持"专人使用,专人保管,专人负责"的原则。

保管人员必须做到:专匣保管,固定存放;临时离岗,人离章收;不得私自授受临柜业务印章;严禁临柜业务印章使用保管人员之外的任何人使用临柜业务印章。

(2) 临柜业务印章与重要空白凭证的保管应坚持章证分管原则。

① 业务专用章与单位定期存单、单位存款开户证实书、个人存款证明、单位存款证明书等凭证分管;

② 汇票专用章与银行汇票、商业汇票等票据分管;

③ 本票专用章与银行本票分管。

(3) 临柜业务印章,要专人保管使用,不得随意放置,营业终了后随款箱入库保管。

> **练一练**
>
> （多选题）以下关于柜员保管和使用业务用章的做法，错误的是（　　）。
>
> A. 谁保管，谁使用，谁负责，未进行交接不得交与他人使用
>
> B. 保管业务专用章的柜员同时可以保管单位定期存单、单位存款开户证实书、个人存款证明重要空白凭证
>
> C. 临柜业务印章与重要空白凭证的保管应坚持章证分管原则
>
> D. 柜员保管印章营业终了可放置在营业厅保险柜保管
>
> 答案：B、D。
>
> 解析：B项：业务专用章与单位定期存单等凭证分管。D项：营业终了，随款箱入库保管。

No.4　临柜业务印章的使用有哪些规定？

临柜业务印章必须严格按规定的范围使用。严禁在各种空白凭证上预先加盖临柜业务印章，严禁错用、串用、提前启用或使用已停用的临柜业务印章，严禁在无真实会计记录的凭证上加盖临柜业务印章。

No.5　临柜业务印章的交接有哪些规定？

临柜业务印章使用保管人员因工作需要将印章交接给他人使用时，交接双方应按规定办理印章的交接手续，并在"业务印章、钥匙及密码保管使用登记簿"上登记。

No.6　临柜业务印章丢失后如何处理？

如发生临柜业务印章丢失或被盗时，印章遗失机构应立即上报，同时应迅速查明遗失原因、落实责任、制定补救措施等。

如需补制临柜业务印章，则新刻制的印章编号不得与丢失或被盗的印章号码相同。丢失的印章号码作废，不得再用。如果丢失的为无号码印章，补制的印章必须与原印章有明显区别。

Day 27 凭证管理

大家最初对于银行的印象，除了堆积的现金可能就是各种各样的凭证了，其实随着银行"无纸化"办公的推行，各种凭证已经大幅减少，但仍有一些重要空白凭证是没办法取消的，其管理和使用是柜台业务的重要一环。

No.1 什么是重要单证？主要包括哪些？

重要单证包括重要空白凭证和有价单证。

重要空白凭证是指无面额的经银行或客户填写金额并签章后，即具有支付效力的空白凭证，以及按业务要求或因其他特殊原因，纳入重要空白凭证管理的空白凭证，包括存单、存折、支票、本票、汇票、银行卡以及其他重要空白凭证等。

有价单证是指印有面额的特定凭证，包括定额存单、定额本票、金融债券及印有固定面额的其他有价单证。

No.2 重要空白凭证在使用中有哪些需要注意的？

（1）重要空白凭证的使用必须坚持"顺序使用、及时销号、人离证收"的原则。

（2）不得事先在重要空白凭证上加盖业务印章或经办人名章。

（3）应由银行签发的重要空白凭证，严禁由客户签发；应由客户签发的重要空白凭证，严禁由银行代为签发。

（4）营业网点签发重要空白凭证时，如填写错误，应作废重填，作废凭证必须剪角（避开凭证号码）并加盖"作废"戳记，并及时在柜面系统中进行操作处理，作废的凭证作当日传票附件。

No.3　营业机构应如何领用重要空白凭证？

营业网点柜员应根据重要空白凭证实际需求量领用，主办柜员应核定柜员重要空白凭证的库存量，一般不能超过柜员5~7天的使用量。

领用时，双方要当面查验、点数，认真查看印刷号码是否连续，有无重号、缺号等现象，数量是否准确无误。验收无误后，将重要空白凭证妥善保管，并在业务系统中进行操作处理。

No.4　重要空白凭证的保管有哪些规定？

（1）柜员领用的重要空白凭证应放置柜员尾箱内妥善保管。营业中，重要空白凭证可放置保险柜内或柜员办公抽屉内，柜员如临时离柜，应将重要空白凭证入款箱或保险柜上锁；营业终了，柜员清点尾箱内重要空白凭证后需换人复点核对，无误后双人同时加锁封箱。

（2）结算印章（印模）应与票据及结算凭证分管。

📝 练一练

（判断题）重要空白凭证上没有客户信息，不会造成信息泄露，因此，柜员离柜时可以随意放置在桌面上。　　　　　　　　　　　　　　　　　　　　（　　）

答案：错误。

解析：柜员如临时离柜，应将重要空白凭证入款箱或保险柜上锁。

No.5　作废的重要空白凭证如何处理？

因业务操作失误将凭证作废：作废的凭证必须剪角（避开凭证号码）并加盖"作废"戳记，并及时在柜面系统中进行操作处理，作废的凭证作当日传票附件。

因凭证改版停用将凭证作废：将凭证停用并按要求逐级上缴。

No.6　凭证出售有哪些注意事项？

（1）各营业网点向客户出售支票等重要空白凭证时，应结合其实际业务量，原则上每户每次不得超过一本，但对于业务量较大且信誉好的客户，经核实确实需要多出售的要经网点负责人批准。对于业务量较少的客户，可以根据其使用量按份出售。

（2）营业机构应至少在本年度（自然年度）首次向客户出售支票凭证前，切实做好针对客户信用状况及业务需要的尽职调查，与客户签订《支票业务服务协议》。

（3）凭证出售必须由客户签收确认，严禁由银行工作人员代客户签收、购买重要空白凭证。

（4）凭证出售需要在支票右下方加盖统一的银行机构代码（大额支付系统行号），右上角打印完整的出票人账号和开户行名称。若客户购买转账支票，经办柜员还需对空白转账支票进行磁条打码。

练一练

（判断题）为全方位做好客户服务工作，某网点负责人王某在大客户财政局会计的要求下代其购买了1本转账支票，当日即送给会计王某。（　　）

答案：错误。

解析：严禁银行内部员工替客户购买、传递、保管各类空白重要凭证。

Day 28
客户核实

客户的身份识别是柜面非常重要的业务场景,是我们很多业务办理前的第一步,在确定客户身份时有哪些注意事项呢?

No.1 什么是个人存款账户实名制?

个人存款账户实名制是指各类个人人民币银行存款账户必须以实名开立,即存款人开立各类个人银行账户时,必须提供真实、合法和完整的有效证明文件,账户名称与提供的证明文件中存款人名称一致。金融机构应当核对并登记其身份证件上的姓名和号码。

代理他人在金融机构开立个人存款账户的,代理人应当出示被代理人和代理人的有效身份证件。金融机构应当核对并登记被代理人和代理人的身份证件上的姓名和号码。

No.2 个人存款账户实名制规定的有效身份证件包括哪些?

(1)居住在中国境内的中国公民,其有效身份证件为居民身份证或者临时居民身份证;不满16周岁的,可以使用居民身份证或户口簿。

(2)香港、澳门特别行政区居民,其有效身份证件为港澳居民往来内地通行证、港澳居民居住证或其他有效旅行证件;台湾地区居民,其有效身份证件为台湾居民来往大陆通行证、台湾居民居住证或其他有效旅行证件。

(3)居住在境内或境外的中国籍华侨,其有效身份证件为中国护照。

(4)外国公民,其有效身份证件为护照或者外国人永久居留证(外国边民,按照边贸结算的有关规定办理）。

除以上法定有效证件外，银行还可根据需要，要求存款人出具户口簿、护照、工作证、机动车驾驶证、社会保障卡、公用事业账单、学生证、介绍信等其他能证明身份的有效证件或证明文件，以进一步确认存款人身份。

练一练

（多选题）在柜面业务中，要求客户出示有效身份证件时，以下证件属于有效身份证件的是（　　）。

A. 居民临时身份证　　B. 驾驶证　　C. 港澳居民居住证　　D. 台湾居民居住证

答案：A、C、D。

解析：驾驶证只能作为辅助证件用于核实客户身份。

No.3　个人存取款在什么情况下需要提供有效身份证件？

根据人民银行反洗钱的有关规定：银行业金融机构为自然人客户办理人民币5万元以上或者外币等值1万美元以上现金存取款业务的，应当核对开户的有效身份证件或其他身份证明文件。

No.4　什么是公民信息联网核查？注意事项有哪些？

公民身份信息联网核查是指通过联网核查公民身份信息系统核对或查询相关个人的公民身份信息，以验证相关个人的居民身份证所记载的姓名、公民身份证号码、照片及签发机关等信息真实性的行为。

对于联网核查结果要区分不同情况进行处理：

（1）当个人姓名和公民身份证号码核对一致且系统反馈的照片与居民身份证记载的照片核对相符时，可认为待核查的个人居民身份证信息是真实的，可继续办理业务。

（2）当联网核查结果不一致且能够确切判断客户出示的居民身份证为虚假证件时，银行机构应拒绝办理相关业务。

No.5　什么是黑名单校验和防诈骗校验？

黑名单校验是指通过银行柜面系统、智能柜员机（STM）和国际结算系统中的客户信息与银行反洗钱黑名单中的信息进行比对,系统判断是否属于黑名单客户,从而监控涉嫌洗钱、恐怖融资的客户交易行为,提高洗钱风险防范能力。

各系统会提示该客户是否通过黑名单校验。若通过黑名单校验则继续办理业务;若属于疑似黑名单,则需要工作人员登录反洗钱黑名单系统,比对客户姓名、身份证号码、国家(地区)、年龄、制裁原因等其他辅助信息,进行人工判断。

防诈骗校验指在柜面系统为客户办理转账等业务时对于收款人信息与我国公安发布的电信诈骗黑名单中的信息进行比对,系统判断是否属于诈骗客户,从而对客户转账交易行为进行提示,提高电信诈骗防范能力。

No.6 什么是个人代理业务?注意事项有哪些?

个人代理业务指客户本人因无法到营业网点办理相关业务,从而委托他人代表自己行使权益,进行业务办理。

注意事项:

(1)必须审核此业务是否允许他人代办,对于制度禁止他人代办的业务,要向客户进行解释说明,不予办理。

(2)对于可以由他人代办的业务,必须要求客户提供制度规定的证件及相关资料,认真进行审核。

(3)在柜面由代理人办理的以下业务,需要与客户本人进行电话核实:代理开立借记卡;代理支取或转出金额超出银行规定金额。企业授权他人开立一般存款账户、临时存款账户、专用存款账户需与法人(单位负责人)进行电话或视频核实。

(4)由代理人办理的以下业务,需要客户本人到网点进行激活,否则该卡只收不付:代理开立的借记卡;代发的工资卡、社保卡。

练一练

(多选题)张先生因身体不适,由其朋友代其开立了一张借记卡,以下说法正确的是(   )。

A. 这张借记卡开立之后即可以办理存取款业务

B. 柜员开立借记卡之前,需给张先生打电话进行意愿核实

C. 可以由张先生的女儿到网点进行借记卡的激活

D. 其朋友开立借记卡时需提供张先生及其本人的身份证

答案：B、D。

解析：A 项：代理开立的借记卡在激活前只收不付，不能办理付款业务。C 项：借记卡激活必须本人办理。

No.7 对于必须由本人办理的业务，但本人由于特殊原因无法到网点进行办理，应如何处理？

因严重老弱病残等情况，客户本人不能亲自办理的，可由客户本人出具授权委托书，通过公证或银行员工双人上门调查等方式核实客户有关情况后，由授权代理人代为办理。办理时，要审核代理人和客户本人的有效身份证件，并保留相关证据。

因重症导致无民事行为能力而无法出具授权委托书的，又急需资金用于治疗疾病的，代理人（直系亲属）可持医院证明、直系亲属证明、代理人及客户本人有效身份证件办理，经双人上门调查核实后，将所需存款直接转入医院指定账户。

因客户死亡由合法继承人进行办理的，需提供公证处出具的公证书及继承人有效身份证件。

No.8 哪些业务必须由监护人进行办理？应如何办理？

16 周岁以下的中国公民需要办理业务的，应由其监护人代为办理。

智力残疾等无民事行为能力的残疾人需要办理业务的，可以由其监护人代为办理。

监护人代为办理时，应提供监护人及被监护人的有效身份证件和能真实反映监护关系的有效证明。

注：根据《中华人民共和国民法通则》第十六条，未成年的父母是未成年人的监护人。未成年人的父母已经死亡或者没有监护能力的，由下列人员中有监护能力的人担任监护人：祖父母、外祖父母；兄、姐；关系密切的其他亲属、朋友愿意承担监护责任，经未成年人的父、母的所在单位或者未成年人住所地的居民委员会、村民委员会同意的。对担任监护人有争议的，由未成年人的父、母的所在单位或者未成年人住所地的居民委员会、村民委员会在近亲属中指定。对指定不服提起诉讼的，由人民法院裁决。

> **练一练**
>
> （判断题）某客户到网点为其正在上小学的孙子办理银行卡开户业务，并提供了本人身份证及双方户口簿，网点可随即为客户办理银行卡开户业务。（　　）
>
> **答案：** 错。
>
> **解析：** 未成年人的父母才是未成年人的监护人，其他人办理，需核实是否有特殊情况。

Day 29
案例学习：为客户信息保密是银行员工的基本要求

> 很多人接到过各类骚扰短信、电话，其根本原因是客户信息被出卖、交易，甚至成为诈骗分子利用的工具。我们作为银行从业人员，每天都有可能接触客户的信息，一定要为客户信息保密，切不可因小失大，自毁前程。

2016年3月，张某在互联网上通过QQ与刘某聊天认识，得知刘某要购买银行客户的姓名、身份证号码、银行卡账号、手机号码、家庭住址等个人信息。时任某商业银行个人客户经理的张某见有利可图，便答应以每条信息人民币9元至12元不等的价格出售给刘某。

此后，在2016年3月至11月期间，张某利用工作便利，进入银行系统将个人客户信息导出，经过筛选和整理后通过两个QQ号及一个微信号，发送给刘某。刘某收到信息后通过微信和支付宝转账付款给张某。在此期间，张某共向刘某出售5万多条个人信息，非法获利人民币50多万元，其中25万元用于购买股票，10万元送给父母，其余的钱用于吃喝、娱乐，挥霍一空。刘某除了向张某购买公民个人信息外，还以每条人民币10元的价格向另外两人购买了800多条公民个人信息。

刘某购买公民个人信息后，在网上以每条人民币12元至13元的价格出售给陈某。其间，刘某共出售6000多条公民个人信息给陈某。陈某购买到公民个人信息后出售给他人用于网络诈骗。

2016年11月，张某、刘某、陈某被相继抓获，提起公诉。公诉机关认为，被告人张某无视国家法律，利用职务之便获取5万多条个人客户信息出售给他人，事实清楚，证据充分，以侵犯公民个人信息罪被追究刑事责任，并被当地人民法院依法判处。刘某、陈某也同样付出了惨重的代价，受到了法律的制裁。

案例分析：

在本案中，张某利用岗位之便，私自复制贩卖客户信息，不仅给自己带来牢狱之灾，同时给这近5万名客户的财产安全带来威胁，影响很大。我们在工作中除了要绝对避免主动犯罪以外，同样要注意由于不了解个人金融信息的有关法律，而给自己及客户带来风险。银行工作人员在保护客户个人信息方面要注意以下几点：

首先，要清楚知晓"个人金融信息"的范围。按照相关监管要求，"个人金融信息"的范围非常宽泛，包括个人客户的身份信息、财产信息、账户信息、信用信息、金融交易信息、衍生信息等，为个人客户办理业务过程中获取、保存的任何个人信息均属于"个人金融信息"。

其次，银行在收集客户信息时，应明确告知收集客户信息的目的、方式、规则，并取得客户的同意。

最后，银行在使用个人客户金融信息时，要做到合规合法。原则上银行收集的信息，可用于本行其他业务的营销活动，但客户明确提出反对的，应及时终止。向第三方披露时，应经客户书面授权或同意，如果为制式协议，应在"醒目"的位置提示客户。

思考与实践：

作为银行从业人员，你遇到过哪些个人信息被泄露的事件？你有哪些保护自己信息的方法可以分享给你未来的客户？

Day 30
反洗钱业务——基本制度

> 随着我国银行业的不断开放,"洗钱"早已不是陌生的词汇,但对非银行从业人员来说,"洗钱"仅仅是一个抽象的词汇,今天让我们先从基本制度开始学习吧!

No.1 什么是洗钱?什么是反洗钱?

洗钱是一种将毒品犯罪、恐怖活动犯罪、走私犯罪、贪污贿赂犯罪等违法所得及其产生的收益,通过各种手段掩饰、隐瞒其来源和性质,使其在形式上合法化的行为。

反洗钱是指为了预防通过各种方式掩饰、隐瞒犯罪所得及其收益的来源和性质的洗钱活动而采取相关措施的行为。

No.2 洗钱有哪些常见方式?

(1)利用金融机构:洗钱者利用金融机构的技巧包括匿名存储、利用银行贷款掩饰犯罪收益、控制银行和其他金融机构,如伪造商业票据、利用银行贷款掩饰犯罪收益等。

(2)利用一些国家和地区对银行或个人资产进行保密的限制,如瑞士、巴拿马等国家。

(3)通过投资产业的方式,如成立空壳公司、利用现金密集行业、利用假财务公司及律师事务所等机构进行洗钱。

(4)通过市场的商品交易活动,如购置贵金属、古玩及珍贵艺术品为载体转变现金形态。

No.3　金融机构反洗钱工作的主要制度是什么？

客户身份识别制度、客户身份资料和交易记录保存制度、大额交易和可疑交易报告制度。

No.4　金融机构反洗钱工作中客户身份识别制度的内容是什么？

（1）客户身份识别是指按照"了解你的客户"的原则，针对具有不同洗钱或者恐怖融资风险特征的客户、业务关系或者交易，采取相应的措施了解客户及其交易目的和交易性质，了解实际控制客户的自然人和交易的实际受益人。

（2）客户身份识别流程包括"核对、了解、登记、留存"。

核对客户的有效身份证件或者其他身份证明文件，并确认客户是否为本人，营业机构在进行客户身份识别过程中，应采取有效措施对其提供证明的真实性进行核实；对于高风险业务、高风险客户、高风险账户持有人，应了解实际控制客户的自然人和交易的实际受益人及其资金来源、资金用途、经济状况或者经营状况等信息；登记客户身份基本信息；留存有效身份证件或者其他身份证明文件的复印件。

（3）代理人前来办理业务时，应采取合理方式确认代理关系的存在，对被代理人、代理人应区分不同业务采取不同的客户身份识别措施，登记代理人的姓名或名称、联系方式、身份证件或者身份证明文件的种类号码。

（4）金融机构对先前获得的客户身份资料的真实性、有效性或者完整性有疑问的，应当重新识别客户身份。

练一练

（多选题）在进行个人客户身份识别时，个人客户信息采集过程中"身份基本信息九要素"包括（　　）。

A. 姓名、性别　　　　　　　　B. 国籍、职业

C. 身份证件种类、号码、有效期　　D. 籍贯、家庭情况

答案：A、B、C。

No.5　金融机构反洗钱工作中客户身份资料和交易记录保存制度的内容是什么？

（1）在业务关系存续期间，客户身份资料发生变更的，应当及时更新客户身份资料。

（2）客户身份资料在业务关系结束后，以及客户交易信息在交易结束后，应当至少保存5年。

（3）金融机构破产和解散时，应当将客户身份资料和客户交易信息移交国务院有关部门指定的机构。

> **练一练**
>
> （单选题）按照反洗钱的规定，本行客户身份资料在业务关系结束后、客户交易信息在交易结束后，应当至少保存（　　）。
>
> A.3 年　　　　B.5 年　　　　C.10 年　　　　D.15 年
>
> 答案：B。

No.6　金融机构反洗钱工作中执行大额交易和可疑交易的内容是什么？

金融机构办理的单笔交易或者在规定期限内的累计交易超过规定金额或者发现可疑交易的，应当及时向反洗钱信息中心报告。

No.7　反洗钱工作中的临时冻结的时限是多少？

临时冻结不得超过48小时。

金融机构在按照国务院反洗钱行政主管部门的要求采取临时冻结措施后48小时内未接到侦查机关继续冻结通知的，应当立即解除冻结。

Day 31
反洗钱业务——大额、可疑报告

作为商业银行的工作人员,在反洗钱方面的主要职责更多的是履行向各级管理机构上报大额交易、可疑交易报告的职责,今天让我们一起了解一下。

No.1 金融机构为什么要报告大额交易和可疑交易?

(1)按照《反洗钱法》的规定,报告大额交易和可疑交易是金融机构应当履行的核心反洗钱义务之一。

(2)实践中,金融机构通过系统自动抓取报送大额交易;通过客户身份识别、保存客户身份资料和交易记录、开展交易监测分析,发现并报送可疑交易报告。

(3)大额和可疑交易报告是国家反洗钱资金交易监测的数据基础,对其分析和利用有助于预防、遏制反洗钱和恐怖融资活动,维护金融安全。

No.2 哪些金融机构需要报告大额交易和可疑交易?

(1)银行:政策性银行、商业银行、农村合作银行、农村信用社、村镇银行。

(2)证券机构:证券公司、期货公司、基金管理公司。

(3)保险机构:保险公司、保险资产管理公司、保险专业代理公司、保险经纪公司。

(4)其他金融机构:信托公司、金融资产管理公司、企业集团财务公司、金融租赁公司、汽车金融公司、消费金融公司、货币经纪公司、贷款公司。

(5)其他机构:中国人民银行确定并公布的应当履行反洗钱义务的从事金融业务的其他机构,如支付机构、从事汇兑业务和基金销售业务的机构、银行卡清算机构、资金清算中心等。

No.3 哪些大额交易需要报告？

（1）当日单笔或者累计交易人民币 5 万元以上（含 5 万元）、外币等值 1 万美元以上（含 1 万美元）的现金缴存、现金支取、现金结售汇、现钞兑换、现金汇款、现金票据解付及其他形式的现金收支。

（2）非自然人客户银行账户与其他的银行账户发生当日单笔或者累计交易人民币 200 万元以上（含 200 万元）、外币等值 20 万美元以上（含 20 万美元）的款项划转。

（3）自然人客户银行账户与其他的银行账户发生当日单笔或者累计交易人民币 50 万元以上（含 50 万元）、外币等值 10 万美元以上（含 10 万美元）的境内款项划转。

（4）自然人客户银行账户与其他的银行账户发生当日单笔或者累计交易人民币 20 万元以上（含 20 万元）、外币等值 1 万美元以上（含 1 万美元）的跨境款项划转。

> **练一练**
>
> （多选题）下列属于大额交易的是（　　）。
>
> A. 一笔 25 万元人民币的现金汇款
>
> B. 当日累计支取人民币现金 18 万元
>
> C. 个人银行账户之间累计 45 万元人民币的境内款项划转
>
> D. 单位银行账户之间一笔 150 万元人民币的转账
>
> 答案：A、B。

No.4 哪些大额交易可以不报告？

（1）定期存款到期后，不直接提取或者划转，而是将本金或者本金加全部或者部分利息续存入在同一金融机构开立的同一户名下的另一账户；活期存款的本金或者本金加全部或者部分利息转为在同一金融机构开立的同一户名下的另一账户内的定期存款；定期存款的本金或者本金加全部或者部分利息转为在同一金融机构开立的同一户名下的另一账户内的活期存款。

（2）自然人实盘外汇买卖交易过程中不同外币币种间的转换。

（3）交易一方为各级党的机关、国家权力机关、行政机关、司法机关、军事机关、人民政协机关和人民解放军、武警部队，但不包含其下属的各类企事业单位。

（4）金融机构同业拆借、在银行间债券市场进行的债券交易。

（5）金融机构在黄金交易所进行的黄金交易。

（6）金融机构内部调拨资金。

（7）国际金融组织和外国政府贷款转贷业务项下的交易。

（8）国际金融组织和外国政府贷款项下的债务掉期交易。

（9）政策性银行、商业银行、农村合作银行、农村信用社、村镇银行办理的税收、错账冲正、利息支付。

（10）中国人民银行确定的其他情形。

> **练一练**
>
> （多选题）以下大额交易可以不报告的是（　　）。
> A. 某企业定期存款 1000 万元到期后，本息存入在同行另一账户
> B. 张某进行实盘外汇买卖时由 200 万元人民币转换为美元
> C. 某企业汇款 300 万元到某人民法院
> D. 李某支取 200 万元现金
> 答案：A、B、C。

No.5 哪些可疑交易需要报告？

金融机构发现或者有合理理由怀疑客户、客户的资金或者其他资产、客户的交易或者试图进行的交易与洗钱、恐怖融资等犯罪活动相关的，不论所涉资金金额或者资产价值大小，应当提交可疑交易报告。

金融机构应当制定本机构的交易监测标准，并对其有效性负责。交易监测标准包括并不限于客户的身份、行为，交易的资金来源、金额、频率、流向、性质等存在异常的情形。

> **练一练**
>
> （多选题）根据反洗钱相关规定，可疑交易分析的主要内容包括（　　）。
> A. 客户身份情况分析，例如行业、经营状况、财务状况等

B. 账户分析，分析账户开立的背景及用途

C. 资金交易分析，客户交易是否符合可疑交易的特征

D. 其他情况分析，发现的客户异常行为等辅助情况

答案：A、B、C、D。

No.6　金融机构应对哪些人员进行实时监测？

金融机构应当对下列恐怖活动组织及恐怖活动人员开展实时监测：

（1）中国政府发布的或者要求执行的恐怖活动组织及恐怖活动人员。

（2）联合国安理会决议中所列的恐怖活动组织及恐怖活动人员。

（3）中国人民银行要求关注的其他涉嫌恐怖活动的组织及人员。

No.7　金融机构如果不报告或者泄露报告信息，将面临哪些处罚？

金融机构如果不报告或者泄露报告信息，构成违规，人民银行将依照《反洗钱法》予以处罚：

（1）对违规金融机构及直接负责的董事、高级管理人员和其他直接责任人员罚款；

（2）建议有关金融监督管理机构责令停业整顿或者吊销其经营许可证；

（3）对直接负责的董事、高级管理人员和其他直接责任人员，建议有关金融监督管理机构依法责令金融机构给予纪律处分，或者建议依法取消其任职资格，禁止其从事有关金融行业工作；

（4）构成犯罪的，依法追究刑事责任。

Day 32
法规学习：反洗钱相关法律法规

通过之前的学习，相信大家对"反洗钱"有了基本的了解。本节，我们将系统学习《反洗钱法》《金融机构反洗钱规定》《金融机构客户身份识别和客户身份资料及交易记录保存管理办法》等反洗钱相关的法律法规，帮助大家加深对"反洗钱"的理解。

No.1 《反洗钱法》的第一章"总则"有哪些需要了解的规定？

第二条 本法所称反洗钱，是指为了预防通过各种方式掩饰、隐瞒毒品犯罪、黑社会性质的组织犯罪、恐怖活动犯罪、走私犯罪、贪污贿赂犯罪、破坏金融管理秩序犯罪、金融诈骗犯罪等犯罪所得及其收益的来源和性质的洗钱活动，依照本法规定采取相关措施的行为。

第三条 在中华人民共和国境内设立的金融机构和按照规定应当履行反洗钱义务的特定非金融机构，应当依法采取预防、监控措施，建立健全客户身份识别制度、客户身份资料和交易记录保存制度、大额交易和可疑交易报告制度，履行反洗钱义务。

第五条 对依法履行反洗钱职责或者义务获得的客户身份资料和交易信息，应当予以保密；非依法律规定，不得向任何单位和个人提供。

反洗钱行政主管部门和其他依法负有反洗钱监督管理职责的部门、机构履行反洗钱职责获得的客户身份资料和交易信息，只能用于反洗钱行政调查。

司法机关依照本法获得的客户身份资料和交易信息，只能用于反洗钱刑事诉讼。

第六条 履行反洗钱义务的机构及其工作人员依法提交大额交易和可疑交易报告，受法律保护。

第七条　任何单位和个人发现洗钱活动，有权向反洗钱行政主管部门或者公安机关举报。接受举报的机关应当对举报人和举报内容保密。

No.2 《反洗钱法》的第三章"金融机构反洗钱义务"有哪些需要了解的规定？

第十五条　金融机构应当依照本法规定建立健全反洗钱内部控制制度，金融机构的负责人应当对反洗钱内部控制制度的有效实施负责。金融机构应当设立反洗钱专门机构或者指定内设机构负责反洗钱工作。

第十六条　金融机构应当按照规定建立客户身份识别制度。金融机构在与客户建立业务关系或者为客户提供规定金额以上的现金汇款、现钞兑换、票据兑付等一次性金融服务时，应当要求客户出示真实有效的身份证件或者其他身份证明文件，进行核对并登记。客户由他人代理办理业务的，金融机构应当同时对代理人和被代理人的身份证件或者其他身份证明文件进行核对并登记。与客户建立人身保险、信托等业务关系，合同的受益人不是客户本人的，金融机构还应当对受益人的身份证件或者其他身份证明文件进行核对并登记。金融机构不得为身份不明的客户提供服务或者与其进行交易，不得为客户开立匿名账户或者假名账户。金融机构对先前获得的客户身份资料的真实性、有效性或者完整性有疑问的，应当重新识别客户身份。任何单位和个人在与金融机构建立业务关系或者要求金融机构为其提供一次性金融服务时，都应当提供真实有效的身份证件或者其他身份证明文件。

第十七条　金融机构通过第三方识别客户身份的，应当确保第三方已经采取符合本法要求的客户身份识别措施；第三方未采取符合本法要求的客户身份识别措施的，由该金融机构承担未履行客户身份识别义务的责任。

第十八条　金融机构进行客户身份识别，认为必要时，可以向公安、工商行政管理等部门核实客户的有关身份信息。

第十九条　金融机构应当按照规定建立客户身份资料和交易记录保存制度。在业务关系存续期间，客户身份资料发生变更的，应当及时更新客户身份资料。客户身份资料在业务关系结束后、客户交易信息在交易结束后，应当至少保存五年。金融机构破产和解散时，应当将客户身份资料和客户交易信息移交国务院有关部门指定的机构。

第二十条　金融机构应当按照规定执行大额交易和可疑交易报告制度。金融机构办理的单笔交易或者在规定期限内的累计交易超过规定金额或者发现可疑交易的，应当及时向反洗钱信息中心报告。

第二十一条　金融机构建立客户身份识别制度、客户身份资料和交易记录保存制度的具体办法，由国务院反洗钱行政主管部门会同国务院有关金融监督管理机构制定。金融机构大额交易和可疑交易报告的具体办法，由国务院反洗钱行政主管部门制定。

第二十二条　金融机构应当按照反洗钱预防、监控制度的要求，开展反洗钱培训和宣传工作。

> **练一练**
>
> （多选题）金融机构反洗钱义务包括（　　）。
> A. 建立健全反洗钱内部控制制度
> B. 建立客户身份识别制度
> C. 建立客户身份资料和交易记录保存制度
> D. 规定执行大额交易和可疑交易报告制度
> 答案：A、B、C、D。

No.3　《反洗钱法》的第四章"反洗钱调查"有哪些需要了解的规定？

第二十四条　调查可疑交易活动，可以询问金融机构有关人员，要求其说明情况。询问应当制作询问笔录。询问笔录应当交被询问人核对。记载有遗漏或者差错的，被询问人可以要求补充或者更正。被询问人确认笔录无误后，应当签名或者盖章；调查人员也应当在笔录上签名。

第二十五条　调查中需要进一步核查的，经国务院反洗钱行政主管部门或者其省一级派出机构的负责人批准，可以查阅、复制被调查对象的账户信息、交易记录和其他有关资料；对可能被转移、隐藏、篡改或者毁损的文件、资料，可以予以封存。调查人员封存文件、资料，应当会同在场的金融机构工作人员查点清楚，当场开列清单一式二份，由调查人员和在场的金融机构工作人员签名或者盖章，一份交金融机构，一份附卷备查。

No.4 《反洗钱法》的第六章"法律责任"有哪些需要了解的规定？

第三十一条 金融机构有下列行为之一的，由国务院反洗钱行政主管部门或者其授权的设区的市一级以上派出机构责令限期改正；情节严重的，建议有关金融监督管理机构依法责令金融机构对直接负责的董事、高级管理人员和其他直接责任人员给予纪律处分：（一）未按照规定建立反洗钱内部控制制度的；（二）未按照规定设立反洗钱专门机构或者指定内设机构负责反洗钱工作的；（三）未按照规定对职工进行反洗钱培训的。

第三十二条 金融机构有下列行为之一的，由国务院反洗钱行政主管部门或者其授权的设区的市一级以上派出机构责令限期改正；情节严重的，处二十万元以上五十万元以下罚款，并对直接负责的董事、高级管理人员和其他直接责任人员，处一万元以上五万元以下罚款：（一）未按照规定履行客户身份识别义务的；（二）未按照规定保存客户身份资料和交易记录的；（三）未按照规定报送大额交易报告或者可疑交易报告的；（四）与身份不明的客户进行交易或者为客户开立匿名账户、假名账户的；（五）违反保密规定，泄露有关信息的；（六）拒绝、阻碍反洗钱检查、调查的；（七）拒绝提供调查材料或者故意提供虚假材料的。

金融机构有前款行为，致使洗钱后果发生的，处五十万元以上五百万元以下罚款，并对直接负责的董事、高级管理人员和其他直接责任人员处五万元以上五十万元以下罚款；情节特别严重的，反洗钱行政主管部门可以建议有关金融监督管理机构责令停业整顿或者吊销其经营许可证。对有前两款规定情形的金融机构直接负责的董事、高级管理人员和其他直接责任人员，反洗钱行政主管部门可以建议有关金融监督管理机构依法责令金融机构给予纪律处分，或者建议依法取消其任职资格、禁止其从事有关金融行业工作。

第三十三条 违反本法规定，构成犯罪的，依法追究刑事责任。

No.5 《金融机构反洗钱规定》有哪些需要了解的规定？

第二条 本规定适用于在中华人民共和国境内依法设立的下列金融机构：（一）商业银行、城市信用合作社、农村信用合作社、邮政储汇机构、政策性银行；（二）证券公司、期货经纪公司、基金管理公司；（三）保险公司、保险资产管理公司；

（四）信托投资公司、金融资产管理公司、财务公司、金融租赁公司、汽车金融公司、货币经纪公司；（五）中国人民银行确定并公布的其他金融机构。从事汇兑业务、支付清算业务和基金销售业务的机构适用本规定对金融机构反洗钱监督管理的规定。

第三条　中国人民银行是国务院反洗钱行政主管部门，依法对金融机构的反洗钱工作进行监督管理。中国银行业监督管理委员会、中国证券监督管理委员会、中国保险监督管理委员会在各自的职责范围内履行反洗钱监督管理职责。中国人民银行在履行反洗钱职责过程中，应当与国务院有关部门、机构和司法机关相互配合。

第九条　金融机构应当按照规定建立和实施客户身份识别制度。（一）对要求建立业务关系或者办理规定金额以上的一次性金融业务的客户身份进行识别，要求客户出示真实有效的身份证件或者其他身份证明文件，进行核对并登记，客户身份信息发生变化时，应当及时予以更新。（二）按照规定了解客户的交易目的和交易性质，有效识别交易的受益人。（三）在办理业务中发现异常迹象或者对先前获得的客户身份资料的真实性、有效性、完整性有疑问的，应当重新识别客户身份。（四）保证与其有代理关系或者类似业务关系的境外金融机构进行有效的客户身份识别，并可从该境外金融机构获得所需的客户身份信息。前款规定的具体实施办法由中国人民银行会同中国银行业监督管理委员会、中国证券监督管理委员会和中国保险监督管理委员会制定。

第十条　金融机构应当在规定的期限内，妥善保存客户身份资料和能够反映每笔交易的数据信息、业务凭证、账簿等相关资料。前款规定的具体实施办法由中国人民银行会同中国银行业监督管理委员会、中国证券监督管理委员会、中国保险监督管理委员会制定。

第十一条　金融机构应当按照规定向中国反洗钱监测分析中心报告人民币、外币大额交易和可疑交易。前款规定的具体实施办法由中国人民银行另行制定。

第十三条　金融机构在履行反洗钱义务过程中，发现涉嫌犯罪的，应当及时以书面形式向中国人民银行当地分支机构和当地公安机关报告。

第十四条　金融机构及其工作人员应当依法协助、配合司法机关和行政执法机关打击洗钱活动。金融机构的境外分支机构应当遵循驻在国家或者地区反洗钱方面的法律规定，协助配合驻在国家或者地区反洗钱机构的工作。

第十五条　金融机构及其工作人员对依法履行反洗钱义务获得的客户身份资料和交易信息应当予以保密；非依法律规定，不得向任何单位和个人提供。金融机构及其工作人员应当对报告可疑交易、配合中国人民银行调查可疑交易活动等有关反洗钱工作信息予以保密，不得违反规定向客户和其他人员提供。

第十六条 金融机构及其工作人员依法提交大额交易和可疑交易报告，受法律保护。

第十七条 金融机构应当按照中国人民银行的规定，报送反洗钱统计报表、信息资料以及稽核审计报告中与反洗钱工作有关的内容。

✍ 练一练

（判断题）中国银行保险监督管理委员会是国务院反洗钱行政主管部门，依法对金融机构的反洗钱工作进行监督管理。（   ）

答案：错误。中国人民银行是国务院反洗钱行政主管部门。

No.6 《金融机构客户身份识别和客户身份资料及交易记录保存管理办法》第一章"总则"有哪些需要了解的规定？

第二条 本办法适用于在中华人民共和国境内依法设立的下列金融机构：（一）政策性银行、商业银行、农村合作银行、城市信用合作社、农村信用合作社。（二）证券公司、期货公司、基金管理公司。（三）保险公司、保险资产管理公司。（四）信托公司、金融资产管理公司、财务公司、金融租赁公司、汽车金融公司、货币经纪公司。（五）中国人民银行确定并公布的其他金融机构。从事汇兑业务、支付清算业务和基金销售业务的机构履行客户身份识别、客户身份资料和交易记录保存义务适用本办法。

第三条 金融机构应当勤勉尽责，建立健全和执行客户身份识别制度，遵循"了解你的客户"的原则，针对具有不同洗钱或者恐怖融资风险特征的客户、业务关系或者交易，采取相应的措施，了解客户及其交易目的和交易性质，了解实际控制客户的自然人和交易的实际受益人。金融机构应当按照安全、准确、完整、保密的原则，妥善保存客户身份资料和交易记录，确保能足以重现每项交易，以提供识别客户身份、监测分析交易情况、调查可疑交易活动和查处洗钱案件所需的信息。

第四条 金融机构应当根据反洗钱和反恐怖融资方面的法律规定，建立健全客户身份识别、客户身份资料和交易记录保存等方面的内部操作规程，指定专人负责反洗钱和反恐怖融资合规管理工作，合理设计业务流程和操作规范，并定期进行内部审计，评估内部操作规程是否健全、有效，及时修改和完善相关制度。

第五条 金融机构应当对其分支机构执行客户身份识别制度、客户身份资料和交易记录保存制度的情况进行监督管理。金融机构总部、集团总部应对客户身份识别、客户身份资料和交易记录保存工作作出统一要求。金融机构应要求其境外分支机构和附属机构在驻在国家（地区）法律规定允许的范围内，执行本办法的有关要求，驻在国家（地区）有更严格要求的，遵守其规定。如果本办法的要求比驻在国家（地区）的相关规定更为严格，但驻在国家（地区）法律禁止或者限制境外分支机构和附属机构实施本办法，金融机构应向中国人民银行报告。

第六条 金融机构与境外金融机构建立代理行或者类似业务关系时，应当充分收集有关境外金融机构业务、声誉、内部控制、接受监管等方面的信息，评估境外金融机构接受反洗钱监管的情况和反洗钱、反恐怖融资措施的健全性和有效性，以书面方式明确本金融机构与境外金融机构在客户身份识别、客户身份资料和交易记录保存方面的职责。

金融机构与境外金融机构建立代理行或者类似业务关系应当经董事会或者其他高级管理层的批准。

No.7 《金融机构客户身份识别和客户身份资料及交易记录保存管理办法》第二章"客户身份识别制度"有哪些需要了解的规定？

第七条 政策性银行、商业银行、农村合作银行、城市信用合作社、农村信用合作社等金融机构和从事汇兑业务的机构，在以开立账户等方式与客户建立业务关系，为不在本机构开立账户的客户提供现金汇款、现钞兑换、票据兑付等一次性金融服务且交易金额单笔人民币1万元以上或者外币等值1000美元以上的，应当识别客户身份，了解实际控制客户的自然人和交易的实际受益人，核对客户的有效身份证件或者其他身份证明文件，登记客户身份基本信息，并留存有效身份证件或者其他身份证明文件的复印件或者影印件。如客户为外国政要，金融机构为其开立账户应当经高级管理层的批准。

第八条 商业银行、农村合作银行、城市信用合作社、农村信用合作社等金融机构为自然人客户办理人民币单笔5万元以上或者外币等值1万美元以上现金存取业务的，应当核对客户的有效身份证件或者其他身份证明文件。

第九条 金融机构提供保管箱服务时，应了解保管箱的实际使用人。

第十条 政策性银行、商业银行、农村合作银行、城市信用合作社、农村信用合作社等金融机构和从事汇兑业务的机构为客户向境外汇出资金时，应当登记汇款人的姓名或者名称、账号、住所和收款人的姓名、住所等信息，在汇兑凭证或者相关信息系统中留存上述信息，并向接收汇款的境外机构提供汇款人的姓名或者名称、账号、住所等信息。汇款人没有在本金融机构开户，金融机构无法登记汇款人账号的，可登记并向接收汇款的境外机构提供其他相关信息，确保该笔交易的可跟踪稽核。境外收款人住所不明确的，金融机构可登记接收汇款的境外机构所在地名称。接收境外汇入款的金融机构，发现汇款人姓名或者名称、汇款人账号和汇款人住所三项信息中任何一项缺失的，应要求境外机构补充。如汇款人没有在办理汇出业务的境外机构开立账户，接收汇款的境内金融机构无法登记汇款人账号的，可登记其他相关信息，确保该笔交易的可跟踪稽核。境外汇款人住所不明确的，境内金融机构可登记资金汇出地名称。

第十七条 金融机构利用电话、网络、自动柜员机以及其他方式为客户提供非柜台方式的服务时，应实行严格的身份认证措施，采取相应的技术保障手段，强化内部管理程序，识别客户身份。

第十八条 金融机构应按照客户的特点或者账户的属性，并考虑地域、业务、行业、客户是否为外国政要等因素，划分风险等级，并在持续关注的基础上，适时调整风险等级。在同等条件下，来自反洗钱、反恐怖融资监管薄弱国家（地区）客户的风险等级应高于来自其他国家（地区）的客户。金融机构应当根据客户或者账户的风险等级，定期审核本金融机构保存的客户基本信息，对风险等级较高客户或者账户的审核应严于对风险等级较低客户或者账户的审核。对本金融机构风险等级最高的客户或者账户，至少每半年进行一次审核。金融机构的风险划分标准应报送中国人民银行。

第十九条 在与客户的业务关系存续期间，金融机构应当采取持续的客户身份识别措施，关注客户及其日常经营活动、金融交易情况，及时提示客户更新资料信息。对于高风险客户或者高风险账户持有人，金融机构应当了解其资金来源、资金用途、经济状况或者经营状况等信息，加强对其金融交易活动的监测分析。客户为外国政要的，金融机构应采取合理措施了解其资金来源和用途。客户先前提交的身份证件或者身份证明文件已过有效期的，客户没有在合理期限内更新且没有提出合理理由的，金融机构应中止为客户办理业务。

第二十条　金融机构应采取合理方式确认代理关系的存在，在按照本办法的有关要求对被代理人采取客户身份识别措施时，应当核对代理人的有效身份证件或者身份证明文件，登记代理人的姓名或者名称、联系方式、身份证件或者身份证明文件的种类、号码。

第二十一条　除信托公司以外的金融机构了解或者应当了解客户的资金或者财产属于信托财产的，应当识别信托关系当事人的身份，登记信托委托人、受益人的姓名或者名称、联系方式。

第二十二条　出现以下情况时，金融机构应当重新识别客户：（一）客户要求变更姓名或者名称、身份证件或者身份证明文件种类、身份证件号码、注册资本、经营范围、法定代表人或者负责人的。（二）客户行为或者交易情况出现异常的。（三）客户姓名或者名称与国务院有关部门、机构和司法机关依法要求金融机构协查或关注的犯罪嫌疑人、洗钱和恐怖融资分子的姓名或者名称相同的。（四）客户有洗钱、恐怖融资活动嫌疑的。（五）金融机构获得的客户信息与先前已经掌握的相关信息存在不一致或者相互矛盾的。（六）先前获得的客户身份资料的真实性、有效性、完整性存在疑点的。（七）金融机构认为应重新识别客户身份的其他情形。

第二十三条　金融机构除核对有效身份证件或者其他身份证明文件外，可以采取以下一种或者几种措施，识别或者重新识别客户身份：（一）要求客户补充其他身份资料或者身份证明文件。（二）回访客户。（三）实地查访。（四）向公安、工商行政管理等部门核实。（五）其他可依法采取的措施。银行业金融机构履行客户身份识别义务时，按照法律、行政法规或部门规章的规定需核对相关自然人的居民身份证的，应通过中国人民银行建立的联网核查公民身份信息系统进行核查。其他金融机构核实自然人的公民身份信息时，可以通过中国人民银行建立的联网核查公民身份信息系统进行核查。

第二十四条　金融机构委托其他金融机构向客户销售金融产品时，应在委托协议中明确双方在识别客户身份方面的职责，相互间提供必要的协助，相应采取有效的客户身份识别措施。符合下列条件时，金融机构可信赖销售金融产品的金融机构所提供的客户身份识别结果，不再重复进行已完成的客户身份识别程序，但仍应承担未履行客户身份识别义务的责任：（一）销售金融产品的金融机构采取的客户身份识别措施符合反洗钱法律、行政法规和本办法的要求。（二）金融机构能够有效获得并保存客户身份资料信息。

第二十五条 金融机构委托金融机构以外的第三方识别客户身份的，应当符合下列要求：（一）能够证明第三方按反洗钱法律、行政法规和本办法的要求，采取了客户身份识别和身份资料保存的必要措施。（二）第三方为本金融机构提供客户信息，不存在法律制度、技术等方面的障碍。（三）本金融机构在办理业务时，能立即获得第三方提供的客户信息，还可在必要时从第三方获得客户的有效身份证件、身份证明文件的原件、复印件或者影印件。委托第三方代为履行识别客户身份的，金融机构应当承担未履行客户身份识别义务的责任。

第二十六条 金融机构在履行客户身份识别义务时，应当向中国反洗钱监测分析中心和中国人民银行当地分支机构报告以下可疑行为：（一）客户拒绝提供有效身份证件或者其他身份证明文件的。（二）对向境内汇入资金的境外机构提出要求后，仍无法完整获得汇款人姓名或者名称、汇款人账号和汇款人住所及其他相关替代性信息的。（三）客户无正当理由拒绝更新客户基本信息的。（四）采取必要措施后，仍怀疑先前获得的客户身份资料的真实性、有效性、完整性的。（五）履行客户身份识别义务时发现的其他可疑行为。金融机构报告上述可疑行为参照《金融机构大额交易和可疑交易报告管理办法》（中国人民银行令〔2006〕第2号发布）及相关规定执行。

> **练一练**
>
> （判断题）商业银行、农村合作银行、城市信用合作社、农村信用合作社等金融机构为自然人客户办理人民币单笔5万元以上或者外币等值1万美元以上现金存取业务的，应当核对客户的有效身份证件或者其他身份证明文件。（　　）
>
> 答案：正确。

No.8 《金融机构客户身份识别和客户身份资料及交易记录保存管理办法》第三章"客户身份资料和交易记录保存"有哪些需要了解的规定？

第二十七条 金融机构应当保存的客户身份资料包括记载客户身份信息、资料以及反映金融机构开展客户身份识别工作情况的各种记录和资料。金融机构应当保存的交易记录包括关于每笔交易的数据信息、业务凭证、账簿以及有关规定要求的反映交易真实情况的合同、业务凭证、单据、业务函件和其他资料。

第二十九条　金融机构应当按照下列期限保存客户身份资料和交易记录：（一）客户身份资料，自业务关系结束当年或者一次性交易记账当年计起至少保存五年。（二）交易记录，自交易记账当年计起至少保存五年。如客户身份资料和交易记录涉及正在被反洗钱调查的可疑交易活动，且反洗钱调查工作在前款规定的最低保存期届满时仍未结束的，金融机构应将其保存至反洗钱调查工作结束。同一介质上存有不同保存期限客户身份资料或者交易记录的，应当按最长期限保存。同一客户身份资料或者交易记录采用不同介质保存的，至少应当按照上述期限要求保存一种介质的客户身份资料或者交易记录。法律、行政法规和其他规章对客户身份资料和交易记录有更长保存期限要求的，遵守其规定。

No.9 《金融机构客户身份识别和客户身份资料及交易记录保存管理办法》第四章"法律责任"有哪些需要了解的规定？

第三十一条　金融机构违反本办法的，由中国人民银行按照《中华人民共和国反洗钱法》第三十一条、第三十二条的规定予以处罚；区别不同情形，向中国银行业监督管理委员会、中国证券监督管理委员会或者中国保险监督管理委员会建议采取下列措施：（一）责令金融机构停业整顿或者吊销其经营许可证。（二）取消金融机构直接负责的董事、高级管理人员和其他直接责任人员的任职资格，禁止其从事有关金融行业的工作。（三）责令金融机构对直接负责的董事、高级管理人员和其他直接责任人员给予纪律处分。中国人民银行县（市）支行发现金融机构违反本办法的，应当报告上一级中国人民银行分支机构，由上一级分支机构按照前款规定进行处罚或者提出建议。

✎ 练一练

（单选题）金融机构应当按照下列期限保存客户身份资料和交易记录：客户身份资料，自业务关系结束当年或者一次性交易记账当年计起至少保存（　　）年；交易记录，自交易记账当年计起至少保存（　　）年。

A. 10；10　　　B. 10；5　　　C. 5；10　　　D. 5；5

答案：D。

案 例

刘某的丈夫李某于2013年初在陕西省西安市注册某公司并担任总经理,未经有关部门批准非法向社会公众吸收资金。刘某到西安市与李某共同生活期间,经李某安排,在公司工作人员陪同下先后于2013年2月23日到两家银行开设银行卡账户各一张,于2013年2月27日又到另两家银行开设银行卡账户各一张,提供给李某用于该公司财务转账使用。其间刘某还跟随某公司工作人员一同前往河南某股份有限公司考察。在某公司向社会公众吸收资金期间,四个银行账户均有大额的资金转入转出。2015年李某案发。

思考: 本案中,刘某用于非法集资交易账户的开户行应注意什么?

解析: 第一,银行应当勤勉尽责,建立健全和执行客户身份识别制度,遵循"了解你的客户"的原则,充分了解客户及其交易目的和交易性质,了解实际控制客户的自然人和交易的实际受益人。第二,在与客户的业务关系存续期间,银行应当采取持续的客户身份识别措施,关注客户及其日常经营活动、金融交易情况。第三,当客户行为或者交易情况出现异常时,银行应重新识别客户。第四,银行在履行客户身份识别义务时,若客户出现如下可疑行为,应当向中国反洗钱监测分析中心和中国人民银行当地分支机构报告。(1)客户拒绝提供有效身份证件或者其他身份证明文件的;(2)对向境内汇入资金的境外机构提出要求后,仍无法完整获得汇款人姓名或者名称、汇款人账号和汇款人住所及其他相关替代性信息的;(3)客户无正当理由拒绝更新客户基本信息的;(4)采取必要措施后,仍怀疑先前获得的客户身份资料的真实性、有效性、完整性的;(5)履行客户身份识别义务时发现的其他可疑行为。

Day 33

案例学习：银行管理存在漏洞，巨额资金被洗出境外

> 目前，随着"洗钱"犯罪手法不断升级，柜面在处理相关业务时，也面临着更大的压力，但"洗钱"并非无迹可寻。以下几则案例，可以为我们提供参考。

自1991年起，T银行某支行行长许某某就利用职务之便，通过联行清算系统直接窃取联行资金。1999年许某某升任T银行广东省分行财会处处长后，余某某、张某某先后接任支行行长，盗窃流水线一直在顺利进行。在长达10年的时间里，相继担任T银行广东某支行行长的许某某、余某某、张某某（以下简称"三人"），先后把4.8亿多美元的银行资金转移到海外。2001年10月12日，T银行联行清算系统安装即将结束，进行资料汇总时，东窗事发。最终，许某某、余某某、张某某分别被判入狱25年、12年、22年。

许某某、余某某和张某某从1991年开始盗窃T银行资产，总额高达4.8亿多美元，并在多年时间内逐渐将盗窃的资产转移到美国、加拿大等国。如此数量的资金是如何流出国的？

美国司法部的一项指控是，被告从1991年至2004年10月涉嫌从该行非法侵占4.85亿美元并向美国、加拿大转移犯罪所得，包括利用偷来的公款进行货币交易、流通。第二项和第三项指控认为被告涉嫌洗钱，从1998年起到2004年10月转移盗款，公诉方在庭上出示的证据证明，在这个巨大的诈骗盗窃计划中，被告将盗窃来的钱款通过中国香港地区、加拿大和美国以及其他国家进行洗钱活动。

据媒体披露，其洗钱活动至少涉及六种洗钱方式：

第一种方式是通过赌场洗钱。根据美国司法部公布的资料，2001年许某某和张某某一行由拉斯维加斯进入美国后，曾多次出入拉斯维加斯多家赌场和酒店，并购买了大量赌博筹码，利用赌场洗钱。

第二种方式是通过开设多个银行账户洗钱，即通过亲属、朋友的账户等各种海外人头账户把钱分散汇出。已被查证，许某某在香港地区开设了200多个账户。

第三种方式是通过买卖高价值商品（如珠宝、名表、股票、住宅），即在国内用现金买高价值商品，再带到海外去变卖成现金后存入银行。美国司法部门扣押的物品清单上就有劳力士、伯爵、卡地亚、古奇等顶级名牌手表15块，许某某等人还拥有5部十分讲究的奔驰轿车。另外，许某某和张某某在加拿大还购置了3处豪宅，价值分别达96.3万加元、100万加元和110万加元。

第四种方式是通过在海外设立的"空壳公司"等，把钱辗转进入海外账户，主要是以其亲属，包括其兄、其妻等在香港地区及海外设立多家空壳公司。根据指控，许某某和张某某通过他人帮助以及开办多个个人银行账户和投资账户把银行资金转移到这些空壳公司。

第五种方式是通过企业洗钱。注册于香港尖沙咀的某实业公司是许某某等人资金转移的重要中转站。自1998年3月起，许某某等人将盗窃资金以假贷款名义划入当地的支柱企业某涤纶集团旗下的两家新建工厂账下，再利用公司间资金往来的方式经该厂的银行账户转账出境至许某某设立并控制的香港某实业有限公司，进而通过香港某实业有限公司将资金以公司经营所得的形式转至香港或海外的其他账户，其间也通过澳门渠道洗掉资金的来源。

第六种方式是炒汇、炒股。许某某一直自己担任操盘手，其炒汇的大笔资金主要来自监守自盗。消息人士称，1997年T银行禁止分支行外汇买卖后，许某某还曾利用当地大型国有企业某涤纶集团开设的外汇账户进行炒作。

案例分析：

在本次案件中，许某某等人利用职务之便盗取联行资金，并设法转移至境外，其中多个环节涉及洗钱活动，其洗钱方式是多样的。

随着我国经济"全球化"程度越来越高，"洗钱"类犯罪行为及危害程度日渐增加，通过赌场、买卖高价商品、炒股、炒汇以及开设"空壳公司"等洗钱方式已不鲜见。对银行来说，最有能力进行直接防范的是通过多账户的洗钱行为。多账户洗钱即通过亲属、朋友等各种账户将资金分散汇出。

近期以来，与案例类似的作案方式时有发生，各商业银行在人民银行的提示下，已在不断提高对客户开户意愿真实性的审核，人民银行通过多个文件赋予银行拒绝开户的权力，明确银行在开户、受理大额现金存取、转账场景中的监督责任。作为银行，必须自觉遵守《金融机构反洗钱规定》，强化反洗钱意识，切实履行反洗钱义务，加强账户管理、贷后管理和现金交易管理，避免为洗钱活动提供可乘之机。作为银行员工，应时刻提高警惕，做好反洗钱排查工作，发现异常交易行为及时上报可疑交易报告。

思考与实践：

通过以上几节"反洗钱"常识、法规以及案例的学习，大家应该对反洗钱工作有了一定的初步认识。目前各行的业务系统已纷纷对接了反洗钱系统，反洗钱的异常交易模式不断优化，因此银行从业人员面对潜在的洗钱的犯罪分子并不是单兵作战。我们应具备并不断提高反洗钱交易的专业性与敏感性。特别是在客户身份识别阶段，应具备以下几种能力：（1）初步识别客户是否为本人；（2）加强对客户非常规身份证明文件的识别；（3）轻松自然地询问客户办理业务的真实意愿。

第三章　厅堂服务

厅堂是银行的门面，厅堂服务的质量决定了客户对银行的初始印象。作为最先接触客户的银行员工，大堂经理需具备全面的银行知识、周到的服务礼仪和灵活的反应能力。

Day 34
大堂经理——礼仪篇

> 随着银行智慧厅堂的全面建设,厅堂服务变得尤为重要,成为银行的一张脸、一扇窗。这就对银行的厅堂服务团队提出了更高的要求。作为最先接触客户的银行岗位,大堂经理不仅要掌握服务礼仪和营销技巧,还要随机应变,处理突发事件。接下来,我们将分别为大家介绍厅堂服务,首先是礼仪篇。

No.1 大堂经理仪态礼仪要求有哪些?

(1)大堂经理站姿要求:

① 女职员在站立时,要有女性特有的柔美,将拇指交叉、右手叠放于左手上。双脚可以是丁字步(一脚稍微向前,脚跟靠在另一脚内侧,身体重心可以在两脚间转换)或V字步(30度)。

② 男职员在站立时,要站如松,体现出男性的刚健。可以将双手相握,叠放于小腹前(左手握拳,右手轻握于左手腕部),也可自然相握于身后。双脚可以分开,距离与肩同宽,也可呈V字步。

(2)大堂经理坐姿要求:

轻轻从右侧入座,至少坐满椅子的2/3,后背轻靠椅背,双膝自然并拢(男性可略分开)。入座时要轻、要稳,入座后要面带笑容,双目平视。

对坐谈话时,身体稍向前倾,立腰、挺胸,表示尊重

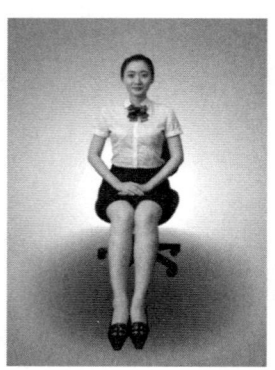

和谦虚的同时坐相要端正。如果长时间端坐，可将两腿交叉重叠，但要注意将腿向回收。

（3）大堂经理行姿要求：

① 一般行姿礼仪。行走时，头部要抬起，目光平视前方，步履应自然、轻盈、敏捷。前足着地和后足离地时，膝部不能弯曲。双臂以身体为轴心前后摆动，摩擦裤缝，幅度30~35度，前后幅度应一致。男士步幅以一脚半距离为宜，女士步幅以一脚距离为宜。男士两脚落地呈平行线，女士两脚落地呈一条直线。

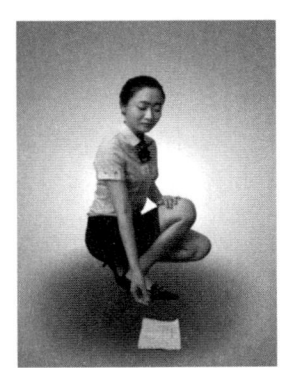

② 陪同客户时的行姿礼仪。在陪同客户时，应注意方向、步速。如果与客户并排同行，大堂经理应在客户左侧，如果与客户前后行走，大堂经理应保持在客户左前方1米位置。

（4）大堂经理蹲姿礼仪：

大堂经理常常在拿取低处物品和拾起掉落物品时采取蹲姿，采取蹲姿时应保持大方、端庄的蹲姿。一脚在前，一脚在后，两腿向下蹲，前脚全着地，小腿基本垂直于地面，后脚跟提起，脚掌着地，臀部向下。

（5）大堂经理手势礼仪：

① 横摆式。常用于迎接客户做"请进""请"时，右手手心向上，五指并拢，手臂自下而上从身前向外自然划过半弧形角度。

② 直臂式。常用于给客户指引方向或做"请往前走"手势时，上身略前倾，目光配合手势所指方向，同时要关注客户脚尖前10厘米处。

③ 斜臂式。常用于请客户入座，双手将椅子向后拉开，一只手用指引的手势向下划一斜线，微笑点头示意客户就座。

④ 递接物品时手势。递接物品时，双手为宜。递送时上

身略向前倾，眼睛注视客户手部，以文字正向方向递交。如需客户签名，应把笔套打开，用右手的拇指、食指和中指轻握笔杆，笔尖朝向自己，递至客户的右手中。接物品时切忌直接从客户手中抢取物品。

（6）大堂经理鞠躬礼仪：

鞠躬是表达敬意、尊重、感谢的常用礼节。鞠躬时应从心底发出对对方表示感谢、尊重的意念，从而体现于行动，给对方留下诚意、真实的印象，主要表达"弯身行礼，以示恭敬"。

应先说问候语再鞠躬，鞠躬礼时，应面对客户保持2~3米距离，注视对方，头颈背呈一条直线，双手自然放在裤缝两边（女士双手交叉放在体前），腿伸直，身微鞠躬，面带微笑，目光缓缓从上而下，再从下而上。

（7）大堂经理握手礼仪：

① 上身微微前倾，双足立正，呈垂直状态伸出右手，四指并拢，拇指张开，目视对方与之右手相握。

② 伸手的顺序为"尊者决定"，即女士、长辈、位高者先伸手。

③ 握手应遵守对等、同步原则，主动伸手表示真心诚意，更为有礼。

④ 握手时间因人而异，一般以 3 秒为宜，用力适当；男士与女士握手，时间以 1 秒左右为原则。

（8）大堂经理迎宾礼仪：

大堂经理应按照仪容仪态礼仪要求，站立于营业厅大堂入口处，微笑迎接客户。当客户进入营业厅，应热情询问："您好，请问您办理什么业务？"根据客户需求做好引导分流。

练一练

（单选题）以下关于大堂经理行姿的描述，说法正确的是（　　）。

A. 女士步幅以一脚距离为宜

B. 双臂摆动幅度应在 50~55 度

C. 男士两脚落地呈一条直线

D. 女士两脚落地呈平行线

答案：A。

解析：B项：双臂摆动幅度应在30~35度。C项：男士两脚落地呈平行线。D项：女士两脚落地呈一条直线。

✎ 练一练

（单选题）以下关于大堂经理鞠躬礼的描述，说法正确的是（　　）。

A. 应面对客户保持5米距离

B. 应先说问候语再鞠躬

C. 目光缓缓从下而上，再从上而下

D. 鞠躬是地位低的人见到地位高的人不得不做的事情

答案：B。

解析：A项：鞠躬礼时，应面对客户保持2~3米距离。C项：目光缓缓从上而下，再从下而上。D项：鞠躬是表达敬意、尊重、感谢的常用礼节。鞠躬时应从心底发出对对方表示感谢、尊重。

No.2　大堂经理称呼客户时应注意哪些?

（1）面对不同职业、不同身份的群体客户不可单独称呼，不得厚此薄彼。

（2）不得使用过时的称呼。

（3）不得使用不规范的称呼，如"伙计""兄弟""哥们儿"。

（4）不得使用绰号作为称呼。

比如：对男客户可称"先生"，对女客户可称"女士"，对少年儿童可称"小弟弟""小妹妹""小朋友"，对于比自己年长的可称"叔叔""姐姐""阿姨""奶奶"等。对于知道姓氏的客户，可在姓氏后加职衔、学衔、尊称，如"陈博士""王会计"等。

✎ 练一练

（多选题）以下大堂经理对客户的称呼正确的是（　　）。

A. 先生　　　B. 老弟　　　C. 叔叔　　　D. 奶奶　　　E. 陈博士

答案：A、C、D、E。

No.3　大堂经理常用服务用语有哪些？

（1）您好！欢迎光临！

（2）请问您要办理什么业务？

（3）请稍后，我们会尽快为您办理业务。

（4）如果您不熟悉操作，我可以指导您完成。

（5）您需要与客户经理见面吗？

（6）我可以帮您看看准备的资料都齐全了吗？

（7）最近我们有些新产品，您需要了解一下吗？

（8）请您移步至我们的理财服务区办理业务，这边请！

（9）您的业务需求请由我们的理财经理为您服务好吗？您请！

（10）请您谅解，这是我们工作的疏忽。

（11）谢谢您的夸奖。

（12）再见，欢迎下次光临。

No.4　大堂经理"三声"服务指哪三声？

大堂经理在客户进入营业厅时要做到"三声"，即来有"迎声"、问有"答声"、去有"送声"。

No.5　大堂经理目光注视有哪些原则？

（1）注视客户的双眼。这样既可表示自己对客户全神贯注，又可表示对客户所讲的话正在洗耳恭听；问候对方、听取诉说、征求意见、强调要点、向人祝贺、与人道别时都应注视对方双眼，但注视时间不宜过长。

（2）与客户较长时间交谈时，以客户的整个面部为注视区域；注视客户面部时，不宜聚集于一处，应以散点柔视为宜。

（3）同客户相距较远时，服务人员一般应当以客户的全身为注视之点。

（4）在递接物品时，应注视客户的手部。

（5）道别或握手时，应该用目光注视着对方的眼睛。

（6）注视的忌处。如无任何理由，不得注视服务对象的头顶、胸部、腹部、臀部或大腿等，否则，是失礼的表现。

> **小故事：** 尴尬的称呼
>
> 某社区的张大妈一大清早去早市买菜回来，路过银行时想查看工资是否到账了，就提着菜篮进了某银行。大堂经理笑容满面地迎上："女士，请问您办理什么业务？"连问了两声张大妈都没有反应。大堂经理以为大妈没听到，于是又提高嗓门："女士，请问您办理什么业务？"这时整个大堂的客人都扭过头来看怎么回事。张大妈也转过头来，才发现是在叫自己。场面自然很尴尬，大堂经理也一脸通红。
>
> **分析：** 称呼是要分场合和对象的。这位大堂经理就在称呼上犯了个错误，如果改成这样称呼："张大妈，您是来看工资到账了吗？我帮您取个号。"这样称呼既准确又让客户感觉亲切温暖，从而对这家银行产生好感。

No.6 大堂经理接递客户名片有哪些礼仪？

（1）递送名片的时机包括希望与客户结识时、被介绍给对方时、对方向自己索要名片时以及对方提议交换名片时；

（2）递送名片的方法：递名片时应起身站立，面露微笑，走上前去，使用双手或者右手将名片正面朝向客户，递给对方。若对方是外宾，最好将名片印有英文的那一面朝向客户。将名片递给他人时，应说"多多关照""常联系"等话语，或是先作一下自我介绍。与多人交换名片时，应讲究先后次序。或由近而远，或由尊而卑进行，位卑者应先把名片递给位尊者。

（3）他人递名片给自己时，应起身站立，面含微笑，目视对方。

（4）接受名片时，双手捧接，或以右手接过，不要只用左手接过。

（5）接过名片后，要从头至尾把名片认真默读一遍，意在表示重视对方。

（6）接受他人名片时，应使用谦词敬语，如"请多关照"。

> **练一练**
>
> （单选题）以下关于大堂经理接受名片的描述，说法正确的是（　　）。
>
> A. 他人递名片给自己时应目视名片

B. 接受名片时，双手捧接

C. 接过名片后，应立即塞入口袋

D. 可以坐姿接受名片

答案：B。

解析：A 项：他人递名片给自己时应目视对方。C 项：接过名片后，要从头至尾把名片认真默读一遍，意在表示重视对方。D 项：他人递名片给自己时，应起身站立。

Day 35
大堂经理——服务篇

掌握了服务礼仪，我们来了解一下大堂经理的日常工作及服务技巧。

No.1 大堂经理的职能定位有哪些？

（1）业务指导。大堂经理应主动询问客户需求，对客户进行相应的业务指导。

（2）产品推荐。大堂经理需承担客户挖掘、维护、跟踪的任务。

（3）客户分流。大堂经理应根据客户办理业务的不同将客户进行分流。

（4）矛盾调解。当客户提出批评性建议时，大堂经理需妥善解决，尽快化解矛盾，避免发生直接争执，减少客户投诉，保证网点营业秩序。

（5）服务监督。大堂经理的服务监督职责主要体现在维护营业网点秩序上，如遵守"一米线"、排队叫号等。

（6）环境维护。大堂经理负责对网点的标识、利率牌、宣传牌、告示牌、机具、意见簿、宣传资料、便民设施等进行整理和维护。

No.2 大堂经理如何引导客户叫号？

（1）对客户引导分流的最佳时间是客户进门时，此时大堂经理及时了解客户需求并提醒客户选择合适的方式办理业务，客户较容易接受。如果客户已等待一段时间，付出了机会成本，再去改变其原来的想法实施引导分流，客户一般不易接受。

（2）银行网点办理业务高峰时段，大堂经理发现客户休息区等待的客户较多，应进一步确认客户需求，进行二次分流，尽可能将客户引导到自助区办理，以提高业务办理效率，减少柜员的工作压力。

No.3 大堂经理客户分流的小妙招有哪些？

（1）先识别客户外部特征，可以根据客户的外部特征初步判断客户等级。如遇老人、孕妇、残疾人士应协助指引到相应的优先服务窗口。

（2）再识别银行卡片类别，如客户持贵宾卡则帮其拿对应排号，引领到贵宾区等候办理业务。

（3）再区分业务类型，非贵宾客户，根据客户办理业务类型引领客户到理财专区、现金区、非现金区或自助区办理业务。

> **练一练**
>
> （单选题）以下关于大堂经理客户分流的描述，说法正确的是（　　）。
> A. 如遇老人、孕妇、残疾人士由于等级较低可先不理会
> B. 若客户持贵宾卡则可引领客户插队办理业务
> C. 应先区分业务类型再识别客户等级
> D. 应先识别客户外部特征，再识别银行卡片类别，再区分业务类型
>
> 答案：D。
>
> 解析：A项：如遇老人、孕妇、残疾人士应协助指引到相应的优先服务窗口。B项：如客户持贵宾卡则帮其拿对应排号，引领到贵宾区等候办理业务。C项：应先识别客户外部特征，再识别银行卡片类别，再区分业务类型。

No.4 大堂经理面对客户咨询应如何处理？

（1）主动问好，微笑迎接。客户现场咨询，大堂经理主动问候客户："您好，请问您办理什么业务？"；如果客户电话咨询，则说："您好，××银行，请问有什么可以帮到您？"

（2）认真聆听，点头示意。大堂经理在客户咨询期间不应随意打断客户咨询，要认真听客户讲话，同时点头示意，表示理解客户的问题。在电话咨询时大堂经理应积极回应客户，表示正在认真听客户问题。

（3）简要复述，清晰作答。大堂经理在客户提完问题后应简要复述问题以便确认自己理解无误，然后用通俗易懂的话语为客户进行解答。

（4）首问负责，积极反馈。当客户提出的问题无法现场马上作答时，应向客户表示歉意，留存客户联系方式，登记客户提出的问题。事后应积极与问题相关人员联系，在得到答案后第一时间跟客户取得联系，为客户答疑解惑。

No.5　大堂经理接听电话应注意哪些？

（1）大堂经理应在电话响起时，立即停止手头的工作，在电话铃响三声内接听电话。

（2）如果因特殊原因未能及时接听电话，大堂经理需在接通电话之初向客户道歉，如"对不起，刚才较忙，让您久等了"。

（3）接电话先问好，自报家门。

（4）说话要语气委婉，吐字清晰，始终保持通话中的仪态，注意通话中的礼貌用语。

（5）接听电话时应尽量避免噪音干扰，如吃东西、听音乐、与他人交谈等，以免给对方不被尊重的感觉。

（6）挂电话原则：地位高者先挂电话。

No.6　大堂经理如何设置便民设施？

（1）在多级台阶的营业场所门口，应设立无障碍通道，通道上需设置国际通用的无障碍通道标识；如无条件设置的，需要张贴本网点专用服务电话标识或配有其他相关服务设施。

（2）根据网点实际情况需要，在营业网点靠近入口处明显位置放置"小心地滑"等安全提示标识。

（3）临街落地窗、入口玻璃门以及玻璃通勤门应加贴防撞警示标识；在网点入口玻璃门、自助银行入口玻璃门及通勤门两面，应分别加贴"拉""推"等标识。

（4）如遇风雪天气，应在营业网点入口处增设防滑垫。

（5）在营业网点入口处合适位置放置垃圾桶。

No.7　自助服务区大堂经理工作要点有哪些？

（1）大堂经理应为客户提供自助设备的使用辅导，培养客户自助设备的使用习惯。

（2）大堂经理在指导过程中应注意不得接触客户的卡和钱，不得代客进行关键操作，当客户输入密码时，应主动回避。

（3）当自助设备发生故障时，大堂经理应立即摆放暂停服务的标识，并通知维修人员进行维修，在维修期间，应做好客户解释工作。

（4）当客户使用自助设备吞卡、卡钞时，应告知客户取卡或调账时间以及需准备的资料，帮助客户完成取卡和调账工作。

No.8　客户等候区域大堂经理工作要点有哪些？

（1）大堂经理应随时注意观察营业厅客户排队情况及业务办理情况，主动上前帮助客户解决问题。

（2）大堂经理应主动安抚等候时间较长客户的情绪，如递上一杯水、帮客户了解一下前面有多少号、与客户沟通等，缓解客户急躁情绪。

（3）当客户目光停留在大厅内宣传栏超过30秒以上时，大堂经理应主动上前询问客户需求并递送折页等宣传资料。

No.9　当营业网点车辆停放数量远超出其承载能力，大堂经理应监督做好哪些工作？

（1）在客流高峰期，派专人做好车流指挥、秩序维护、各类指示牌的收放等工作，确保人行道、运钞车专用通道等道路的通畅。

（2）停车场必须在出入口处设立明显的标志，写明停车场名称、性质、类别等。

（3）停车场必须备有消防器材，存放在场内方便取用之处。

（4）停车场只做机动车保管之用，车场内不得进行车辆维修、装卸货物、拉客营运、摆摊卖货等经营行为。

（5）停车场内所有车辆摆放整齐划一，通道内严禁停车；装载易燃、易爆、剧毒物品的车辆禁止进入场内。

Day 36
大堂经理——营销篇

要想做一名出色的大堂经理,仅仅做好服务工作是不够的,学会营销,不仅能增加客户黏性,还能为自己带来业绩哦!

No.1 大堂经理如何在不同区域发现潜在客户?

(1)自助服务区。应关注大额存款客户、信用卡还款客户。

(2)非自助区。应关注办理业务时间较长的客户,关注办理转账汇款、开通网银、开户存款以及办理外汇业务的客户。

(3)客户等候区。应关注查看折页、宣传资料的客户。

No.2 大堂经理留下客户微信的方法有哪些?

初次来银行办理业务的客户,一般不会将自己的联系方式留给大堂经理。我们没有客户联系方式是无法开展营销活动的,那么如何将客户的联系方式留下,或者将自己的微信推销出去呢?下面有几种方式:

(1)明示法。向对方提议交换微信。

(2)交易法。主动递上本人微信。

(3)谦恭法。委婉地索要微信,询问今后如何向对方请教或以后怎样与客户联系。

看完这几种方式,是不是还是觉得很难?那么我们模拟几种现实中的情景:

(1)当客户进门询问理财利率时。大堂经理经常会遇到这么一种情况,客户推门进来说:"有没有利率高的理财啊?"这个时候大堂经理说:"有啊,我们理财产品很多,宣传单上的介绍不够详细，不如您加一下我的微信，我随时为您解答。"

（2）客户刚刚坐下放松时。当客户刚刚坐下时，这时候客户是最放松警惕的。大堂经理进行产品介绍时，可以直接使用明示法让客户关注贵行公众号或者直接加自己的微信。

（3）短时间找出与客户的共同爱好。客户进入营业厅，依据其穿戴，大堂经理可做初始判断，他的爱好有哪些。比如，她穿一身运动装，大堂经理可以跟她聊聊运动引发她聊天的兴趣。以"您有没有什么好的健身方法啊""健身餐怎么吃更有效果啊"，求客户推荐来得到客户的联系方式。

No.3　大堂经理营销应具备的能力有哪些？

由于大堂经理面对的客户众多，客户需求丰富，且所处工作环境开放，因此大堂经理所具备的营销能力应更加全面化。

（1）了解客户的能力

了解客户的能力主要包括了解客户年龄、职业、住址、家庭成员、联络方式、收入、支出水平、财富状况、需求类型、性格爱好、风险偏好等信息的能力。

（2）即时识别客户的能力

识别客户的能力主要包括识别客户的潜力、客户层级、需求类型、签约交易意愿，以及交叉销售可能性等事项的能力。

（3）适时满足客户需求的能力

适时满足客户需求的能力主要包括沟通能力、发现和挖掘客户需求的能力、产品知识和产品服务组合能力、产品和服务推介能力、促成客户签约和成交的能力，以及交叉销售的能力等。

（4）即时体察客户反应与应变能力

即时体察客户反应与应变能力主要包括对客户看待产品和服务的态度以及购买意愿的洞察能力，引导客户正确理解产品功能和权益的能力，对客户满意的鼓励和肯定，对客户疑虑的消解以及对客户异议的妥善处置能力，对客户不良情绪的安抚和化解能力等。

（5）持续有效的沟通能力

沟通是大堂经理了解客户需求、与客户建立合作关系、促成客户签约交易、对客户实现交叉销售以及实施客户关系管理的基础。对大堂经理来言，沟通能力是指为了实现与客户建立合作关系而与客户交流信息的能力。有效的沟通能力主要包括设计沟通方案的能力、与客户建立联系的能力、了解客户需求信息的能力、取得客户信任的能力、正确推介产品服务的能力和维护客户关系的能力等。

（6）差异化的产品组合能力

大堂经理对客户实施分层服务营销，各个不同层级的客户需求具有很大的差异，同一层级的客户需求也越来越具有个性化特点，这就要求大堂经理具备差异化的产品组合能力。在满足客户需求销售产品过程中，能够针对不同客户实施差异化产品组合策略。

案　例

6月的一天，两个年轻人手里捏着五六张单子和几百块钱匆忙走进B银行营业厅。

"您好，您这儿能交违章罚款吗？""可以的，先生，您可以用银行卡在这边的自助机具上缴纳。"客户这时候犹豫了，表示他没有B银行的银行卡，以为可以直接用现金缴纳。他认为银行卡办起来十分烦琐，又要身份证、填表再排队，有这个时间他愿意再多问几家银行。他看了看柜台还有几个人在排队，这时大堂经理极力推荐了银行自助机具开卡，请求再占用两位客户5分钟的时间开卡，并且承诺10分钟就能搞定这六笔罚单。他们一开始并不相信，但是通过免填单和自助机具的强力支持下，5分钟就为其中一位客户完成了开卡和存现。另外一个客户看到了实际的便利性，也一同开卡。业务办理完毕后，大堂经理顺便向客户介绍了适合年轻客户的最新理财产品。现在他们已经是B银行的优质客户了。因为一次缴纳罚款，大堂经理把握时机成功揽存。后来在与客户的交谈中，大堂经理了解到，网点周围的交警大队只能开罚单但违章人员不能现场缴纳罚款，所以很多人在附近搜索可以缴罚款的银行。第二天，网点门口的营销板中多了一行醒目的大字：我行可缴纳交通罚款。

Day 37
大堂经理——突发事件处理

> 银行厅堂的工作人员,难免会遇到突发事件。大堂经理作为突发事件的第一负责人,如果能掌握一些处理方法,不仅能避免冲突,还可以帮助客户解决实际问题,提高银行的声誉。

No.1 大堂经理处理客户投诉原则有哪些?

(1)真诚原则。真诚是开展投诉处理工作的前提和基础,在处理投诉的过程中应以真诚为基础,从而创造和谐的沟通氛围,给投诉处理带来好的效果。

(2)尊重原则。尊重客户意味着尊重客户的诉求,我们需要认真倾听客户诉求,从中了解客户真正想要得到的。尊重诉求是指尊重合理的诉求,不是对客户所有诉求无条件、无限制地满足。

(3)理解原则。当客户需要宣泄的时候,大堂经理应该换位思考,去理解客户这种情绪的爆发,体会客户的内心,从而取得客户的谅解。

(4)高效原则。客户激烈的反应最终目的是让自己的诉求得到及时满足。大堂经理不应拖延实现客户要求的时间,应积极响应,采取正确措施灵活应对。

练一练

(多选题)以下关于大堂经理处理客户投诉原则,说法正确的是(   )。
A. 真诚原则　　B. 尊重原则　　C. 逃避原则　　D. 高效原则
答案:A、B、D。

No.2 等候时间过长引发客户不满时,大堂经理应如何处理?

(1)大堂经理应及时做好客户解释工作,尽快安抚客户情绪。

(2)不能尽快理解的客户,应将其带离营业厅至休息区、理财室、VIP室,避免影响其他客户和营业厅的正常工作秩序。

(3)与客户沟通时要注意用词委婉,要懂得换位思考,并告知其危害性。

(4)要认同客户,理解客户的感受。

(5)如果客户情绪较为激动,可请客户前往休息区,倒杯水,慢慢沟通,不要影响其他办理业务的客户。

(6)向网点管理人员汇报,由网点管理人员与客户进行交流,可以使客户感觉被重视,从而平复情绪。

练一练

(多选题)以下关于大堂经理遇到只有一个窗口为普通客户办理业务造成等候时间过长,客户不满时,其处理的方式正确的是(　　)。

A. 大堂经理及时做好客户解释工作,尽快安抚客户情绪

B. 一直向客户解释,直到客户满意为止

C. 若客户看法不对,应明确指出,并让其认同自己想法

D. 向网点管理人员汇报,由网点管理人员与客户进行交流

答案:A、D。

解析:B项:不能尽快理解的客户,应将其带离营业厅至休息区、理财室、VIP室,避免影响其他客户和营业厅的正常工作秩序。C项:要认同客户,理解客户的感受。

No.3 叫号有插队现象,引起正常排队客户不满时,大堂经理应如何处理?

(1)针对插队客户大堂经理应及时制止,不应为插队客户办理业务。

(2)大堂经理应引导客户至取号机前取号。

(3)大堂经理引导客户应做到礼貌引导、礼让三分、不激化矛盾。

（4）大堂经理应主动了解客户需要，并提供必要服务，如遇紧急情况应积极采取应对方法。

No.4　客户在营业厅突感身体不适，需要帮助时，大堂经理应如何处理？

（1）如果客户突感身体不适需要休息时大堂经理应及时与网点管理人员为客户提供帮助，及时安排客户到休息区休息。

（2）如果客户突发疾病，大堂经理应会同网点管理人员根据实际现场情况立即联系医院提供医疗救护帮助，疏通救助通道，协助医疗救治。

（3）大堂经理应及时通知客户家属或单位。

（4）大堂经理应协助客户保护客户随身物品和财产的安全。

（5）大堂经理应维护营业网点正常秩序，保证其余客户业务的正常办理。

（6）大堂经理应保管好网点当日监控资料，以备日后查证。

No.5　营业网点发生寻衅滋事时，大堂经理应如何处理？

（1）大堂经理应会同网点管理人员对滋事人员进行劝阻，劝离营业网点。

（2）大堂经理应会同网点管理人员调查了解客户滋事原因，听取客户反映。

（3）对于劝阻无效者，大堂经理可会同网点管理人员联系公安机关协助维持营业秩序，保护银行和客户人身及财产安全。

（4）填写大堂经理工作日志，做好汇报工作。

（5）大堂经理应保管好网点当日监控资料，以备日后查证。

No.6　客户在网点受到人身伤害时，大堂经理应如何处理？

（1）大堂经理应第一时间向网点管理人员汇报。

（2）大堂经理应了解客户伤情，进行安抚慰问。

（3）大堂经理应与网点管理人员共同为客户提供临时医疗救护，或立即联系拨打120，并及时联系客户家属或单位。

（4）大堂经理应协助客户保护客户随身物品和财产的安全。

（5）大堂经理应维护营业网点正常秩序，保证其余客户业务的正常办理。

（6）大堂经理应保管好网点当日监控资料，以备日后查证。

No.7 营业网点受到挤兑时大堂经理应如何处理？

（1）大堂经理应报告营业网点负责人并迅速到达现场，按照应急预案迅速展开处理。

（2）大堂经理应会同网点管理人员迅速疏导客户，防范客户过激行为，维持营业秩序。

（3）大堂经理应会同网点管理人员及时安抚客户情绪，全力做好解释和宣传，控制事态发展。

> **练一练**
>
> （多选题）以下关于大堂经理遇到网点被挤兑时处理方式的描述，说法正确的是（　　）。
>
> A. 立即报告网点负责人
>
> B. 关闭网点大门，防止客户大量取钱
>
> C. 迅速疏导客户，维持营业秩序
>
> D. 安抚客户情绪，全力做好解释工作
>
> 答案：A、C、D。

No.8 业务系统发生故障时，客户无法办理业务，大堂经理应如何处理？

（1）如果个别窗口出现系统故障：

① 大堂经理应及时告知客户，做好客户解释安抚，维持营业秩序，同时检查了解网点供电、设备运行、网络运行等情况。

② 大堂经理第一时间报告营业网点负责人，视情况采取应急处理办法。

③ 填写大堂经理工作日志，做好汇报工作。

（2）如果大面积业务系统故障：

① 大堂经理应第一时间公示系统故障温馨提示，如"我行系统正在升级中，请耐心等候，感谢大家的配合"。

②大堂经理第一时间报告营业网点负责人，采取应急处理办法。

③ 大堂经理应根据总行部门下发的统一解释口径安抚客户。做好现场管理工作，针对系统故障给客户造成的不便诚挚致歉。

④ 大堂经理应认真主动、耐心细致地回答客户提出的业务咨询，协助处理客户紧急的业务事项。

⑤ 大堂经理应针对未离开网点继续等待的客户进行二次询问，了解客户需求。

⑥ 大堂经理应针对客户抱怨主动上前安抚并耐心解释，真诚道歉，采用倒水等行为舒缓客户不满情绪，避免事态升级。

No.9　自助设备发生故障时，客户无法办理业务，大堂经理应如何处理？

（1）大堂经理应第一时间公示服务设备故障温馨提示。

（2）大堂经理应将设备故障告知网点管理人员并及时报修。

（3）大堂经理应主动针对服务设备故障给客户造成的不便真诚致歉。

（4）大堂经理应认真主动、耐心细致地回答客户提出的业务咨询，协助处理客户紧急的业务事项。

（5）大堂经理应针对客户抱怨主动上前安抚并耐心解释，真诚道歉，采用为客户倒水等行为舒缓客户不满情绪，避免事态升级。

（6）大堂经理应针对未离开网点继续等待的客户进行二次询问，了解客户需求。

（7）大堂经理在处理客户投诉时，应遵循抱怨及投诉处理服务流程进行处理。

（8）大堂经理应及时跟进服务设备修复情况，并将修复情况第一时间告知等候办理业务的客户。

练一练

（单选题）以下关于大堂经理遇到自助设备出现故障时处理方式的描述，说法正确的是（　　）。

A. 大堂经理应将设备故障告知网点管理人员并及时报修

B. 大堂经理将该事件发朋友圈抱怨

C. 以自助设备故障为由拒绝为客户办理业务

D. 认为自助设备故障是科技部门的责任，与自己无关

答案： A。

No.10 柜台业务办理错误造成客户损失时大堂经理应如何处理？

（1）大堂经理应认真倾听，让客户宣泄和表达，减弱客户负面情绪，将客户从暴躁宣泄的层面拉回到理性解决问题的层面。

（2）大堂经理应主动表达歉意，给予客户足够尊重，要站在客户的立场上交流，赢得客户的信任和好感。

（3）大堂经理应与客户沟通寻求解决方案。

（4）大堂经理应在解决问题后对客户进行回访。

No.11 客户被没收假币情绪较为激动时，大堂经理如何处理？

（1）严格按照银行规定的假币收缴流程处理。告诉客户银行收缴假币流程，取得客户理解。

（2）与客户沟通时要注意用词委婉，要懂得换位思考，并告知假币流通的危害性。

（3）要认同客户，理解客户的感受。

（4）如果客户情绪较为激动，可请客户前往休息区，倒杯水，慢慢沟通，不要影响其他办理业务的客户。

（5）切忌多名大堂经理、柜员、保安围攻客户，使客户有弱势感和被欺压的孤独感。建议大堂经理与客户一对一进行沟通。

（6）必要时请客户记下大堂经理电话，方便客户随时咨询和沟通。

No.12 当遇到客户不合理占用银行服务时，大堂经理如何处理？

（1）大堂经理应会同网点管理人员及时劝导客户停止不合理占用行为，维护正常营业秩序。

（2）大堂经理应会同网点管理人员主动了解客户不合理占用行为的动机，听取客户的要求，采取有效疏导措施。

（3）如疏通与劝阻无效，大堂经理应会同网点管理人员给予客户适当警告，中止客户不合理占用行为。

（4）如情节严重，干扰网点正常经营秩序，大堂经理应会同网点管理人员组织开展应急处理，并联系公安机关协助处理。

（5）填写大堂经理工作日志，做好汇报工作。

（6）大堂经理应保管好网点当日监控资料，以备日后查证。

No.13　发生火灾等消防事件，大堂经理应如何处理？

（1）大堂经理应第一时间判定是否可以有效处理。如能马上扑灭则立即使用灭火设备进行灭火操作；如无法有效处理，应立即拨打119。

（2）大堂经理应与网点管理人员取得联系，准备统一对外答复口径。

（3）当需要疏散人员时应协助人员进行疏散，对转移出的物品要在指定地点存放，并派人看护。

（4）及时切断或关闭可能引起爆炸、助燃的电源、危险物品，做好抢险物资保障工作。

（5）全力协助消防人员灭火，尽可能避免人员伤亡。

（6）确认火灾扑灭后，要设立火灾警戒区域，禁止无关人员进入，通知网点管理人员，配合消防查明起火原因。

No.14　当有媒体记者访问营业网点时，大堂经理应如何处理？

遇媒体记者访问营业网点，大堂经理应主动热情接待，第一时间报告营业网点管理人员，由相关部门以统一口径对外发布消息。

Day 38
案例学习：大堂经理营销案例分享

> "以市场为导向，以客户为中心"是银行重要的经营理念，那么是不是"客户说的都是对的"，银行如何在服务客户与合规经营之间做好协调，今天通过几个案例，来寻找一下答案。

树立正确的服务思想

2019年8月的一天，一位客户到天津滨海农商银行大港地区的一家支行咨询银行卡激活事宜。客户的父亲是当地农民，随着滨海新区的大力建设和发展，有一笔政府征地、拆迁款转到了以父亲名义批量开立的银行卡上，由于当时父亲患病住院，无法到网点办理激活手续，又赶上那几天父亲病情加剧，急需用钱，客户抱着试试看的想法赶到网点寻求"通融"。得知客户具体情况后，网点人员一边安慰客户，一边迅速向上反映情况，网点客户经理随即携带移动PAD伴客户到医院为其父办理银行卡激活，解决客户燃眉之急。意想不到的顺利让客户一家人忧心中透出了惊喜，连声感谢，并从此成为该行的忠实客户。

什么是"错误"的服务思想呢？最典型就是为达成业务指标的"不择手段"。我们再看个案例。这件事发生在某银行某支行。小李是该支行的一名年轻员工，他非常要好的朋友小赵即将出国留学。有一天，小赵焦急地找到小李，希望他帮个忙。细问之下才知道，原来小赵出国留学的贷款即将审批下来，但其中的资信证明及交易流水明细不足，需要重新出具，而且时间紧迫。本来这笔留学贷款就是小李特意找到小赵要求办理的，为的是达成自己在这项新业务上的一笔业绩。小李一听手续有问题自认为"责无旁贷"，于是竟同小赵一起制作假的交易流水明细，并利用业务间隙，加盖了支行的业务受理印章。

小李觉得自己的"作品"天衣无缝，但该笔贷款却没有逃过信贷审理人员的"法眼"。由于流水的细节方面不匹配，不仅贷款被退档，而且这份假的交易流水还由于加盖了支行的印章而引起了审计人员的注意，并最终东窗事发。小李被给予了严肃的处理。

案例分析：

银行为客户提供的"服务"，必须是合理合法合规的，不是没有底线的。银行工作人员应该运用自己的知识和技能，通过不断地开拓思路，为客户提供满意的服务。在第一个案例中，该银行真正做到以客户为中心，为无法前往网点办理业务的特殊客户带去便捷、高效、安全的上门金融服务，体现了银行的责任和担当。银行的移动服务端是银行为网点开展移动营销研发设计，采取凭证电子化、交易无纸化，客户自主自助操作的业务模式，集营销、展示、签约交易于一体的移动营销平台。在案例中，银行员工牢记客户是银行生存与发展的源泉，自觉践行"以市场为导向，以客户为中心"的经营理念，倾听客户之声，了解客户所需，持续改进服务流程。前台网点积极与营销部门、研发部门合作，竭诚为客户提供差别化，精细化服务，不仅培养了客户忠诚度，而且实现了银行和客户的双赢。

思考与实践：

在第一个案例中，银行通过技术创新提供了使客户满意的服务，其实在没有移动服务端之前，银行也有很多上门服务的案例。请你结合之前学习的知识，谈一谈对于银行提供上门服务的关注点有哪些？

一句话，一千万

年初的一天，刚开完晨会，天津某银行大堂经理小黄正在做着班前准备，他注意到门外徘徊着一位行色焦急的客户。开门营业后，小黄便第一时间引导客户进来办理业务，通过交流、询问，得知该客户姓杜，需要做12笔总计30万元的电汇业务。小黄当时就向客户介绍手机银行业务，引导他通过手机银行办理，客户听后似懂非懂，表示比较着急汇款，下回再说吧。趁客户等待时，小黄了解到此笔款项是一笔催促了很久才拿到的工程款，需要给工人支付工资。他并没有放弃机会，以节省12笔手续费，并承诺可以协助他通过手机转账为营销切入点，仅用了不到一刻钟就完成了开卡、手机银行签约和 12 笔转账业务。

此刻，杜师傅那一颗焦虑又复杂的心才落地，他特别感谢小黄的引导与帮助。小黄趁热打铁，引导杜师傅来到理财专区，进一步介绍了银行存款产品的优势。杜师傅在了解了各类存期的产品组合后，表示过一阵会将闲置的资金存到该行。小黄与杜师傅互加了微信，备注客户信息后，杜师傅就离开了。

在后期的维护中，小黄进一步了解到杜师傅是常驻天津的东北人，经营了两家工程队，同时老家还有几百亩试验田，每年都会有分红，小黄感觉这个有温度的东北汉子是个有潜力的优质客户。在之后的 4 个月的时间里，小黄经常会通过微信私信或者朋友圈发一些银行的产品信息，杜师傅总会默默地关注他发的信息，或是点赞或是通过微信询问信息，小黄更加确定这是一位很有投资意识的资源型客户。后期，该行举办了一次茗品茶歇会，小黄邀约杜师傅参加，会上新老客户的充分交流也使得杜师傅完全认可了银行的产品和服务。会后杜师傅先后在该行存入了 500 万元，并介绍他爱人来该行开卡，存入了 360 万元。这两位客户在小黄的日常维护下一直保持着人均 500 万元的资产规模。

业务启示：

在厅堂内可以通过以下几个途径发现销售机会：

（1）通过客户的外表发现销售机会；

（2）从客户所办理的业务或存折/卡上发现销售机会；

（3）从客户的言谈中发现销售机会；

（4）与柜员的互动中发现销售机会；

（5）客户到网点即便办理的是交易型的业务，也可以从中发现机会，促成销售。

Day 39
大堂经理智能柜员机操作

随着"智慧银行"的逐步推广,厅堂出现了"新面孔"——智能柜员机(STM)。通过智能柜员机办理业务,不仅提高了客户的办事效率,也节省了银行的人力成本。但是,对于刚刚接触智能柜员机的客户来说,可能存在不会操作的情况。作为厅堂服务人员,大堂经理应主动发现类似情况,指导客户学会使用机器进行业务办理。

No.1 什么是智能柜员机?智能柜员机与自助取款机(ATM)的主要区别是什么?

智能柜员机是一种客户进行自助服务的电子化设备。

智能柜员机与自助取款机的主要区别就是功能更加全面。自助取款机或自助存取款机仅能办理存款、取款、卡卡转账、查询余额等业务。

智能柜员机创新引入人脸识别、电子签名、电子凭证等智能化技术,整合了身份证阅读器、摄像头、扫描仪、打印机等设备,可办理开卡、手机银行签约、密码挂失、对公存取款等业务,大大提升了业务办理效率。

No.2　智能柜员机相比柜面业务办理，具有哪些优势？

（1）省事。智能柜员机具有多种业务功能，客户可自主进行操作，无须在柜面进行办理。

（2）省时。智能柜员机不需要填单，凭证实现电子化，并且可直接进行身份证识别，大大节省了业务办理时间。

（3）省钱。智能柜员机凭证挂失等业务，相对于柜面可免收手续费。

（4）省心。智能柜员机可进行身份证识别及人脸识别，防范非法人员进行业务办理，提高业务安全性。

No.3　大堂经理指导智能柜员机的使用时应注意哪些事项？

（1）提高服务质量。对于首次使用的客户或使用不熟练的客户，必须耐心进行指导。对于不具备智能机具操作能力的客户（部分老龄客户、残障客户）应根据实际引导至柜台办理业务。

（2）避免过度引导。大堂经理应主动指导客户使用智能机具，但不得代客完成如输入密码、输入金额在内的关键操作。

（3）适时进行回避。在客户输入密码等相关隐私信息环节时，大堂经理应主动回避。

（4）严格管理自身行为。不得接触客户身份证件、银行卡、存单等介质，严禁代保管银行卡、存单、网银介质、身份证件等。

（5）保护客户信息安全。大堂经理严禁违规查询、获取客户信息资料，严禁违规向他人展示、透露客户基本信息、账户信息、资产信息等。

（6）提高风险防范意识。对于有人员陪同客户共同开立银行卡、修改手机号、签约电子银行等高风险业务的情况，大堂经理必须要求客户本人输入手机号、验证码、密码等要素。若未监控到客户亲自录入过程，则必须提示客户手机号是否本人使用、银行卡密码与电子银行密码不能泄露等风险，并重点提示监督客户本人取出银行卡、存单等重要实物。

> ✍ 练一练
>
> (单选题)以下关于大堂经理对智能柜员机指导操作,说法正确的是(   )。
>
> A. 询问客户密码后替客户输入
>
> B. 询问客户地址后替客户输入
>
> C. 询问客户汇款金额后替客户输入
>
> D. 替客户进行最后的交易确认
>
> 答案:B。
>
> 解析:大堂经理应主动指导客户使用智能柜员机但不得代客完成如输入密码、输入金额在内的关键操作,故 A、C、D 选项错误。

No.4 智能柜员机可以办理哪些业务?

各银行智能柜员机可以办理的种类略有不同,但一般可覆盖大部分个人非现金业务及部分对公业务。

以天津滨海农商银行为例,目前该银行智能柜员机可办理以下业务:

(1)个人业务。客户信息维护、借记卡开卡、活期存入、活期支取、定期开户、定期部提、定期销户、个人转账汇款、代办卡激活、补登存折、信用卡还款、信用卡密码重置、个人综合签约、个人综合解约、挂失结清、挂失补发。

(2)理财业务。风险评估、理财购买、理财赎回、理财撤单、理财查询。

(3)生活缴费。电费缴费、交通罚款缴费、电话费缴费、滨乐购。

(4)对公业务。对公存款、对公取款、对公转账汇款。

No.5 智能柜员机授权应注意哪些事项?

(1)人证一致性。大堂经理授权时需注意经办人与身份证是否为同一人,客户签字与身份证姓名是否一致,审核客户身份证件的真实性、有效性、合规性。

(2)现场影像采集。大堂经理授权时需注意拍摄的现场照片是否清晰,要保证事后查询可以认清现场存款人。

(3)业务审核。认真审核客户需要填写的信息是否填写完整,向客户询问了解交易信息、核对交易内容。

（4）防范电信诈骗。客户进行转账汇款时，需核实客户意愿，进行必要的风险提示，提示客户"您认识对方吗""不要给陌生人汇款"等。

No.6 智能柜员机每日如何关机？

需先进入管理端进行关机，待设备完全关机后，按下关机按钮，最后切断电源，严禁直接切断电源。

练一练

（判断题）每日营业终了，大堂经理按下智能柜员机关机按钮后，立即切断电源就可完成设备关机。（　　）

答案：错误。

第四章　零售业务

　　银行零售业务的服务对象是个人客户,包括为个人客户提供储蓄、融资、理财、代理、咨询、代保管等业务。近年来,银行零售业务逐渐崛起,已成为商业银行提供差异化零距离服务的主要途径和新的利润增长点。

Day 40 个人账户管理

银行账户是客户在银行开立的存款账户、贷款账户、往来账户的总称,根据办理业务的种类,可划分为结算账户和储蓄账户。

No.1 个人结算账户与个人储蓄账户(个人非结算账户)有什么异同?

个人结算账户是指个人专门的账户,用来办理转账汇款、刷卡消费、投资、贷款等各项支付结算业务。

个人储蓄账户(现称个人非结算账户)是指个人凭有效身份证件开立的办理资金存取业务的储蓄存款账户。其目的主要是取得利息收入。

(1)主要相同点:均可用于存取现金;存款均按活期利率进行计息;均可作为行内转账的收款方。

(2)主要不同点:

① 功能不同。个人结算账户可以办理支付结算业务,如跨行汇款、工资代发、投资、消费等;个人储蓄账户不得办理转账结算业务。

② 开户起点金额不同。个人结算账户允许零余额开户;个人储蓄账户的开户起点金额为1元。

③ 数量限制不同。同一客户只允许开立一个结算Ⅰ类账户;个人储蓄账户没有数量限制。

④ 管理不同。存款人申请开立个人结算账户的,营业机构应于开户之日起5个工作日内向中国人民银行当地分支行备案;个人储蓄账户无须向人民银行备案。

No.2 哪些款项可以转入个人结算账户内？

（1）工资、奖金收入；（2）稿费、演出费等劳务收入；（3）债券、期货、信托等投资的本金和收益；（4）个人债权或产权转让收益；（5）个人贷款转存；（6）证券交易结算资金和期货交易保证金；（7）继承、赠予款项；（8）保险理赔、保费退还等款项；（9）纳税退还；（10）农、副、矿产品销售收入；（11）其他合法款项。

No.3 个人结算账户分为哪几类？有什么区别？

个人结算账户按功能分为Ⅰ类银行账户、Ⅱ类银行账户和Ⅲ类银行账户。

简单地说，Ⅰ类账户是全功能账户，常见的借记卡就属于Ⅰ类账户，Ⅱ类、Ⅲ类账户则是虚拟的电子账户，是在已有Ⅰ类账户基础上增设的两类功能逐级递减、资金风险也逐级递减的账户。

形象地说，三类银行账户就像人们3个不同资金量的钱包。

Ⅰ类户是"钱箱"，个人的工资收入等主要资金来源都存放在该账户中，安全性要求较高，主要用于现金存取、大额转账、大额消费、购买投资理财产品、公用事业缴费等。

Ⅱ类户是"钱夹"，通过该账户可以进行个人日常刷卡消费、网络购物、网络缴费，还可以购买银行的投资理财产品。

Ⅲ类户是"零钱包"，主要用于金额较小、频次较高的交易，尤其是移动支付业务，包括免密交易业务等。

总体来说，Ⅰ类户的特点是安全性要求高，资金量大，适用于大额支付，Ⅱ类、Ⅲ类户的特点是便捷性突出，资金量相对小，适用于小额支付，Ⅲ类户尤其适用于移动支付等新兴的支付方式，见表4-1。

表4-1　　　　　三类银行账户的区别

银行账户分类	Ⅰ类银行账户	Ⅱ类银行账户	Ⅲ类银行账户
主要功能	存款及购买投资理财产品； 转账、消费、缴费支付； 支取现金； 发放贷款	存款及购买投资理财产品； 限额消费和缴费； 限额向非绑定账户转出资金	限额消费、缴费； 限额向非绑定账户转出资金； 发放小额消费贷款

续表

银行账户分类		Ⅰ类银行账户	Ⅱ类银行账户	Ⅲ类银行账户
账户余额		无限制	无限制	≤ 2000元
使用限额		无限制	消费和缴费支付、非绑定账户资金转出：日累计限额合计1万元，年累计限额合计20万元	消费和缴费支付、非绑定账户资金转出：日累计限额合计2000元，年累计限额合计5万元
账户形式		借记卡及存折	电子账户	电子账户
开立方式	银行网点	支持	支持	支持
	电子渠道	不支持	支持（绑定Ⅰ类账户或信用卡账户并验证信息后开立）	支持（绑定Ⅰ类账户或信用卡账户并验证信息后开立）

练一练

（多选题）以下关于个人账户的说法，正确的是（　　）。

A. 个人银行结算账户按功能分为三类银行账户

B. Ⅲ类银行账户，任一时点余额不得超过1000元

C. Ⅱ、Ⅲ类银行账户既可在柜面开立，也可通过电子渠道开立

D. Ⅰ、Ⅱ、Ⅲ类银行账户均配发实体介质

答案：A、C。

解析：B项：Ⅲ类户任一时点余额不得超过2000元。D项：Ⅰ类户介质为借记卡或存折，Ⅱ、Ⅲ类账户目前无介质，为电子账户。

No.4　个人银行账户分类管理的意义是什么？

（1）个人银行账户具有重要作用，它不仅是经济金融活动的基础，而且是打击违法犯罪的保障。互联网技术的飞速发展和个人经济活动的丰富多元，对个人银行账户提出了许多新要求。

（2）对于消费者而言，账户分类管理和使用，可以满足客户差别化需求，最大限度地降低银行卡盗刷、复制卡片信息、套现及电信诈骗案件的发生，保障资金安全。

（3）对于监管层面而言，人民银行建立个人银行账户分类管理制度的初衷就是通过分层、分类地使用账户，为个人建立资金防火墙，有效地保护个人银行账户资金和信息安全，同时，加强对网络支付的发展和监控。

（4）对于银行等营业机构而言，账户分类管理有利于银行账户的实名制和风险管理。对于柜面开立的Ⅰ类户，加强身份核验，可以有效防止冒名开户、频繁开户行为。

No.5 个人结算账户是否有数量限制？

同一存款人在同一银行只能开立一个Ⅰ类银行账户，若不能满足使用需求，客户仍需开户的，应当开立Ⅱ类银行账户和Ⅲ类银行账户。

同一存款人在同一银行开立的Ⅱ类银行账户、Ⅲ类银行账户的数量原则上分别不得超过5个。

✎ 练一练

（判断题）客户小王在建设银行已开立一个Ⅰ类银行账户，则他在其他银行不得再开立Ⅰ类银行账户。　　　　　　　　　　　　　　　　（　　）

答案： 错。

解析： 同一存款人在同一银行只能开立一个Ⅰ类银行账户。

Day 41
银行卡业务

提到银行卡,相信大家都不陌生。银行卡的出现,极大地减少了现金和支票的流通,不仅使支付变得更加便捷,还突破了时间和空间的限制,给银行业带来了根本性的变化。

No.1 什么是银行卡?包括哪些分类?

银行卡是指经批准由商业银行向社会发行的具有消费信用、转账结算、存取现金等全部或部分功能的一种信用支付工具。

一般情况下,银行卡分为信用卡与借记卡两种,信用卡又分为贷记卡与准贷记卡。贷记卡是指发卡银行给予持卡人一定的信用额度,持卡人可在信用额度内先消费、后还款的信用卡。准贷记卡是指持卡人先按银行要求缴存一定金额的备用金,当备用金不足以支付时,可在发卡银行规定的信用额度内透支的信用卡。

除了以上分类方法外,银行卡还有其他分类标准:按信息载体不同分为磁条卡和芯片卡;按发行主体是否在境内分为境内卡和境外卡;按发行对象不同分为个人卡和单位卡;按账户币种不同分为人民币卡、外币卡和双币种卡。

No.2 银行卡主要有哪些识别标志?

下面以天津滨海农商银行为例,向大家介绍一下银行卡的识别标志:

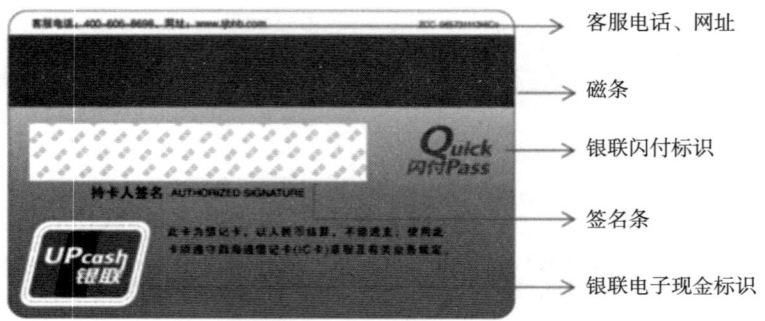

No.3 银行卡卡号规则是什么？

银行卡卡号共 19 位。左起第 1~6 位是中国银联颁发全国唯一的银行卡 BIN 码；第 7~8 位是卡种编码；第 9~10 位是发卡地区编码；第 11~18 位是卡顺序号；第 19 位是校验号。

No.4 使用银行卡有哪些注意事项？

（1）输入密码时注意用手遮挡，如果发现 ATM 的密码防护罩和入卡防护槽有异常情况，为了安全起见，不要使用，同时立即告知银行。

（2）为防范假 ATM，客户应尽量选择有明显标识的自助银行，在银行的监控录像下使用 ATM。

（3）最好将银行卡和身份证分开存放，不要将银行卡转借他人，不要随意泄露银行卡卡号及密码。

（4）刷卡消费时，不要让银行卡离开视线范围，留意收银员的刷卡次数。拿到签购单及卡片时，核对签购单上的金额是否正确，卡片是否为本人的卡片。

（5）开通手机短信服务，随时掌握账户变动情况，一旦发现异常交易，马上致电银行进行挂失。

（6）如果怀疑资金被盗，应立即拨打银行客服电话，并对银行卡账户及时进行挂失。

练一练

（多选题）借记卡是指本行为持卡人开立的办理资金收付结算（　　）等业务的交易凭证。

A. 跨行现金业务　　B. 转账业务　　　C. 消费业务　　　　D. 网上支付

答案：A、B、C、D

No.5　什么是信用卡？有什么特点？

信用卡是一种非现金交易付款方式，是简单的信贷服务。信用卡由银行依照用户的信用度与财力派发给持卡人，持卡人持信用卡消费时无须支付现金，待账单日时再进行还款。信用卡同时具有支付和信贷两种功能，持卡人可用其购买商品或享受服务，还可通过使用信用卡从发卡机构获得一定金额的贷款。

No.6　信用卡的申请流程有哪些？

多数情况下，具有完全民事行为能力（中国大陆地区为年满18周岁的公民）、有一定直接经济来源的公民，可以向发卡行申请信用卡。个人申领信用卡必须具有固定的职业和稳定的收入来源。

申请方式一般是填写信用卡申请表，申请表的内容一般包括申领人的名称、基本情况、经济状况或收入来源、担保人及其基本情况等。除此之外，还要提交相关证件复印件与证明等给发卡行。

客户递交申请表的同时还要提交有关资信证明。申请表都附带使用信用卡的合同、申请人授权发卡行或相关部门调查其相关信息，以及提交信息真实性的声明、发卡行的隐私保护政策等，并要有申请人的亲笔签名。

> ✎ 练一练
>
> （单选题）（　　）指发卡行每月对持卡人的累计未还消费交易本金、取现交易本金、费用等进行汇总，结计利息，并计算出持卡人应还款额的日期。
>
> A. 账单日　　　B. 银行记账日　　　C. 还款日　　　D. 交易日
>
> 答案：A。
>
> （单选题）（　　）指发卡行规定的持卡人应该偿还其全部应还款额或最低还款额的最后日期。
>
> A. 账单日　　　B. 交易日　　　C. 到期还款日　　　D. 还款日
>
> 答案：C。

No.7　信用卡的审查流程有哪些？

（1）发卡银行接到申请人递交的申请表及有关材料后，对申请人的信誉情况进行审查。审查内容主要包括申请表的内容是否属实，对单位还要对其资信程度进行评估，对个人还要审查担保人的有关情况。

（2）通常，银行会考察申请人多方面的资料（如申请人过去的信用记录、已知的资产、职业特性等）与经济情况来判断是否发放信用卡给申请人。

（3）各发卡行的标准也不尽相同，因此同样的材料在不同的银行可能会出现核发的信用额度不同、信用卡的种类不同等情况，甚至会出现有的银行审核通过，而有的银行审核不通过的情况。

No.8　信用卡的还款渠道有哪些？

通常情况下，现在各行支持以下三种还款方式：

（1）约定还款。可通过在同一家开卡行开立的借记卡开通信用卡"约定还款"功能，每月到期还款日将自动扣划信用卡还款金额，需确保到期还款日借记卡内余额充足。

（2）网上银行（手机银行）还款。可登录开卡行或他行网上银行（手机银行）转账，进行信用卡还款。

（3）除以上渠道，还可以通过各行的营业网点、自助设备、智能设备、微信银行轻松还款，或通过支付宝、京东、云闪付等第三方机构向信用卡还款。

💡**小提示**：因跨行渠道到账时间不同，需提示客户注意入账情况，避免影响正常还款。

Day 42
理财业务——基础知识

理财产品作为银行一项亮眼的表外业务,自2004年诞生至今,产品存续余额已接近30万亿元。为什么这么多人会选择将理财作为自己的投资首选?理财产品又有哪些?从今天开始我们就来一起探究一下其中的奥秘吧。

No.1 什么是理财产品?

理财产品是指商业银行在对潜在目标客户群进行分析和研究的基础上,针对特定目标客户群开发、设计并销售的资金投资和管理计划。

那么在老百姓心中呢,理财产品是一个比活期利息高、有可能有风险、有相对固定存期的存款产品。它的时间可长可短,收益可多可少,风险可大可小,种类繁多,需要消费者按需购买。

No.2 银行理财产品的特征有哪些?

首先,银行理财产品必须是银行发行和销售的。

其次,银行需要了解投资者的风险承受能力。毕竟理财产品不同于银行存款,是有一定风险的,因此,投资者在购买理财产品前必须要进行风险评估,一般是以问卷的形式进行。

最后,由投资者自主决定购买哪种理财产品,产品本身也会设定风险程度。如果双方风险程度不相匹配,则无法进行购买。银行人员相当于投资顾问,有准确说明产品各项要素和投资风险的义务。

No.3 理财产品如何分类？

按照是否保证本金兑付，理财产品可以分为保本型理财产品和非保本型理财产品。保本型理财产品可以分为保本浮动收益型理财产品和保证收益型理财产品。

按照收益表现方式的不同，理财产品可以分为净值型理财产品、预期收益率型理财产品和其他收益表现方式理财产品。

按照存续期内是否开放，理财产品可以分为封闭式理财产品和开放式理财产品。

按照是否挂钩衍生产品，理财产品可以分为结构性理财产品和非结构性理财产品。

> **练一练**
>
> （单选题）（　　）是指按照约定条件和实际投资收益情况向客户支付收益，不保证本金支付和收益水平的理财产品。
>
> A. 非保本型理财产品　　　　B. 保本浮动收益型理财产品
> C. 保证收益型理财产品　　　　D. 保本型理财产品
>
> 答案：A。
>
> （单选题）（　　）指按照约定条件向客户承诺支付固定收益并承担相关风险或者银行按照约定条件向客户承诺支付最低收益并承担相关风险，其他投资收益由银行和客户按照合同约定分配，并共同承担相关投资风险的理财产品。
>
> A. 非保本型理财产品　　　　B. 保本浮动收益型理财产品
> C. 保证收益型理财产品　　　　D. 其他理财产品
>
> 答案：C。

No.4 银行理财产品能否"提前支取"？

答案是不可以。普通理财都有约定的期限，投资者没有提前终止权，在产品的存续期间，不得提前赎回。但是也有特殊性，净值型理财产品、周期型理财产品的特点就是没有约定期限，它们都按照自己的周期，规定好了相应的产品赎回条款，投资者只要按约定时间即可赎回。还可以根据理财产品的质押和转让条款，提前使理财变现。

No.5 什么是结构性存款?

结构性存款是指在普通存款的基础上嵌入某种金融衍生工具（主要是各类期权），通过与利率、汇率、指数等挂钩或与某实体的信用情况挂钩从而使存款人在承受一定风险的基础上获得较高收益的业务产品。

练一练

（单选题）以下关于结构性存款的相关说法，正确的是（　　）。
A. 结构性存款属于理财产品，是理财产品的一种
B. 无风险承受能力的客户也适合买结构性存款
C. 结构性存款的流动性较差
D. 结构性存款就是普通定期存款
答案：C。

Day 43
理财业务——产品知识

通过之前的学习,相信大家对银行理财业务已经有了基本认识,今天,让我们通过剖析产品说明书来进一步了解理财业务。

No.1 理财产品说明书是什么?

简单来讲,理财产品说明书就是理财产品的合同,是理财产品的法律文本,确定了投资者和银行的权利和关系。各家银行相同类型的产品的产品说明书大同小异,了解它们的相似要素,可以了解产品说明书中蕴含的要点。

一般一套完整的理财合同包含产品说明书、理财协议、购买申请书和风险揭示书等多份材料,其中产品说明书最为重要。

No.2 有关理财产品期限的名词术语的意义是什么?

募集期:理财产品作为一种金融投资品,募集期就是产品募集资金的期限。在募集期购买理财产品之后,资金不会被银行扣走,而是会冻结在账户上,等到起息日才会真正扣款并投入产品运作。

起息日:一般是募集期结束之后的次日,但如果遇到节假日则会顺延。

产品期限:从起息日到到期日的一个时间段。

到期日:理财产品终止日,收益停止计算的日期。和定期存款的到期日不同,到期日不意味着资金到账日,一般产品在说明书会写出一个到账日期范围。银行会留给自己一些时间进行资金清算。所以区分好到期日与到账日是做好客户解释工作的关键。

开放日：净值型理财产品的"到期日"。普通类固定收益类理财产品的到期日是相对固定的，但对于净值型理财产品而言，产品期限可能是3年、5年甚至无固定期限，对于此类产品，会用开放日代替到期日。这个概念类似于开放式基金的赎回日。投资者如果错过开放时间，就只能顺延至下一个开放日赎回。

No.3　年收益率与年化收益率有什么区别？

我们在向客户推荐理财产品时，应该注意年收益率与年化收益率是不同的概念。年收益率是一笔资金投资一年实际收益的比率；而年化收益率是资金投资在一段时间内（比如1个月）的收益，然后假定一年都是维持这个水平，折算出来的年收益率。年化收益率是一种理论收益率，并不是真正已取得的收益率。

No.4　银行理财保本吗？

现在大多数理财产品是"非保本浮动收益型"产品，单纯保本的产品越来越少。但客户最关心的最想购买的还是"保本型"理财产品，"保本条款"从产品说明书中就能找到。还能从中了解到保本理财产品为什么保本，是背后有资产对接注入，还是有对接的债券收益。了解了保本背后的原理，消费者方可安心购买。

No.5　什么是理财产品质押和转让条款？

理财产品存在流动性风险，也就是客户急需用钱时却发现理财产品根本无法赎回。之前是这种情况，投资者只能到产品到期，根本没有任何办法，但现在随着金融产品的发展，理财产品的质押和转让条款渐渐地丰富和健全起来。

理财产品质押贷款是指申请人以其购买的本行销售的理财产品全部权益（含本金及收益）作质押，向银行申请的短期贷款。并非所有的银行理财产品都可以质押，只有在产品说明书中明确标识的理财产品才可以质押，像一些结构化理财产品，或者不到期无法估算净值的理财产品，都是无法质押的品种。同时，理财产品根据其风险等级的不同，有着不同的质押比率。

所谓理财产品转让，就是将未到期的理财产品，连同未到期的产品收益权，一同转让给其他投资者。

练一练

（单选题）以下关于商业银行理财业务的说法，错误的是（　　）。

A. 商业银行不得发行未在全国银行业理财信息登记系统进行登记并获得登记编码的理财产品

B. 商业银行发行理财产品，必须宣传理财产品预期收益率

C. 商业银行不得用自有资金购买本行发行的理财产品

D. 商业银行应当根据理财业务性质和风险特征，建立健全理财业务管理制度

答案：B。

Day 44
理财业务——风险管理

在日常生活中总会听到"投资有风险,理财需谨慎",理财产品也在产品说明书上显著的位置提示理财风险,这些风险到底要不要紧?会对投资者造成什么影响?为什么客户在购买理财产品前需要进行风险评估?今天我们就来学习理财产品的风险。

No.1 为什么要评估风险承受能力?

银行在为客户进行风险承受能力评估的时候,时常有人会问,为什么要费这么大的力气评估风险承受能力?毕竟进行风险评估问卷是一件相对费时、费力的事情,但看似费时、费力的行为实际上是为了保护投资者的利益。

银监会颁布的《商业银行理财产品销售管理办法》(银监会令 2011 年第 5 号)中的第九条明确规定,投资者的风险承受能力和产品的风险等级要匹配。"商业银行销售理财产品,应当遵循风险匹配原则,禁止误导客户购买与其风险承受能力不相符的理财产品。风险匹配原则是指商业银行只能向客户销售风险评级等于或低于其风险承受能力评级的理财产品。"这对投资者来说是一种保护。

No.2 什么是本金及理财收益风险?

保证收益理财产品有投资风险,只能保证获得合同明确承诺的收益;保本浮动收益理财产品有投资风险,只保障理财资金本金,不保证理财收益;非保本浮动收益理财产品不保证本金和收益,您可能因市场变动而损失全部本金且无法取得任何收益。本理财产品类型为【非保本浮动收益】,您应充分认识投资风险,谨慎投资!

上面是一款理财产品的《产品说明书》中部分风险提示。这是所有投资品种最基本的风险——产品收益风险。投资品种只要获得比国债高的收益，就要承担相应的风险，理财产品也不例外。理财产品能取得比国债高的收益，是因为理财资金投向不同的投资品种，由于理财产品的投资方向非常繁多，每个方向都不能保证100%的不亏损，所以多数理财产品的收益是"浮动收益"。但也有些保证收益的理财产品。看好风险揭示是很重要的。

No.3　什么是理财产品的利率风险？

理财产品的利率风险对于客户来说是一种机会成本的风险，即理财产品的收益率是在销售时基本确定好的，一般不会随着存款利率的变化而变化。但是，在某些特定的时期会遇到存款利率的快速变化，一旦存款利率变化，特别是存款利率上调，就有可能会让原本具有优势的理财产品变得不那么具有竞争力。

中国人民银行会根据经济运行情况及货币供应量调整货币政策，其中一项政策就是加息或者降息。例如，2007年为了防止实体经济过热，人民银行从2007年3月开始到2007年12月，共上调存款利率6次，一年期定期存款利率从原来的2.79%上升至4.14%。假设客户在利率浮动前购买的一年期理财利率为3.79%，这比同时间定期利率高上1%，但随着人民银行的不断加息，反而低于一年期定期存款利率，这就相当于客户面临了利率损失。

No.4　什么是理财产品的流动性风险？

流动性风险是理财产品投资者面临的常见风险之一，简单来讲就是资金无法快速赎回，或者赎回时面临较高成本的风险。由于理财产品的特殊属性，固定收益类理财产品一般不设置开放期，也没有赎回条款；净值型理财产品虽然有赎回条款，但为了保证产品规模固定，一般约定每月或者每季度才能赎回一次，投资者一旦在理财产品投资期内需要用这笔钱，就会面临流动性风险。

现在越来越多的银行上线了理财产品转让功能，对于有转让条款的理财产品，可以通过银行提供的理财产品转让平台对未到期的产品进行转让而化解流动性风险。但目前不是所有银行都有理财产品转让平台，也不是所有理财产品都可以转让，所以要提前做好资产配置和资金安排，避免理财产品的流动性风险。

No.5 什么是理财产品的政策风险？

理财产品的政策风险多数是系统性风险，无法预知或者提前规避。由于国家政策及相关法律的改变，可能会对理财产品的投资造成重大影响。政策风险虽然不常见，但一旦发生，必然会对投资者产生重大影响。

No.6 什么是理财产品的不可抗力风险？

不可抗力风险指自然灾害、战争等不可抗力因素的出现，将严重影响金融市场的正常运行，从而导致理财产品收益降低或损失，甚至影响理财产品的受理、投资、偿还等正常进行，进而影响理财产品的资金安全。"不可抗力"是指交易各方不能合理控制、不可预见或即使预见也无法避免的事件，该事件妨碍、影响或延误任何一方根据本产品说明书履行其全部或部分义务，该事件包括但不限于地震、台风、洪水、水灾、其他天灾、战争、骚乱、罢工或其他类似事件、新法规颁布或对原法规的修改等政策因素。

不可抗力风险也是一种"上帝风险"，同样是银行免责的条款。这一条说的是，如果发生了天灾人祸，银行不保证理财产品不会受到影响。其实不光是理财产品，所有的投资品种都面临着这种不可抗力的"上帝风险"。虽然不可抗力风险无法预测，但却是真实存在的。2001 年美国遭受了"9·11"恐怖袭击，美国纽约证券交易所、纳斯达克交易所、芝加哥期货交易所等各大交易所当日临时宣布停止了证券交易，直到 9 月 17 日才恢复了正常交易。这就是一种不可抗力风险，如果有投资者的理财产品恰好在 2001 年 9 月 11 日前后到期，那么很有可能其理财产品无法正常兑付、清算。

No.7 如何正确应对理财风险？

风险和收益就好像一对闺蜜，总是黏在一起。追求高收益低风险的理财产品是有些不切实际的。应正确认识和理解风险，在了解自己的风险承受能力的基础上进行风险投资，这样才能在理财的道路上走得久远。

风险无处不在，我们在日常生活中会遇到各种各样的风险。例如，通货膨胀风险，可以让我们辛苦赚到的钱降低购买力；意外伤害风险，可以让我们减少或者永久失去产生金钱的能力；道德风险，增加了沟通和判断的成本，实际上也增加了投资成本……风险可以被分散,但是无法被消除,只要我们还在这个世界上生存,就有遇到风险的可能性。

投资理财产品也一样,只要不满足于购买国债、存定期存款,就会在投资理财的过程中遇到风险事件。看似安全的理财产品也会遇到各种各样的风险事件,有些甚至会造成本金损失。风险不仅在理财产品的投资时存在,还贯穿整个投资理财过程,应客观地认识风险的存在,安心地接受风险的伴随。

> **练一练**
>
> (多选题)结构性存款可能面临的风险包括( )。
> A. 流动性风险　　B. 政策风险　　C. 利率风险　　D. 市场风险
> **答案**:A、B、C、D。

Day 45
理财业务——业务办理

掌握了理财产品的基础知识和风险后,我们继续学习如何为客户进行理财业务办理。

No.1 理财及结构性存款的购买对客户群体有什么要求?

理财及结构性存款的购买者应为年满 18 周岁,具有完全民事行为能力的人。对超过 65 岁(含)的投资者进行风险承受能力评估时,应当充分考虑投资者年龄、相关投资经验等因素。

No.2 投资理财产品、结构性存款的渠道有哪些?

主要渠道有银行营业网点柜台、智能机具、手机银行、微银行、移动银行。

No.3 什么类型的账户可以购买理财产品?

个人购买理财产品需在银行开立个人结算账户,支取方式为凭密码支取,且不允许变更支取方式,不得使用储蓄账户购买理财产品。

企业投资者购买理财产品需在银行开立基本存款账户或一般存款账户。

No.4 个人购买理财产品的介质有哪些?

个人结算存折账户、个人借记卡账户及Ⅱ类账户均可购买理财产品。

No.5 客户购买哪些产品需要进行风险评估？风险评估的有效期为多长时间？客户风险评估等级分为几级？

客户购买理财产品及结构性存款，均需要进行风险评估。风险评估有效期为一年，有效期内可随时重新评估。客户风险评估分为五级，即保守型、稳健型、平衡型、成长型、进取型。

No.6 理财产品到期收益如何计算？

理财收益 = 理财本金 × 理财计划实际年化收益率 × 实际理财天数 /365

> **练一练**
>
> （单选题）某保本保证收益型理财，产品期限为100天，客户认购1万元（含）至5万元（不含）固定年化收益率为4.05%，认购5万元（含）及以上固定年化收益率为4.15%。王先生认购了9万元该理财产品，则产品到期后王先生可得（　　）元收益。
>
> A.998.63　　　B.1012.50　　　C.1023.29　　　D.1037.50
>
> 答案：C。
>
> 解析：90000×4.15%×100/365=1023.29（元）

No.7 某理财经理在向客户推介非保本理财时说："刚刚到期的一款非保本理财产品，本金收益都到账了，说是非保本其实没什么风险！"，请问这句话犯了什么错误？

理财产品宣传销售文本应当全面、客观反映理财产品的重要特性和与产品有关的重要事实，充分披露理财产品类型、投资组合、估值方法、托管安排、风险和收费等重要信息，语言表述应当真实、准确和清晰，不得有下列情形：

（1）虚假记载、误导性陈述或者重大遗漏；

（2）违规承诺收益或者承担损失；

（3）夸大或者片面宣传理财产品，违规使用"安全""保证""承诺""保险""避险""有保障""高收益""无风险"等与产品风险收益特性不匹配的表述；

（4）登载单位或者个人的推荐性文字；

（5）在未提供客观证据的情况下，使用"业绩优良""名列前茅""位居前列""最有价值""首只""最大""最好""最强""唯一"等夸大过往业绩的表述；

（6）其他易使投资者忽视风险的情形。

No.8　对公客户做理财签约时需要提供哪些资料？

企业投资者或在银行开立结算账户的同业投资者签约时需提供企业或同业机构指定经办人身份证原件、加盖公章和法人章的授权书。

No.9　客户如需在柜台撤单，需要携带什么？

个人投资者办理撤单业务的，需由投资者本人持有效身份证件、购买理财的结算存折或借记卡、理财产品撤单申请书、理财产品协议书（客户留存联）、产品销售说明书（客户留存联）至营业机构办理撤单手续。

机构投资者办理撤单业务应由投资者将盖有公章及法人章的机构投资者委托授权书、人民币理财产品协议书（客户留存联）、机构指定经办人的有效身份证件以及理财产品撤单申请书（机构）（企业投资者需加盖预留印鉴），交由柜台人员进行复核。

Day 46
案例学习:"高息揽储"既害了自己也坑了银行

近年来,某些银行"高息存款黑洞"的新闻偶尔见诸报端,银行业的这些"害群之马"不仅断送了自己的职业生涯,还严重影响了银行业的信誉,一时之间各种"野鸡"理财充斥市场,银行正规理财反而受到质疑。作为初入职场的银行从业人员,我们应该如何应对与选择,答案不言自明。

2008年5月,某银行上海某支行客户经理陈某与徐某勾结,虚构销售年息高达20%的一年期定期储蓄产品,诱骗储户俞某存款。在办理开户手续时,陈某偷偷代俞某开通了"网上银行"并领取了U盾,却仅将一张银行卡及一本加盖支行印章的理财账户对账簿交给客户俞某。之后,陈某又以存入"高额息差"等方式,诱使俞某将2091万元存入该行账户,徐某则将承诺的所谓"高额息差"409万元转入该账户。当日下午,徐某即利用冒领的U盾登录网上银行,将2500万元转账支取后供个人挥霍。案发后,徐某、陈某等人因诈骗罪被法院判刑。俞某以存单到期银行未兑付为由起诉至法院,请求法院判令银行兑付其存款本金2500万元及相应利息。经法院审理,最终支持储户诉求,法院判令银行返还俞某存款本金及相应利息。

还有一个频频见诸报端的案例。2013年初,多家媒体以"高息存款黑洞"等为题报道了下岗女工邱某以"高息揽储"为名与29岁的时任安徽某银行某支行行长高某及其他工作人员相勾结诈骗储户存款的案件。2011年3月27日,受害人潘某办理了5000万元个人定期存单。支行行长高某将潘某的5000万元个人定期存单密码挂失,并将重置的密码和潘某身份证复印件提供给邱某。2011年3月31日,邱某将伪造的存单、身份证复印件、密码交给另一同伙夏某,指使其到营业部通过高某将5000万元存款提前支取。夏某将5000万元取出后,将其中的3000万元存入以潘某身份证复印件开立的另一账户，之后被邱某和夏某分多次取出使用，另 2000 万元存入到某有限公司账户。2011 年 4 月，邱某通过中间人汇款给潘某和潘某妻子账户利息共计 800 万元。至案发，潘某 5000 万元本金未被归还，个人仅得到利息 800 万元。事发后，邱某、高某、夏某等人因诈骗罪被法院判刑。潘某以存单到期银行未兑付为由起诉至法院，请求法院判令银行兑付其存款本金及相应利息。经法院审理，最终支持储户诉求，法院判令银行返还存款本金及相应利息。

案例分析：

近年来，随着民间融资需求持续高涨，融资活动日渐活跃。"银行信用"是银行的"硬通货"，社会人员往往利诱银行员工，利用其工作便利，通过多种途径套取银行信用，将民间融资的风险转嫁至银行，使银行成为社会人员非法融资的通道。

涉及违规参与民间融资的银行员工，大多为以下两类，一类是分支机构（支行及分理处）负责人，另一类为营业场所的柜面工作人员，基于其工作职能不同，具备不同违规形式。机构负责人多以直接参与融资，用个人账户违规与实际用资人发生频繁异常资金往来，采取吸收存款不入账等手段转给用资人放贷甚至直接作为放贷人，但表面上仍为储户出具真实存款凭证；机构负责人也可能擅自使用银行公章，出具借款凭证、担保书、承诺书等，使银行卷入巨额融资纠纷之中。柜面工作人员则多为非法融资人员劫持银行信用的帮手，采取伪造变造存款凭证、诱骗储户多次输入密码等操作形式，将储户存入的资金（甚至并未真实存入资金）非法转移至社会人员手中，通过以上多种形式，银行员工与外部人员内外勾结，导致银行面临大量涉及民间融资的纠纷，也会成为媒体追访的热点，并使银行业整体声誉受损，成为银行最为头疼的被诉案件类型之一。

在这类案件中，银行员工除一般情况下可能构成的受贿罪、挪用公款罪外，还可能构成吸收客户资金不入账罪以及违规出具金融票证罪，而在共同犯罪情况下还可能构成诈骗罪和非法吸收公众存款罪。

思考与实践：

案例中的银行员工铤而走险，最终走向犯罪，不仅葬送了自己的职业生涯，也令所属的银行蒙羞涉诉。目前各家银行都在通过制度流程、系统建设、监督检查等方式杜绝此类案件。但任何防线的关键是"人"，新进入银行的青年员工，正处于职业生涯的起步阶段，也即将面临各类生活层面的压力，面对社会上的种种诱惑，请问你自己有怎样的思考？

Day 47
理财业务——产品营销

> 目前各行针对个人客户的存款产品种类繁多但同质化严重。如何以好的产品吸引客户，如何从众多银行中脱颖而出，如何为设计好的产品找到客户，这是每个银行从业人员思考和研究的课题。今天我们来探讨一些通用的做法与步骤。

No.1 银行理财产品有什么特点？

（1）产品业务种类多

银行个人零售产品不仅包括传统的储蓄存款、个人结算业务、个人贷款等，还提供代收代付、代理基金、代理保险、个人外汇买卖、业务咨询等中间业务产品。业务方面，银行个人理财业务不仅仅是简单地销售产品，更多的是对客户资产进行组合管理、合理分配，实现资产保值增值，以实现客户的理财目标。

（2）提供"一站式"的金融服务

银行能够与不同的保险公司、证券公司、基金公司、资产管理公司等金融机构建立广泛而深入的合作，提供丰富的金融产品供客户挑选，在理财经理的指引下，客户很容易真正体会到"一站式"金融服务。此外，个人理财的增值业务部分还涉及律师行、会计师事务所、担保公司等多家中介机构，而银行能够为客户提供全方位的一条龙服务，减少了业务办理的中间环节，既大大方便了客户，也提高了银行的办事效率。

（3）一对一的贵宾服务

银行开展个人理财业务都设立了个人理财中心，其环境高雅，大方舒适。与普通柜台服务不同的是，客户在这里不需要排队等候，优先享受"绿色通道""VIP专区"服务。而且,每位贵宾客户都有专门的客户经理为其提供一对一、面对面的贵宾服务。

（4）与客户建立长期信赖关系

个人理财规划与所处的人生阶段紧密联系在一起,理财经理需要根据客户自身的状况或外部经济环境的变化,定期调整理财计划,使客户在人生的各个阶段都能轻松应对,在保证财务安全的前提下享受更高质量的生活。因此,这种基于客户的生涯规划而提供的理财服务模式,使双方能够建立长期相互信赖的关系。

No.2 理财经理营销时应掌握什么方法？

（1）找准目标客户

目标客户的划分主要是根据客户的风险承受能力和所期望达到的收益。不同的产品在特性上有很大差异,并不是一概适合所有的客户。比如基金产品,它适合收益要求和风险承受能力都处于中位的客户,因为基金本身就是一种投资组合,其风险处于相对可控的范围,但其收益也会打一定的折扣。而且,基金一般作为长线投资的工具,比较适合公务员、教师、医生等职业和收入相对稳定的客户,而不一定适合收入波动大、不稳定的客户。

相比起来,债券则适合比较保守、对收益要求不高、只需要稳定的客户,比如老年人、家庭主妇等。

股票则是"积极"型客户的首选,因为债券、基金等的收益很难满足他们的胃口,一些高薪的年轻白领、资产实力比较强的客户都应该是股票的目标客户。

同样,其他产品的销售也要"找对人"。一个仅仅能满足基本生活开支的家庭虽然非常需要但却很难去考虑保险、保障的问题。一个手上根本没有外汇的人,无论你怎么跟他谈外汇理财的收益,他也不会和你成交。找到正确的客户是产品销售的第一步。

（2）了解你的产品

很多理财产品非常复杂,客户了解的可能只是宣传折页上简单描述的那么几条,保险条款、基金契约等对很多客户来说无异于天书。为了把理财经理这项工作长期做下去,理财经理必须事先切实了解这些产品的特性。比如,在为客户选择理财产品时,要仔细阅读理财协议书、产品说明书或风险揭示书等文件,以便真实、全面地评估理财产品的收益、风险等情况，给予客户一个中肯的建议。

（3）尽量以中立和客观的观点和态度帮助客户合理规划资产组合

一个人的资产是有限的，各种投资产品在其中只能占有一定的比例。从财务安全的角度讲，这个比例是否合适非常重要。理财经理有责任帮助客户规划好这个比例，不能仅仅为了推销某个产品而让客户大量购买该产品。

（4）给予客户建议，关注已经销售产品的动向

除了保险产品和债券等固定收益产品外，其他理财产品的收益都是不确定的，走势有高有低，行情有好有坏。理财经理必须关注这些信息，及时地反馈给客户并且给予客户适时的指导。银行会定期发布产品推介及理财信息，但如果理财经理只是将这些信息转发给客户，客户一定不会很满意。理财经理应该充分利用银行提供的各种业务系统，例如客户关系管理系统（CRM）等，分析客户经济生活的变化，以便协助指导客户的投资与生活。这样，客户会觉得你是在帮助他投资，而不是只向他推销产品。

No.3　理财经理应如何开展营销？

（1）熟悉目前市场上各大银行销售的金融产品的种类及收费情况，比照自己银行的金融产品，比较分析个人理财产品（结构性存款）的安全性、收益性、流动性。

（2）选定目标客户群并对目标客户群职业、收入、年龄、性格、偏好，以及购买个人理财产品（结构性存款）情况进行调查及分析。

（3）分别针对各类客户开展银行个人理财业务营销。具体步骤如下：

① 建立和定位与客户的关系。理财经理营销理财产品前，首先得建立好自己的客户关系网，那就要寻找目标客户。寻找目标客户的方法通常有亲缘法、间接法、陌生法等。

② 收集整理客户信息。根据客户的实际情况来制订理财方案，所以收集、整理和分析客户的财务信息是制订理财方案的第一步。客户的财务信息包括客户的经常性和非经常性收支、资产与负债情况、风险保障情况及遗产管理信息。

③ 起草并提出金融理财建议及备选方案。

理财经理应根据初访时所收集到的资料，为其制作专门的服务建议书。建议书应包括客户的基本资料、投资意向、理财需求、银行具体产品的特点等内容。它与最后

达成的合作协议有所不同，只是一种参考性文件，代表双方的初步接触的投资意图，并不具有法律效力。

如果一份详尽的金融建议书能让客户感觉到理财经理认真负责的工作态度，以及银行比较专业化的理财服务，客户就比较容易接受理财经理的建议，购买其推荐的金融产品和服务。

④ 执行个人理财规划。根据目标制订理财计划。首先是设想出可能的行动方案，然后是选择适合客户的方案，即实现理财目标的执行计划，包括时间、具体步骤，根据理财要求确定匹配资金来源，选择理财投资工具。

⑤ 综合个人理财规划的后续服务。销售理财产品后，理财经理必须密切关注相关产品净值变动动态，及时地反馈给客户并且给予客户适时的指导。这样，客户会觉得你是在帮助他投资，而不是只向他推销产品。

思考与实践：

请以两个人为单位分工合作，按照以下步骤完成实践工作。

1. 通过查阅所在银行的各类存款产品的资料，了解各金融产品的特点、功能、操作流程及收费情况。

2. 两人组合分别扮演理财经理和客户（可分为不同收入、年龄、职业、性别），由理财经理对客户进行任意存款产品的营销，相互进行点评、总结。

3. 推荐一款你认为最佳的存款产品或产品组合，完成一份推荐书。格式如下：

最佳存款产品推荐——××产品

产品介绍：
产品特点：
适合人群：
推荐理由：
购买渠道：

Day 48
经验分享：优秀理财经理成长记

> 作为银行的销售人员，理财经理不仅要具备银行基础知识，熟知银行存款、理财产品，还要对本岗位工作有充足的热情。今天，以天津滨海农商银行优秀理财经理的经验为例，向大家介绍她们的成长故事。

主持人：很多新任理财经理都在问到底如何拓展客户，如何找到资源，今天我们请到天津滨海农商银行的优秀理财经理青青、靖宇来接受新人们的"灵魂拷问"。

分享嘉宾青青，零售及电子银行部财富管理团队渠道经理。2017年7月—2019年12月担任理财经理，其个人存款规模达2.8亿元，全行综合排名第二，2019年度荣获天津市银行业协会金牌理财师，并成立了"砥砺奋进青青工作室"，荣获2019年度天津金融系统优秀共青团员。

提问：我是一个外地人，在当地没有客户资源，您觉得我如何拓展客户？

青青：大家好，我和你一样是一个外地女孩。刚入行的我，可以说是没有一点经验，一切都是从零开始。伴随着所分配网点的开业，我也正式步入理财经理这个岗位。面对一个新开业的网点，作为一个年纪最小，手上没有任何客户资源的新人，我感到非常焦虑和恐慌。怎么办呢？为了完成任务，我硬着头皮也要上。刚开始我采用最原始也是最直接的营销办法——外出派发宣传单页，每天早上7点在网点周边的早点铺，下午5点在学校门口给等待接送孩子的家长派发传单，下班后回家在小区里和遛弯的叔叔阿姨聊天，借机推荐行内金融产品。其间递出去的单页被拒绝，甚至转手扔掉的情况很多。但是我没有气馁，而是想如何能尽可能地避免这种情况的发生。于是我发传单的时候会跟着客户走，边走边介绍，直到客户知道了这是哪家银行，产品有什么优势，我叫什么名字，甚至加了微信才停下脚步。再回头时，我发现已经走出了好几条街。这个过程一定要坚持，影响是日积月累的，虽然过程是不好意思的、艰苦的，但在后来的某一时刻接到客户的电话，问到："你是滨海银行的青青吗，你在行里吗？我去找你开卡、买理财。"说实话，那一刻我泪流满面，我跑断腿也是值得的。客户基础就这样一点一滴建立起来了。

提问： 作为理财经理，你是如何开展厅堂微沙龙的？

青青： 当等候区客户超过5人时，我就将荧光板或产品宣传板移动到该区域附近，对等候区的客户进行重点产品的宣讲。宣讲时我注意做到三点：一是宣讲前要将宣传单页发至每位客户手里，告知客户会有有奖竞答环节，答案就在稍后主持人讲话的内容里和宣传单页上，提高客户的参与度与专注力。二是将重要内容作为有奖竞答问题，进行宣讲时反复强调。三是整场活动时间不宜太久，控制在10~15分钟。

提问： 作为理财经理，你有一双慧眼可以识别出有效客户吗？

青青： 识别客户的本领是一点点练出来的。首先要在客户进入厅堂前，多观察行外来往的车辆和行人，提前获悉即将进入行内的客户乘坐什么交通工具，观察客户的神态，乘坐高档交通工具过来的，行为举止大方的客户可以重点关注一下；其次是客户进入厅堂时，使用接待客户的服务礼仪，在此过程中根据客户的衣着打扮、言行举止、办理的业务类型来判断客户是否为有价值的客户；最后是客户到达厅堂后，有一些客户不一定能够在进入厅堂前和进入厅堂时辨别，这时候就需要观察和留意客户在等候区的表现和所咨询的业务，做到眼观四处，耳听八方，及时地抓住有效客户，精准营销。

提问： 作为理财经理，你扫过楼吗？

青青： 扫楼、扫街我都做过，毫不夸张地说，5公里以内的楼我都扫过，而且不止扫过一次，用现在流行的名词来说，就是网格化营销。我以支行网点为阵地，了解周边的各个商圈、社区、单位，并制作了详细走访路线图，逐一走访，建立台账。

提问： 你是怎么开展营销工作的呢？

青青： 我首先着手的是网点附近5公里以内的地产公司，通过营销这部分机构来获得资源。房产中介是营销的一部分抓手，获得他们掌握的批量客户，不管是买房的客户，还是卖房的客户，都有很好的营销机会，可以联动营销负债业务。其次是上门拜访即将开盘或正在销售的楼盘，与楼盘营销经理取得联系。说实话，我开始的时候也害怕拒绝，但是当我迈出了第一步，有了第一次支支吾吾、磕磕巴巴的介绍之后，我的胆子慢慢就大了，第一次不行，就再进行第二次、第三次拜访，坚持拓展，终于有了质的变化。成功获得合作机会后我首先承诺并做到随叫随到，不因为路途遥远、贷款金额较少就不想去，牢固的客户关系都是日积月累建立起来的。

提问："喵喵贷"这款线上秒贷的产品，你是如何拓展客户的？

青青：一开始我很迷茫，毕业上班年限短，也不是本地人，根本没什么资源，所能想到的就是从网点周边一点点排查，再从现有的存量客户中黏性比较高的优质客户中去挖掘。先将客户转化为自己的经纪人，告知通过授信可获得激励红包，以此激励客户牵线搭桥将我引进他们单位开展微沙龙分享普及金融知识，再进行营销。记得一次经存量客户推荐走进了某公司营销喵喵贷。营销前我充分准备，提前打印宣传单页，保证人手一份，挑选适合的授信礼品。分享完金融知识后我就带着礼品逐个工位进行营销。我注意到，这家公司的所在地是一栋写字楼，外来人员进不去，每一层楼层都需要刷电梯卡才能到达。营销完该公司后，我就想，不能错过这次已经在大厦里的机会。我就从1楼走到16楼，将大厦里所有的公司均走访营销了一遍，最后我累得根本走不动路，但是看着43户扫码授信，我乐得合不拢嘴。

提问：如何策划支行营销活动？

青青：处在支行活动策划岗，我会在每月初整理出该月活动排期，制定活动流程，在行内及行外开展多种类的营销获客活动。做客户活动时，我首先会综合支行客户情况，挑选出活动主题，针对主题在周边商圈中寻找目标商户，如上门洽谈活动合作、与第三方商户合作开展活动等。与商户谈合作时，我会以客户资源共享的角度切入。切记一定要承诺商户，银行能为他带去什么样的实质帮助，搭建一个良好的合作关系很重要。做客户营销活动，需要商户和银行双方邀请客户参加，如果一场活动邀30名客户，我会让商户尽量邀请20名，行内邀请10名。营销活动和客户回馈活动不太一样，营销活动更侧重于获客，所以客户配比很重要。邀请存量客户参加活动是基于自身对客户的了解，有针对性，且投其所好，这就体现出了客户维护的重要性。注意外拓营销时需要着工服，佩戴工牌，这样更容易得到客户信任，客户后期也会源源不断地转介客户。

提问：有什么妙招维系存量客户呢？

青青：经过多年的实战经验，我总结了维系存量客户的"1+2+1模式"，就是第一通电话主要与客户建立联系，再加上两条短信，最后一通邀约面访电话。

第一通电话：认识客户。我来给大家演示一下："您好，请问是××先生吗？我是××银行××支行的理财经理赵青青，不好意思打扰您一下，是这样的，由于您是我行的存量优质客户，我行现在针对您这样的老客户提供一对一的专属服务，给您打电话主要是想告诉您我是您专属的理财经理，以后您有任何理财需求或者银行业务咨询都可以随时联系我，稍后我把我的联系方式给您发过去，请注意查收。那我就不打扰您了，祝您生活愉快！"

注意，首次电话只建立联系，不推销产品，这样客户就不会有拒绝心理。

第一条短信：打完第一通电话后将个人信息触达客户，如："刘先生，您好！我是刚才给您致电的天津滨海农商银行的理财经理赵青青，这是我的手机号码：××××。您今后有任何关于银行服务或者理财需求的咨询都可以随时联系我，非常感谢！祝您生活愉快！"

第二条短信：专业知识触达。如："××先生，您好。最近降息、降准、人民币贬值，这些词频频上头条。面对不确定性，理财规划十分必要！说起规划，其实可先从最基础的开始。一是将3~6个月支出认购短期理财产品，作为家庭紧急备用金，为意外支出提供保障；二是将闲置资金配置为中长期产品，锁定稳定高收益。当然，更个性化的理财规划，还需做专业讲解，您可以随时联系我。您的专属理财经理×××，电话××××。"

第二通电话：约见。如"先生您好，我是您的专属理财经理××，请问您现在方便接听电话吗。作为您的专属理财经理，我一直没能和您见面提供实质性帮助，感到很惭愧，正好现在行里在做存量优质客户回馈活动，我一下就想到您了，为您准备了一份专属精美礼品。下周五之前您要是方便可以来行里领取。"这时候气氛比较融洽，可以顺带讲一下重点产品，进行前期铺垫。客户到网点后再进行营销，加上产品优势，落地率几乎能达到90%。

提问：能给新任的理财经理一点建议吗？

青青：一是提升自身专业性。专业性是一位理财经理的必备素质，与客户之间的情感联系更是必不可少。在维护客户关系时，一定要认真耐心地听他的诉求，不要只想着给客户推荐自己想要推荐的产品，应认真分析客户的事实情况，切身为客户着想，给出一个专业的、合理的投资建议，会比强行营销的效果好得多。二是把握好与客户之间的关系，让客户依赖自己。针对客户的情况和喜好，偶尔单独为他发一条财经新闻、养生知识分享、品茶知识分享，这会让客户感觉到对他的在意和重视，从而赢得他的信任。客户信任了我们自然会把他身边的亲戚朋友介绍给我们，我们再进行相同的营销服务，客户规模就会越做越大。三是建议大家要"不忘初心，真诚待客，运气就不会太差"。2018年初，我在支行门口进行活动宣传时，恰逢骑着电动车路过的吴先生，便递上一张宣传折页进行讲解，这时才发现客户吴先生行动不便，交流也只能用笔和纸写下来，于是我将手中工作交由其他同事办理，与客户用这种特殊的方式交流了起来，细心地为他解答了相关问题。几日后，吴先生来到厅堂找到我为其办理业务，由于吴先生情况特殊，加之行事谨慎，办理业务时间自然比其他客户久一些。我并没有因此懈怠服务，而是耐心细致地为其讲解每一个环节，以管家式的服务协助吴先生办理好每一项业务，业务办理完毕后为其整理好每一张回单，方便其查阅。吴先生每隔一段时间会来到网点存自己的工资补贴，我将阳光般灿烂的微笑、热心真诚的态度、贴心细致的服务带给他。而且我担心吴先生的身体状况，常"啰嗦"几句，"叔叔，少喝点酒，对身体不好""天冷了多穿点衣服"。这样贴心的服务感动了吴先生，更得到了吴先生的信任，他给我介绍了很多客户。当我们真诚待人的时候，也会意外地收获很多惊喜。营销就是一个从点到面、由面到网的过程，静下心来踏实去做，结果都不会太差。

主持人：感谢青青专业的回答。她经受住了"心灵的拷问"，她的经验为大家开展后期营销指明了方向，接下来就要大家真正地去实践，下一个营销冠军就是你。下一个与我们分享经验的是半路转岗的理财经理靖宇，让我们听听她的成长故事。

分享嘉宾靖宇，2012年11月入行时是一名客户经理，2016年12月通过岗位竞聘，成为一名专职党务干部，三年的党建工作，让她得到了锻炼和成长，也更加明确了她奋斗方向及目标。2020年初，她申请转岗成为一名理财经理。

主持人：转岗为理财经理，可以说是从零开始，为什么会有这样的想法，要去做理财经理？

靖宇：这就要从2019年说起，当时全行的全员营销活动如火如荼地开展，职能部室员工业余时间也会三两结伴走到街头进行扫街式营销，要问效果怎么样，大家可想而知，没有业务知识基础和营销经验，全靠礼品吸引客户，营销业绩很是惨淡。从那时候起，我的脑子里总是在想一个问题——作为部室员工，我能为营销工作做点什么？带着这个问题，我开始学习业务知识，留心大家的营销技巧，希望哪天我的全员营销业绩能够一飞冲天。直到有一天，一名理财经理特别无奈地跟我说："这个社区我一直想进去设点营销，但是好几家银行盯着呢，进去太难了！"这句话像一根刺一样扎进了我的心里，那一刻我好像明白了自己该做的是什么。每年"双报到"工作开始时，是我跑社区最频繁的时候，虽然不知道营销该找谁，但通往社区的路怎么走，起码我熟。就这样，我再次以专职党务干部的身份走进了驻地社区，就业务营销工作进行陌拜洽谈。那段时间，我深刻体会到了营销的难和营销的乐，就这么磕磕绊绊的，一家社区、两家社区，跑完大港街再跑古林街，从一个人跑到带着理财经理一起跑。一个月内，我们利用业余时间，跑遍了辖区内10余家重点社区和企业，完成所有社区工作人员开卡及"喵喵贷"产品的全员注册授信，并营销高净值存款客户20余人，同时为理财经理争取了多次驻地营销和联合营销的机会。说实话，那段时间很累，但格外地充实，能够帮助基层同事解决营销工作的难点，这让我的工作有了价值。

2019年底，支行缺少营销人员，我再次审视自己，32岁的我还能为行里做些什么？2020年初，我递交转岗申请，来到支行把业务从头学起。

主持人：你做理财经理也有100多天了，这些天你是怎么过的？

靖宇：到岗第一天，我就接到了很多同事的电话和微信，大家惊讶之余更多的是不理解，问我为什么想不开，党建工作这么好的岗位不干了，偏要到支行来干营销，况且这是一个业绩并不突出的支行。面对大家的质疑和不解，我想说，敢来就是凭的共产党员想干敢干的这股劲。跨条线转岗，初到基层，面对系统的工作，我成了"门外汉"，怎么才能在短时间内开展工作？提升支行业绩？说得好不如做得好，支行业绩要想向好发展，要有真招实效，"等、靠、要"是不行的，没有资源就想方设法自己蹚出一条路，没有优势就千方百计留住客户。最重要的还是要支行从上到下一盘棋，心往一处想，劲往一处使。经过一段时间的观察和相处，我感受到身边每位同事高涨的工作热情，大家的力量都是无限的。

2020年3月疫情得到有效控制，按照总行工作部署，各项营销工作逐步开展，在中支和支行领导的大力支持下，我带领团队在做好厅堂营销和防疫工作的同时，充分利用现有资源和时间，进社区，扎市场。3月，我们重拾官港和工农两大老社区，抢挖社区内其他金融机构存款百万元；4月，对驻地重点社区进行攻坚，结合社区网格化管理，与百名楼栋长取得联系，开卡和更换社保卡400余张；5月，与大港招办建立关系，保质保量完成了助力高考营销活动，为拓展大港地区教育行业的金融业务奠定了基础。6月，借助社保卡介质变更工作，与驻地街道、村镇取得联系，与街道初步达成助力复工复产招聘工作的独家金融服务意向，为支行下一步拓展公私联动业务夯实了基础。

在这些转变背后，我看到了支行所有人的努力和付出，同时我也深刻地体会到了基层员工的不易。我还记得，那是4月底的一天，大家营销回来，一起从车上搬营销物资，看着大家忙碌的身影，我问道："大家今天累坏了吧？"正在忙的各位同事一边搬着桌子一边笑呵呵地跟我说："我们不累！你知道我们现在什么感觉吗？干事创业的感觉！"当我听到干事创业这四个字的时候，我认为所有的付出都是值得的！

在这撸起袖子加油干的100多天里，我深刻体会到了自身工作的意义和价值所在。在滨海，爱滨海，为滨海，我希望用我满腔的工作热情感染身边的每一个人，让大家一起真正地为我行的发展贡献力量。

主持人：听了靖宇这100多天的感受，手动给你点个赞，你真是好样的，三十而已，重新出发，不愧为一名优秀的共产党员。非常感谢两位精英们的到来，给新人们上了生动的一课。在此祝愿两位的业绩会节节高，也祝愿小伙伴们能消化、吸收、应用他们的方法，学习他们的精神，创造佳绩。

思考与实践：

如果你是一名理财经理，你有什么好方法可以实现业绩提升？

Day 49
理财业务——面对客户的"灵魂提问"

> 银行的员工,工作中必然会接到客户的各种提问,面对这些提问,我们应该如何回答呢?本节课为大家总结归纳了客户的高频问题,让我们一起来了解一下吧!

No.1 产品到期日,本息是实时入账吗?

不是。理财产品到期,银行将于到期日后 N 个工作日内(具体日期以产品说明书为准),将变现所得中属于投资者的部分划转至投资者指定账户;结构性存款到期,为到期日后一个工作日内,存款人可获取 100% 存款本金和应得的利息。

No.2 某理财注明募集期为 12 月 1 日至 12 月 7 日,那么我 12 月 7 日肯定可购买吗?

不一定。需要关注该期产品的剩余额度是否充足,以及是否到募集期最后一日。

No.3 我做过折换卡、卡换卡(包括挂失补卡),是否影响未到期的理财未来的入账?

不影响。资金到账时,会回到客户所持新卡当中。

No.4 我在智能机具(STM)上购买理财,人脸识别环节识别失败,可否请大堂经理依靠人工判别后授权通过?

不可以。利用智能机具(STM)进行理财购买交易,人脸识别必须通过,才可进行下一步操作。如持续识别失败,可至柜台、理财经理移动银行购买或客户本人手机微银行自主购买。

No.5 我有 2 张你们行的银行卡，其中卡 1 有未到期理财，我打算把卡 1 销户，等产品到期后，资金返款至卡 2 中，是否可以办理？

不可以。个人结算账户销户需要做账户理财解约交易，如有未到期理财则不可解约，无法销户。

No.6 我收到短信"您购买的 XX 期结构性存款产品将于 X 年 X 月 X 日到期"，当日网点营业时间内，我是否可对该笔资金进行处理？

不能。到期日后一个工作日内，存款人可获取 100% 存款本金和应得的利息，非营业时间资金也可能到账，与当日网点是否营业无关。

No.7 我持有的理财产品，为什么在银行卡可用余额中查询不到？

因为持有的理财产品状态为资金冻结或已划走状态，不属于银行卡内可用余额。您可通过柜台、智能机具（STM）、自助回单机、微银行等渠道查询持有理财的交易，查询到自己持有的理财产品。

No.8 手机银行安全吗？

手机银行采用多种加密手段和方法确保其安全性，所有的数据全部采用加密方式传输，客户信息与手机号码唯一绑定，所有交易必须在客户本人手机上进行，客户尽可以放心使用。

No.9 我通过网银办理转账时，输错账号、输错户名、选错收款行怎么处理？

客户不必担心，目前各行均有账号户名的校验，账务信息错误系统不会入账，对方行会进行退回处理，并协助及时联系银行进行处理。

No.10 我急需通过网银转出大量资金、超过限额，应如何解决？

首先应提示客户核查交易真实性，防范电信诈骗。若为真实交易，可根据客户意愿，按照流程帮助客户修改限额；若超过最大交易限额，应提示客户到柜面进行转账交易。

No.11 我的手机丢了，也许被盗了，我该如何处理？

手机银行有登录密码保护，而且手机本身不保存账务信息。为进一步保障您的资金安全，请您马上通过客服或在柜面先注销手机银行业务，待开通新的手机号码或找回原号码后再重新开通；您也可以通过服务商的热线报停手机，手机银行即被暂停使用。

No.12 我的手机银行和网银端密码泄露了，需如何处理？

请您马上通过客服或在柜面进行挂失交易。

Day 50
案例学习：尊重客户意愿，推荐合适的产品

> "尊重客户意愿"并不是只停留在口头上的标语口号，还关系到客户切身利益以及银行的权益，并且可能影响到员工的个人职业生涯。那么什么是"尊重"与"合适"？我们通过以下几个案例，来找找答案吧。

2010年胡某到安徽某银行的支行网点办理存款业务，在理财经理叶某的推荐下购买了某基金管理有限公司发行的A号基金100万元，基金资产托管人为该银行。胡某赎回该基金后获得了丰厚的回报，自此与客户经理叶某建立了良好的关系，并经常到该网点进行理财产品咨询，逐步成为该银行的理财VIP客户。

2011年3月，在客户经理叶某与胡某的日常电话拜访中，胡某咨询是否有类似A基金的理财产品，希望叶某能帮其留意推荐。叶某想起最近该行正在代销的B基金，随即跟胡某在电话中就B基金的产品特点和基本情况进行了介绍。

当月，胡某来该网点取款。正值叶某在网点大堂接受其他客户咨询，于是叶某向胡某再次详细介绍了B基金的收益预期以及投资方向，并提示了投资可能产生的风险及亏损。基于此前根据叶某推介购买的理财产品都获得了不错的收益，胡某表示有购买B基金100万元的意向，叶某随即引导胡某到柜台处进行购买操作。

当日，胡某（资产委托人）与B基金管理有限公司（资产管理人）、安徽某银行（资产托管人）签订《×××资产管理计划资产管理合同》，合同中的明确投资范围为，主要投资于国内的A股（包括但不限于创业板、新股认购和定向增发）、股指期货、基金（股票型、债券型、货币型、混合型等）、债券、权证、债券回购及法律法规或监管机构允许投资的其他金融工具；该合同还对合同当事人权利义务、风险揭示、违约责任等内容进行了约定。合同文本后附"股指期货交易风险提示函"一份，该函右

下方资产委托人落款处空白。

合同签订后，胡某即在该网点认购了人民币100万元的B基金，并在安徽某银行开放式基金交易凭条（个人）上签字确认，签名下方记载，"本人充分知晓投资开放式基金的风险，自愿办理安徽某银行代理的基金业务，自担投资风险"，同时胡某在该交易凭条背面的风险提示函下方签字。

2011年3月4日，安徽某银行作为评估机构向胡某出具个人客户风险评估，提示：胡某风险承受能力评级及适合购买的产品为稳健型投资者。叶某将评估情况告知胡某，胡某又向该行提交个人理财产品业务交易信息确认表，认购B基金。该确认表客户投资意愿确认栏记载："安徽某银行：根据贵行为本人进行的个人客户风险评估问卷的结果显示，本人不适宜购买本产品。但本人认为，本人已经充分了解并清楚知晓本产品的风险，愿意承担相关风险，并有足够的风险承受能力和投资分辨能力购买该产品。现特别声明，此次投资的决定和实施是本人自愿选择，其投资结果引致的风险由本人自行承担。"并对此签字确认。

资产管理计划到期后，B基金发生亏损，胡某遂找到叶某要求赔偿。叶某向胡某再次解释了基金投资方向，以及高盈利理财产品与高风险并存，非银行过错原因导致。但胡某表示无法承受损失结果，因此向法院起诉，要求该银行赔偿损失。

案例分析：

在上述案例中，客户经理基于此前的投资经历，向客户推荐了新的产品，却最终使客户利益受损导致银行涉诉。本案中的审理中，法院明确了银行在销售理财产品时必须遵守"投资者适当性义务"的要求。法院认为商业银行在金融服务法律关系中负有依照客户的风险承受能力和财务状况等推介合适产品的义务。近年来相关理财纠纷的案件中，法院越来越倾向于加重银行责任，减轻金融消费者的责任负担。因此，从维护银行利益出发，建议银行的员工不能因为客户有既有的投资经历，而降低告知义务标准以及对客户风险承受能力的考量。在本案中，虽然同客户签订的个人客户风险评估问卷避免了银行部分责任，但未针对该产品重新对客户进行风险评估即进行产品推介却是事实，银行因此承担客户的相关损失。

思考与实践：

银行的员工主动向客户推介的产品，其风险级别应与测评结果相一致，切不可为了追求业绩，盲目推介高于客户承受能力的产品。作为银行员工，你遇到类似情况打算如何处理？

Day 51
案例学习：理财经理营销案例分享

> 营销是一门学问，理财经理除了对所营销的产品充分了解外，如果能够掌握一些营销技巧，则会使营销的成功率大大增加。今天，让我们走近银行优秀的理财经理，听听他们是如何营销客户的。

小鸽子带来的大存款

一、案例描述

每年的金秋时节，各赛鸽公棚开始进行赛鸽比赛。比赛期间每只参赛鸽子需缴纳参赛费，每只参赛费用2600元，每家公棚赛鸽数量达到6000只左右，收缴款高达1500万元。某支行营销人员极力进行收缴款的营销，但由于参赛费收缴款笔数及总体金额较大，支行营销人力物力有限，无法实现全覆盖营销，而且之前没有进行过此类情景的营销，营销活动怎么开展无从下手，营销效果也没有保障。该行根据各公棚的需求和支行营销人员的实际情况，择优选取公棚口碑较好、收款额较大的两家开展重点精准营销。最后成功将公棚款赛鸽收缴款存入支行，实现存款增长近千万元。

二、业务启示

1. 应对原则

（1）结合自身实际情况，研究营销策略，以"提供帮助"为营销的切入点，安排人员分工帮助公棚进行赛鸽款收缴。如果盲目地进行营销，会显现出不够专业的情况，失去客户的信赖感。同时，如果营销活动与自身人力物力情况不匹配引起客户反感，容易造成营销失败。

（2）介绍布设银行的业务产品，开立银行卡，布设POS机、二维码收款码。如果不进行业务产品的布设，无法加深银行在所服务人群中的印象，也是对行内业务产品资源的浪费。

（3）初次与客户接触不要功利性过强，整体原则是以服务为主，慢慢渗透，恰当时机营销银行产品，做到顺理成章，自然营销，而不是强迫客户非要把钱款存入本行。如果采用急切强迫性的营销方式，会显得服务的目的性过强，整个服务所带来的营销效果也会差强人意，给后续的维护设置了障碍。

2. 具体做法

（1）通过查看网络上各公棚的规模和信息，了解赛鸽的整体行业及参赛流程，查看比赛规则等细节信息，尽快熟悉这个行业。

（2）由客户经理与公棚负责人进行接洽，进一步了解并熟悉整套赛鸽收缴款流程。根据收款流程及客户需求细化人员部署。

（3）银行服务要有持续性，不仅仅是在赛鸽款收缴前进行介入，收缴后的相应业务也要跟进，通过持续的跟进获得更大的收益，在整个赛鸽业体系中树立银行的口碑。

（4）实现双赢，如果仅仅银行单方面的盈利客户终究会离我们而去。通过本行产品的高收益、免手续费等优势让客户享受到实际的优惠，并将存款转入本行。

3. 参考话术

"您的一些服务需求，咱们可以先聊聊吗？""每年这么多的缴款人数，根据以往的经验怎么做到忙而不乱？""这些钱存在活期账户不是很吃亏吗？""微信收款您会花费多少手续费啊？""后续款项资金如何进行使用？""我们可以为您提供解决方案，让您省心。"

通过持续跟进维护，增强本行在同业中的市场竞争力，从而实现他行存款回揽。

用心经营客户关系

一、案例描述

某日，某银行理财经理小郭看到一位客户在微信朋友圈发布了一条动态，大概意思是刚从南方回到北京，由于气候和工作的缘故，嗓子干哑。作为南方人的小郭也曾经有过类似的经历，当他看到这条消息的时候，第一反应就是要去探望一下客户。尽管当时这位客户在小郭所在支行的资产仅有5万元，但小郭还是毫不犹豫地跑到药店购买了胖大海冲剂和金嗓子喉片,匆匆赶到客户家中探望,他的出现让客户感到意外和欣喜。小郭把药递给客户,并叮嘱她多喝水、多休息,祝她早日康复。客户不停地答谢,出门道别时,眼里充满了感动的泪水。

一个月后的某一天,客户把在其他银行到期的145万元转至该行,并对小郭说:"你做事情用心,我放心把钱交给你帮我打理。"就这样,小郭用一颗为客户着想的心赢得了客户对自己的认可和信任,也换来了一位朋友、一份业绩。

小郭的客户对他说,只要有小郭在,他把钱放在这家银行就特别放心。产品快到期了,小郭总会对客户进行到期提醒,为他们推荐适合的产品,做最适合的资产配置。久而久之,客户们都知道,小郭推荐给他们的,不一定是收益率最高的,但一定是最适合他们的产品。

二、业务启示

对于高净值人群来说,他们追求的是差异化的服务和体验。理财经理一旦与客户建立了某种交集,默默地为他们带去无微不至的关心和帮助,他们就会觉得该理财经理和其他人不一样,更愿意去信任他,如此建立起的关系往往更加牢固,客户往往忠诚度更高。

客户关系的维护是理财经理日常工作的重要一环。从普通客户到忠诚客户一般需要经过认知—信任—交易—满意—忠诚—口碑六步。各步环环相扣,用心经营才能最终与客户建立长久的关系。

Day 52
个人电子银行业务

> 随着互联网技术的发展,银行业也发生了巨大的变化。电子银行突破了传统银行网点的时间、空间限制,使得客户可以跨地域即时线上办理银行业务,银行服务更加多元、便捷。本节,我们将学习电子银行的相关知识。

No.1 什么是网上银行?

网上银行业务是指本行利用互联网向客户提供的账户管理、信息查询、转账结算、缴费支付、投资理财等金融服务。

No.2 什么是手机银行?

手机银行业务是指本行利用无线网络和移动电话,为客户提供的账户管理、信息查询、转账结算、缴费支付、投资理财等金融服务。

No.3 电子银行的安全性如何?

商业银行电子银行安全有保障,提供多重安全保护措施。网上银行采用客户登录密码、交易密码、交易限额、USBKey证书介质、动态口令、电子签名等多重手段保护客户交易安全。手机银行采用交易密码、交易限额和短信通知等手段保障交易安全。重要客户服务系统使用专网、数字签章、验章技术等方法保障交易安全。只要客户遵守商业银行电子银行规则,妥善保管本人私密信息,是可以控制风险的。

No.4　个人网银及手机银行一般主要有哪些功能？

个人网银及手机银行主要包括查询、挂失、转账汇款、银证业务、证券业务、外汇业务、缴费业务、信用卡业务、个人贷款等功能。

No.5　什么是 CA？

CA（Certification Authority）中心是所有合法注册用户所信赖的具有权威性、信赖性及公正性的第三方机构，负责为电子商务环境中各个实体颁发证书，以证明各实体身份的真实性，并负责在交易中检验和管理证书。

No.6　什么是数字证书？数字证书有何作用？

数字证书是指存于计算机上的一个记录，该记录是由 CA 签发的一个声明，证明证书主体（"证书申请者"被发放证书后即成为"证书主体"）与证书的唯一对应关系。证书包括证书申请者的名称及相关信息、申请者的公钥、签发证书的 CA 数字签名及证书有效期等内容。商业银行自行建立了一个 CCBCA 的 CA 中心，向申请网上银行服务个人和企业客户发放数字证书，中国金融认证中心（CFCA）也设立了 CA 中心。

通过这两种证书，客户就可以在浏览器端与商业银行网上银行系统之间建立起安全的加密通道，同时为商业银行网上银行客户身份进行认证。

银行网银证书已预置在 U 盾中，有效期一般为 3 年，证书逾期，需客户到柜面进行证书换新。

No.7　什么是登录密码？什么是交易密码？

登录密码是指客户登录界面需输入的密码；交易密码是客户在交易提交时输入的密码。为了客户的资金安全，应引导客户设置不同的登录密码与交易密码。

练一练

（单选题）网上银行重置登录密码，本人持（　　）证件办理。
A. 开户回单　　B. 身份证复印件　　C. 银行卡　　D. 身份证、银行卡
答案：D。

No.8 个人手机银行单笔限额最大是多少？日累计限额是多少？

通常，银行的个人手机银行单笔限额为 20 万元，日累计限额为 50 万元。（个人可下调限额）

No.9 个人网上银行单笔限额最大是多少？日累计限额是多少？

通常，银行的个人网上银行单笔限额 50 万元，日累计限额为 200 万元。（个人可下调限额）

第五章　公司业务

银行公司业务即对公业务,包括单位结算、储蓄、贷款等业务。本章的公司业务仅介绍结算类业务,信贷和国际业务会在后面的章节单独介绍。

Day 53 对公账户管理

在上一章的内容中,我们为大家介绍了个人账户管理的相关知识。今天,让我们共同学习对公账户管理的知识吧!

No.1 单位银行结算账户按用途分为几种?使用范围分别是什么?

单位银行结算账户按用途分为基本存款账户、一般存款账户、专用存款账户、临时存款账户。

基本存款账户是存款人因办理日常转账结算和现金收付需要开立的银行结算账户;

一般存款账户是存款人因借款或其他结算需要,在基本存款账户开户银行以外的营业机构开立的银行结算账户;

专用存款账户是存款人按照法律、行政法规和规章,对其特定用途资金进行专项管理和使用而开立的银行结算账户;

临时存款账户是存款人因临时需要并在规定期限内使用而开立的银行结算账户。

💡 **小提示**:单位银行结算账户的分类是对公业务的基础,下面以表格形式进行了总结,各位同伴一定要牢记哦。

表 5-1 单位结算账户分类

分类	基本存款账户	一般存款账户	专用存款账户	临时存款账户
地位	龙头	附属 (与基本账户不能在同一银行营业机构开立)	附属	附属

续表

分类	基本存款账户	一般存款账户	专用存款账户	临时存款账户
数量	1个	多个	多个	多个
是否可取现	可以	不可以	部分可以直接取现，部分需要人民银行批准后才可以取现	可以
用途	办理日常转账结算和现金收付（如工资、奖金）	借款或其他结算需要	对特定用途资金进行专项管理和使用	异地施工及安装、异地从事临时经营、临时设立的机构
期限	—	—	—	最长2年

No.2 开立单位银行结算账户的对象有哪些？

单位银行账户的对象有机关、团体、部队、企业、事业单位、个体工商户、其他组织。其中个体工商户凭营业执照以字号或经营者姓名开立的银行结算账户纳入单位银行结算账户管理。无字号的个体工商户，其开立的单位银行结算账户名称是由"个体户"加经营者姓名组成的。

No.3 自2019年5月20日起哪些账户取消开户许可证？

境内依法设立的企业法人、非法人企业、个体工商户，在银行业金融机构办理基本存款账户、临时存款账户，由核准制改为备案制，人民银行不再核发开户许可证。

No.4 存款人开立基本存款账户需要提供哪些证明文件？

（1）企业法人应出具企业法人营业执照。

（2）非法人企业应出具企业营业执照。

（3）机关和实行预算管理的事业单位应出具政府人事部门或编制委员会的批文或登记证书和财政部门同意其开户的证明；非预算管理的事业单位应出具政府人事部门或编制委员会的批文或登记证书。

（4）军队、武警团级（含）以上单位以及分散执勤的支（分）队应出具军队军级以上单位财务部门、武警总队财务部门的开户证明。

（5）社会团体应出具社会团体登记证书，宗教组织还应出具宗教事务管理部门的批文或证明。

（6）民办非企业组织应出具民办非企业登记证书。

（7）外地常设机构应出具其驻在地政府主管部门的批文。

（8）外国驻华机构应出具国家有关主管部门的批文或证明；外资企业驻华代表处、办事处应出具国家登记机关颁发的登记证。

（9）个体工商户应出具个体工商户营业执照。

（10）居民委员会、村民委员会、社区委员会应出具其主管部门的批文或证明。

（11）独立核算的附属机构应出具其主管部门的基本存款账户开户登记证和批文。

（12）其他组织应出具政府主管部门的批文或证明。

No.5　存款人开立一般存款账户需要提供哪些证明文件？

应提供开立基本存款账户所需证明材料、开户许可证正本原件（或基本存款账户编号）。存款人因向银行借款需要，应出具借款合同；存款人因其他结算需要，应出具有关证明。

No.6　存款人开立专用存款账户需要提供哪些证明文件？

应提供开立专用存款账户所需证明材料，视情况补充下列材料：

（1）基本建设资金、更新改造资金、政策性房地产开发资金、住房基金、社会保障基金应出具主管部门批文。

（2）财政预算外资金应出具财政部门的证明。

（3）粮、棉、油收购资金应出具主管部门批文。

（4）单位银行卡备用金应按照中国人民银行批准的银行卡章程的规定出具有关证明和资料。

（5）证券交易结算资金应出具证券公司或证券管理部门的证明。

（6）期货交易保证金应出具期货公司或期货管理部门的证明。

（7）金融机构存放同业资金应出具其证明。

（8）收入汇缴资金和业务支出资金应出具基本存款账户存款人有关的证明。

（9）党、团、工会设在单位的组织机构经费应出具该单位或有关部门的批文或证明。

（10）其他按规定需要专项管理和使用的资金应出具有关法规、规章或政府部门的有关文件。

No.7 存款人开立临时存款账户需要提供哪些证明文件？

视情况提供下列材料：

（1）临时机构，应出具其驻在地主管部门同意设立临时机构的批文。

（2）异地建筑施工及安装单位，应出具其营业执照正本或其隶属单位的营业执照正本，以及施工及安装地建设主管部门核发的许可证或建筑施工及安装合同及基本存款账户开户登记证。

（3）异地从事临时经营活动的单位，应出具其营业执照正本以及临时经营地工商行政管理部门的批文及基本存款账户开户登记证。

（4）注册验资资金，应出具工商行政管理部门核发的企业名称预先核准通知书或有关部门的批文。

No.8 取消开户许可证后，如何证明基本存款账户的唯一性？

营业机构应在账户管理系统中准确录入企业名称、统一社会信用代码、注册地地区代码等信息，审核企业基本存款账户唯一性。

No.9 客户申请开立哪些银行结算账户须经中国人民银行核准？

中国人民银行对下列单位银行结算账户实行核准制度：

（1）基本存款账户（不包括境内依法设立的企业法人、非法人企业、个体工商户）。

（2）临时存款账户（因注册验资和增资验资开立的除外，境内依法设立的企业法人、非法人企业、个体工商户除外）。

（3）预算单位专用存款账户。

（4）合格境外机构投资者在境内从事证券投资开立的人民币特殊账户和人民币结算资金账户（以下简称"QFII专用存款账户"）。

上述银行结算账户统称核准类银行结算账户。

No.10　存款人哪些情形应向开户银行提出撤销银行结算账户的申请？

（1）被撤并、解散、宣告破产或关闭的。

（2）注销、被吊销营业执照的。

（3）因迁址需要变更开户银行的。

（4）其他原因需要撤销银行结算账户的。

No.11　存款人申请撤销账户，柜员应如何操作？

（1）查询有无久悬账户。企业申请撤销基本存款账户，营业机构先在人民银行账户管理系统查询，将该企业久悬账户清单告知客户；除"转户"外（久悬账户仍需要先处理），其他销户原因都要求企业先去完成其他类型账户的注销手续。

（2）收集销户材料、客户填写销户申请。客户提供撤销单位银行结算账户申请、核准类账户的开户许可证原件、法定代表人（或单位负责人）及经办人有效身份证件原件、未使用的重要空白凭证等销户资料。

（3）受理审核。两名柜员对客户提交资料进行审核。

（4）系统操作。经办柜员进行系统操作，做到"无欠款、先结息、零余额、再销户"。

No.12　对伪造、变造开户证明文件的如何处理？

不得为其办理开立、撤销银行结算账户等相关业务，并向上级报告。

No.13　单位结算账户在使用中必须遵守哪些规定？

存款人在单位结算账户使用过程中不得有以下行为：

违规将单位款项转入个人银行结算账户；违规支取现金；利用开立银行结算账户逃废银行债务；出租、出借银行结算账户；从基本存款账户之外的银行结算账户转账存入、将销货收入存入或现金存入单位信用卡账户；法定代表人或主要负责人、存款人地址以及其他开户资料的变更事项未在规定期限内通知营业机构。

No.14 什么是双异地？"双异地"对开户有什么影响？

双异地是指单位注册地址与经营地址均不在开户地。此种情况需加强开户意愿与真实性核实。上门核实或向法定代表人或单位负责人核实开户意愿，并留存相关核实记录，如视频、音频、照片等。在上门核实、向法定代表人（单位负责人）核实开户意愿、柜面审核等关键业务环节，实行双人办理。

No.15 什么是单位结算卡？

单位结算卡是指本行面向单位客户发行的，以卡片为介质，凭卡及密码为客户办理账户支付结算业务的工具，是银行账户结算功能的补充，为单位人民币结算账户办理相关业务提供的一种新认证方式。简单地说就是企业的"身份证"+"银行卡"。

No.16 单位结算卡的功能有哪些？

单位结算卡基本囊括三大功能：回单卡功能、身份识别功能、支付功能。

练一练

（多选题）单位结算卡开立后，默认具有以下哪些功能（　　）。

A. 身份识别认证　　　　　　B. 回单打印
C. 交易明细及信息查询　　　D. 现金存取、转账汇款业务

答案：A、B、C。

Day 54

法规学习：人民币银行结算账户管理办法（节选）

> 为规范人民币银行结算账户（以下简称银行结算账户）的开立和使用，加强银行结算账户管理，维护经济金融秩序稳定，根据《中华人民共和国中国人民银行法》和《中华人民共和国商业银行法》等法律法规，我国制定了《人民币银行结算账户管理办法》。以下为《人民币银行结算账户管理办法》（自2003年9月1日起施行）节选，供大家学习参考。

No.1 《人民币银行结算账户管理办法》的第一章"总则"有哪些需要了解的规定？

第二条 存款人在中国境内的银行开立的银行结算账户适用本办法。本办法所称存款人，是指在中国境内开立银行结算账户的机关、团体、部队、企业、事业单位、其他组织（以下统称单位）、个体工商户和自然人。本办法所称银行，是指在中国境内经中国人民银行批准经营支付结算业务的政策性银行、商业银行（含外资独资银行、中外合资银行、外国银行分行）、城市信用合作社、农村信用合作社。本办法所称银行结算账户，是指银行为存款人开立的办理资金收付结算的人民币活期存款账户。

第三条 银行结算账户按存款人分为单位银行结算账户和个人银行结算账户。（一）存款人以单位名称开立的银行结算账户为单位银行结算账户。单位银行结算账户按用途分为基本存款账户、一般存款账户、专用存款账户、临时存款账户。个体工商户凭营业执照以字号或经营者姓名开立的银行结算账户纳入单位银行结算账户管理。（二）存款人凭个人身份证件以自然人名称开立的银行结算账户为个人银行结算账户。邮政储蓄机构办理银行卡业务开立的账户纳入个人银行结算账户管理。

第四条 单位银行结算账户的存款人只能在银行开立一个基本存款账户。

第五条 存款人应在注册地或住所地开立银行结算账户。符合本办法规定可以在异地（跨省、市、县）开立银行结算账户的除外。

第六条 存款人开立基本存款账户、临时存款账户和预算单位开立专用存款账户实行核准制度，经中国人民银行核准后由开户银行核发开户登记证。但存款人因注册验资需要开立的临时存款账户除外。

第九条 银行应依法为存款人的银行结算账户信息保密。对单位银行结算账户的存款和有关资料，除国家法律、行政法规另有规定外，银行有权拒绝任何单位或个人查询。对个人银行结算账户的存款和有关资料，除国家法律另有规定外，银行有权拒绝任何单位或个人查询。

✍ 练一练

（判断题）一家单位只能选择一家银行申请开立一个基本存款账户。　　（　　）

答案：正确。

No.2 《人民币银行结算账户管理办法》的第二章"银行结算账户的开立"有哪些需要了解的规定？

第十一条 基本存款账户是存款人因办理日常转账结算和现金收付需要开立的银行结算账户。下列存款人，可以申请开立基本存款账户：（一）企业法人。（二）非法人企业。（三）机关、事业单位。（四）团级（含）以上军队、武警部队及分散执勤的支（分）队。（五）社会团体。（六）民办非企业组织。（七）异地常设机构。（八）外国驻华机构。（九）个体工商户。（十）居民委员会、村民委员会、社区委员会。（十一）单位设立的独立核算的附属机构。（十二）其他组织。

第十二条 一般存款账户是存款人因借款或其他结算需要，在基本存款账户开户银行以外的银行营业机构开立的银行结算账户。

第十三条 专用存款账户是存款人按照法律、行政法规和规章，对其特定用途资金进行专项管理和使用而开立的银行结算账户。对下列资金的管理与使用，存款人可以申请开立专用存款账户：（一）基本建设资金。（二）更新改造资金。（三）财政预算外资金。（四）粮、棉、油收购资金。（五）证券交易结算资金。（六）期货交易保证金。（七）信托基金。（八）金融机构存放同业资金。（九）政策性房地产开发资金。（十）单位银行卡备用金。（十一）住房基金。（十二）社会保障基金。（十三）收入汇缴资金和业务支出资金。（十四）党、团、工会设在单位的组织机构经费。（十五）其他需要专项管理和使用的资金。收入汇缴资金和业务支出资金，是指基本存款账户存款人附属的非独立核算单位或派出机构发生的收入和支出的资金。因收入汇缴资金和业务支出资金开立的专用存款账户，应使用隶属单位的名称。

第十四条 临时存款账户是存款人因临时需要并在规定期限内使用而开立的银行结算账户。有下列情况的，存款人可以申请开立临时存款账户：（一）设立临时机构。（二）异地临时经营活动。（三）注册验资。

第十五条 个人银行结算账户是自然人因投资、消费、结算等而开立的可办理支付结算业务的存款账户。有下列情况的，可以申请开立个人银行结算账户：（一）使用支票、信用卡等信用支付工具的。（二）办理汇兑、定期借记、定期贷记、借记卡等结算业务的。自然人可根据需要申请开立个人银行结算账户，也可以在已开立的储蓄账户中选择并向开户银行申请确认为个人银行结算账户。

第十七条 存款人申请开立基本存款账户，应向银行出具下列证明文件：（一）企业法人，应出具企业法人营业执照正本。（二）非法人企业，应出具企业营业执照正本。（三）机关和实行预算管理的事业单位，应出具政府人事部门或编制委员会的批文或登记证书和财政部门同意其开户的证明；非预算管理的事业单位，应出具政府人事部门或编制委员会的批文或登记证书。（四）军队、武警团级（含）以上单位以及分散执勤的支（分）队，应出具军队军级以上单位财务部门、武警总队财务部门的开户证明。（五）社会团体，应出具社会团体登记证书，宗教组织还应出具宗教事务管理部门的批文或证明。（六）民办非企业组织，应出具民办非企业登记证书。（七）外地常设机构，应出具其驻在地政府主管部门的批文。（八）外国驻华机构，应出具国家有关主管部门的批文或证明；外资企业驻华代表处、办事处应出具国家登记机关颁发的登记证。（九）个体工商户，应出具个体工商户营业执照正本。（十）居民委员会、村民委员会、社区委员会，应出具其主管部门的批文或证明。（十一）独立核算的附属机构，应出具其主管部门的基本存款账户开户登记证和批文。（十二）其他组织，应出具政府主管部门的批文或证明。本条中的存款人为从事生产、经营活动纳税人的，还应出具税务部门颁发的税务登记证。

第十八条 存款人申请开立一般存款账户，应向银行出具其开立基本存款账户规定的证明文件、基本存款账户开户登记证和下列证明文件：（一）存款人因向银行借款需要，应出具借款合同。（二）存款人因其他结算需要，应出具有关证明。

第十九条 存款人申请开立专用存款账户，应向银行出具其开立基本存款账户规定的证明文件、基本存款账户开户登记证和下列证明文件：（一）基本建设资金、更新改造资金、政策性房地产开发资金、住房基金、社会保障基金，应出具主管部门批文。（二）财政预算外资金，应出具财政部门的证明。（三）粮、棉、油收购资金，应出具主管部门批文。（四）单位银行卡备用金，应按照中国人民银行批准的银行卡章程的规定出具有关证明和资料。（五）证券交易结算资金，应出具证券公司或证券管理部门的证明。（六）期货交易保证金，应出具期货公司或期货管理部门的证明。（七）金融机构存放同业资金，应出具其证明。（八）收入汇缴资金和业务支出资金，应出具基本存款账户存款人有关的证明。（九）党、团、工会设在单位的组织机构经费，应出具该单位或有关部门的批文或证明。（十）其他按规定需要专项管理和使用的资金，应出具有关法规、规章或政府部门的有关文件。

第二十条 合格境外机构投资者在境内从事证券投资开立的人民币特殊账户和人民币结算资金账户纳入专用存款账户管理。其开立人民币特殊账户时应出具国家外汇管理部门的批复文件，开立人民币结算资金账户时应出具证券管理部门的证券投资业务许可证。

第二十一条 存款人申请开立临时存款账户，应向银行出具下列证明文件：（一）临时机构，应出具其驻在地主管部门同意设立临时机构的批文。（二）异地建筑施工及安装单位，应出具其营业执照正本或其隶属单位的营业执照正本，以及施工及安装地建设主管部门核发的许可证或建筑施工及安装合同。（三）异地从事临时经营活动的单位，应出具其营业执照正本以及临时经营地工商行政管理部门的批文。（四）注册验资资金，应出具工商行政管理部门核发的企业名称预先核准通知书或有关部门的批文。本条第二、第三项还应出具其基本存款账户开户登记证。

第二十二条 存款人申请开立个人银行结算账户，应向银行出具下列证明文件：（一）中国居民，应出具居民身份证或临时身份证。（二）中国人民解放军军人，应出具军人身份证件。（三）中国人民武装警察，应出具武警身份证件。（四）香港、澳门居民，应出具港澳居民往来内地通行证；台湾居民，应出具台湾居民来往大陆通行证或者其他有效旅行证件。（五）外国公民，应出具护照。（六）法律、法规和国家有关文件规定的其他有效证件。银行为个人开立银行结算账户时，根据需要还可要求申请人出具户口簿、驾驶执照、护照等有效证件。

第二十三条 存款人需要在异地开立单位银行结算账户，除出具本办法第十七条、第十八条、第十九条、第二十一条规定的有关证明文件外，应出具下列相应的证明文件：（一）经营地与注册地不在同一行政区域的存款人，在异地开立基本存款账户的，应出具注册地中国人民银行分支行的未开立基本存款账户的证明。（二）异地借款的存款人，在异地开立一般存款账户的，应出具在异地取得贷款的借款合同。（三）因经营需要在异地办理收入汇缴和业务支出的存款人，在异地开立专用存款账户的，应出具隶属单位的证明。属本条第二、第三项情况的，还应出具其基本存款账户开户登记证。存款人需要在异地开立个人银行结算账户，应出具本办法第二十二条规定的证明文件。

第二十四条 单位开立银行结算账户的名称应与其提供的申请开户的证明文件的名称全称相一致。有字号的个体工商户开立银行结算账户的名称应与其营业执照的字号相一致；无字号的个体工商户开立银行结算账户的名称，由"个体户"字样和营业执照记载的经营者姓名组成。自然人开立银行结算账户的名称应与其提供的有效身份证件中的名称全称相一致。

第二十六条 存款人申请开立单位银行结算账户时，可由法定代表人或单位负责人直接办理，也可授权他人办理。由法定代表人或单位负责人直接办理的，除出具相应的证明文件外，还应出具法定代表人或单位负责人的身份证件；授权他人办理的，除出具相应的证明文件外，还应出具其法定代表人或单位负责人的授权书及其身份证件，以及被授权人的身份证件。

第三十条 银行为存款人开立银行结算账户，应与存款人签订银行结算账户管理协议，明确双方的权利与义务。除中国人民银行另有规定的以外，应建立存款人预留签章卡片，并将签章式样和有关证明文件的原件或复印件留存归档。

> **练一练**
>
> （多选题）银行结算账户包括（　　）。
> A. 基本存款账户　　　　　　　　B. 一般存款账户

C. 专用存款账户　　　　　　　　D. 临时存款账户

答案：A、B、C、D。

No.3 《人民币银行结算账户管理办法》的第三章"银行结算账户的使用"有哪些需要了解的规定？

第三十三条 基本存款账户是存款人的主办账户。存款人日常经营活动的资金收付及其工资、奖金和现金的支取，应通过该账户办理。

第三十四条 一般存款账户用于办理存款人借款转存、借款归还和其他结算的资金收付。该账户可以办理现金缴存，但不得办理现金支取。

第三十五条 专用存款账户用于办理各项专用资金的收付。单位银行卡账户的资金必须由其基本存款账户转账存入。该账户不得办理现金收付业务。财政预算外资金、证券交易结算资金、期货交易保证金和信托基金专用存款账户不得支取现金。基本建设资金、更新改造资金、政策性房地产开发资金、金融机构存放同业资金账户需要支取现金的，应在开户时报中国人民银行当地分支行批准。中国人民银行当地分支行应根据国家现金管理的规定审查批准。粮、棉、油收购资金，社会保障基金，住房基金和党、团、工会经费等专用存款账户支取现金应按照国家现金管理的规定办理。收入汇缴账户除向其基本存款账户或预算外资金财政专用存款户划缴款项外，只收不付，不得支取现金。业务支出账户除从其基本存款账户拨入款项外，只付不收，其现金支取必须按照国家现金管理的规定办理。银行应按照本条的各项规定和国家对粮、棉、油收购资金使用管理规定加强监督，对不符合规定的资金收付和现金支取，不得办理。但对其他专用资金的使用不负监督责任。

第三十六条 临时存款账户用于办理临时机构以及存款人临时经营活动发生的资金收付。临时存款账户应根据有关开户证明文件确定的期限或存款人的需要确定其有效期限。存款人在账户的使用中需要延长期限的，应在有效期限内向开户银行提出申请，并由开户银行报中国人民银行当地分支行核准后办理展期。临时存款账户的有效期最长不得超过 2 年。临时存款账户支取现金，应按照国家现金管理的规定办理。

第三十七条 注册验资的临时存款账户在验资期间只收不付，注册验资资金的汇缴人应与出资人的名称一致。

第三十八条 存款人开立单位银行结算账户，自正式开立之日起 3 个工作日后，方可办理付款业务。但注册验资的临时存款账户转为基本存款账户和因借款转存开立的一般存款账户除外。

> **练一练**
>
> （判断题）临时存款账户的有效期最长不得超过2年。　　　　　　（　　）
> **答案：**正确。

No.4 《人民币银行结算账户管理办法》的第四章"银行结算账户的变更与撤销"有哪些需要了解的规定？

　　第五十二条 未获得工商行政管理部门核准登记的单位，在验资期满后，应向银行申请撤销注册验资临时存款账户，其账户资金应退还给原汇款人账户。注册验资资金以现金方式存入，出资人需提取现金的，应出具缴存现金时的现金缴款单原件及其有效身份证件。

　　第五十四条 存款人撤销银行结算账户，必须与开户银行核对银行结算账户存款余额，交回各种重要空白票据及结算凭证和开户登记证，银行核对无误后方可办理销户手续。存款人未按规定交回各种重要空白票据及结算凭证的，应出具有关证明，造成损失的，由其自行承担。

No.5 《人民币银行结算账户管理办法》的第五章"银行结算账户的管理"有哪些需要了解的规定？

　　第六十一条 银行应明确专人负责银行结算账户的开立、使用和撤销的审查和管理，负责对存款人开户申请资料的审查，并按照本办法的规定及时报送存款人开销户信息资料，建立健全开销户登记制度，建立银行结算账户管理档案，按会计档案进行管理。银行结算账户管理档案的保管期限为银行结算账户撤销后10年。

　　第六十三条 存款人应加强对预留银行签章的管理。单位遗失预留公章或财务专用章的，应向开户银行出具书面申请、开户登记证、营业执照等相关证明文件；更换预留公章或财务专用章时，应向开户银行出具书面申请、原预留签章的式样等相关证明文件。个人遗失或更换预留个人印章或更换签字人时，应向开户银行出具经签名确认的书面申请，以及原预留印章或签字人的个人身份证件。银行应留存相应的复印件，并凭以办理预留银行签章的变更。

> **练一练**
>
> （判断题）银行结算账户管理档案的保管期限为银行结算账户撤销后 5 年。（   ）
>
> **答案：** 错误。
>
> **解析：** 银行结算账户管理档案的保管期限为银行结算账户撤销后 10 年。

Day 55
法规学习：企业银行结算账户管理办法（节选）

为规范企业银行结算账户业务处理，加强企业银行结算账户管理，维护经济金融秩序稳定，根据《中华人民共和国中国人民银行法》《中华人民共和国商业银行法》《中华人民共和国反洗钱法》《人民币银行结算账户管理办法》（中国人民银行令〔2003〕第5号发布）《中国人民银行令》（〔2019〕第1号发布）等规定，制定《企业银行结算账户管理办法》。

以下为《企业银行结算账户管理办法》（自2019年底起施行）节选，供大家学习参考。

No.1 《企业银行结算账户管理办法》的第一章"总则"有哪些需要了解的规定？

第二条 银行业金融机构（以下简称银行）为境内依法设立的企业法人、非法人企业、个体工商户（以下统称企业）办理银行结算账户业务适用本办法。

本办法所称银行结算账户是指《人民币银行结算账户管理办法》规定的基本存款账户、一般存款账户、专用存款账户、临时存款账户。

第三条 企业开立、变更、撤销基本存款账户、临时存款账户实行备案制。

企业只能在银行开立一个基本存款账户，不得开立两个（含）以上基本存款账户。

第五条 银行应当按规定履行客户身份识别义务，落实账户实名制，不得为企业开立匿名账户或者假名账户，不得为身份不明的企业提供服务或者与其进行交易。

银行应当全面、独立承担企业银行结算账户合法合规主体责任，对企业银行结算账户实施全生命周期管理，防范不法分子利用企业银行结算账户从事违法犯罪活动。

No.2 《企业银行结算账户管理办法》的第二章"账户开立与使用"有哪些需要了解的规定？

第七条 企业申请开立银行结算账户，应当按规定提交开户申请书，并出具下列开户证明文件：

（一）营业执照。

（二）法定代表人或单位负责人有效身份证件。

（三）法定代表人或单位负责人授权他人办理的，还应出具法定代表人或单位负责人的授权书以及被授权人的有效身份证件。

（四）《人民币银行结算账户管理办法》等规定的其他开户证明文件。

企业应当对开户申请书所列事项及相关开户证明文件的真实、有效性负责。

第八条 银行应当审核企业开户证明文件的真实性、完整性和合规性，开户申请人与开户证明文件所属人的一致性，以及企业开户意愿的真实性。

第九条 企业申请开立基本存款账户的，银行应当通过人民币银行结算账户管理系统（以下简称账户管理系统）审核企业基本存款账户唯一性，未通过唯一性审核的不得为其开立基本存款账户。

银行通过账户管理系统审核企业基本存款账户唯一性时，应当在系统中准确录入企业名称、统一社会信用代码、注册地地区代码等信息。

第十条 企业申请开立基本存款账户的，银行应当向企业法定代表人或单位负责人核实企业开户意愿，并留存相关工作记录。

银行可采取面对面、视频等方式向企业法定代表人或单位负责人核实开户意愿，具体方式由银行根据客户风险程度选择。

第十五条 银行为企业开立基本存款账户、临时存款账户后应当立即至迟于当日将开户信息通过账户管理系统向当地人民银行分支机构备案，并在2个工作日内将开户资料复印件或影像报送当地人民银行分支机构。

银行完成企业基本存款账户信息备案后，账户管理系统生成基本存款账户编号，并在企业基本信息"经营范围"中标注"取消开户许可证核发"字样。银行应当通过账户管理系统打印"基本存款账户信息"和存款人查询密码，并交付企业。

企业基本存款账户编号代替原基本存款账户核准号使用。

第十六条 持有基本存款账户编号的企业申请开立一般存款账户、专用存款账户、临时存款账户时，应当提供基本存款账户编号。

银行应当通过账户管理系统查询企业基本存款账户"经营范围"是否含有"取消开户许可证核发"字样，核实企业是否持有基本存款账户编号。

第十七条 企业银行结算账户，自开立之日即可办理收付款业务。

No.3 《企业银行结算账户管理办法》的第三章"账户变更与撤销"有哪些需要了解的规定？

第十九条 企业名称、法定代表人或者单位负责人以及其他开户证明文件发生变更时，企业应当按规定向开户银行提出变更申请。

第二十条 银行应当对企业银行结算账户变更申请进行审核。经审核符合变更条件的，银行为企业办理变更手续。

企业变更取消许可前开立的基本存款账户、临时存款账户名称、法定代表人或单位负责人的，银行应当收回原开户许可证原件。企业遗失原开户许可证的，可出具相关说明。

第二十一条 银行发现企业名称、法定代表人或单位负责人发生变更的，应当及时通知企业办理变更手续。

企业自通知送达之日起合理期限内仍未办理变更手续，且未提出合理理由的，银行有权采取措施适当控制账户交易。

第二十二条 企业营业执照、法定代表人或单位负责人有效身份证件列明有效期的，银行应当于到期日前提示企业及时更新。

企业营业执照、法定代表人或单位负责人有效身份证件有效期到期后合理期限内仍未更新，且未提出合理理由的，银行应当按照《金融机构客户身份识别和客户身份资料及交易记录保存管理办法》（中国人民银行 中国银行业监督管理委员会 中国证券监督管理委员会 中国保险监督管理委员会令〔2007〕第2号发布）的规定，中止为其办理业务。

第二十三条 企业撤销银行结算账户，应当按规定向银行提出销户申请。

银行应当对企业销户申请进行审核，经审核符合销户条件的，银行应及时为企业办理销户手续，不得拖延办理。企业撤销取消许可前开立基本存款账户、临时存款账户的，银行应当收回原开户许可证原件。因转户原因撤销基本存款账户的，银行还应打印"已开立银行结算账户清单"并交付企业。

第二十四条 银行为企业变更、撤销基本存款账户、临时存款账户，应当于2个工作日内通过账户管理系统向当地人民银行分支机构备案，并将账户变更、撤销资料复印件或影像报送当地人民银行分支机构。因变更、撤销取消许可前基本存款账户、临时存款账户而收回的原开户许可证原件或相关说明，银行应当交回人民银行分支机构。

对企业名称、法定代表人或者单位负责人变更的，账户管理系统重新生成基本存款账户编号，银行应当打印《基本存款账户信息》并交付企业。

对取消许可前开立基本存款账户的企业名称、法定代表人或者单位负责人变更的，账户管理系统在企业基本信息"经营范围"中标注"取消开户许可证核发"字样。

第二十五条 企业遗失或损毁取消许可前基本存款账户开户许可证的，人民银行分支机构不再补发。企业可向基本存款账户开户银行申请打印"基本存款账户信息"。

第二十六条 银行办理企业基本存款账户批量迁移和账号批量变更的，账户管理系统重新生成基本存款账户编号。银行应当打印"基本存款账户信息"并交付企业。

案　例

2009年8月10日，A企业的财务人员持A企业的营业执照、公章、财务专用章、法人身份证、经办人身份证到B银行申请开立单位结算账户，B银行工作人员审查开户资料后，为A企业办理了开户手续，保存了相关资料，并预留银行印鉴。

（1）若A企业开立账户用于办理日常转账结算和现金收付等业务，则应该开立一般存款账户。

解析： 错，应开立基本存款账户。一般存款账户因借款或其他结算需要而开立。

（2）若A企业开立的是一般存款账户，则可以办理现金存入或支取业务。

解析： 错，基本存款账户可以办理现金收付业务，一般存款账户只能办理现金缴存业务，不能支取现金。

（3）B银行在办理开户手续之前，应对哪些资料进行核对？

解析：①应核对企业营业执照名称与公章、财务专用章名称是否一致，核对营业执照中法人姓名与法人身份证是否一致，核对经办人与经办人身份证是否一致；②应通过国家企业信息公示系统、企查查等系统，查询企业是否存在经营异常或违法失信行为；③如果申请开立基本存款账户，需要核实基本存款账户的唯一性，通过人民银行查询是否在其他行已经开立基本存款账户。

（4）A企业开立账户后，需要经过人民银行核准才可以使用。

解析： 错。企业开立对公账户后不需要人民银行核准，由开户网点备案即可。

（5）A企业在办理开户手续后当天即可办理汇款业务。

解析： 对。

（6）2009年9月10日，A企业想要开立一个一般存款账户，则可以继续到B银行进行办理。

解析： 基本存款账户与一般存款账户不能在同一个营业网点开立，如果A企业申请开立一般存款账户，必须到B银行以外的营业网点办理。

（7）若银行发现A企业法定代表人身份证件或营业执照证件到期，合理期限内仍未更新，且未提出合理理由的，银行可以中止为其办理业务。

解析： 对。

（8）A企业可以将其开立的账户出租或出借给其他人使用。

解析： 不可以。

Day 56 对公现金业务

对公现金业务是银行对公客户经常办理的业务,也是对公的基础业务。今天,我们共同学习对公业务的知识吧!

No.1 单位账户缴存现金应如何处理?

单位账户缴存现金可以通过现金缴款单或单位结算卡办理。

(1)通过现金缴款单办理。审核客户"现金缴款单"填写是否有误,金额与现金实物是否相符,审核无误后在智能前端系统进行现金存入,业务完成后将"现金缴款单"客户回执联交与客户。

(2)通过单位结算卡办理。各银行对于使用单位结算卡办理现金存入业务的具体规定有所不同。

在办理渠道方面,有些银行单位结算卡可在柜面和自助取款机(ATM)上办理现金存入,有些银行单位结算卡可在柜面和智能柜员机上办理现金存入。

在提供证件方面,有些银行要求提供单位结算卡及持卡人有效身份证件,有些银行仅要求提供单位结算卡。

在凭证填写方面,使用单位结算卡办理现金存入业务,一般无须填写"现金缴款单"。

✎ 练一练

(判断题)某单位客户携带单位结算卡前来缴存现金,可在柜面办理,也可通过自助设备办理,无论选择哪个渠道办理,均需要填写"现金缴款单"。( )

> 答案：错误。
>
> 解析：以单位结算卡进行缴存现金，无须填写"现金缴款单"。

No.2 审核现金缴款凭证（现金缴款单）的要点是什么？

（1）日期、收款单位名称及账号、款项来源、大写金额、小写金额书写是否正确。

（2）大写金额、小写金额是否一致。

（3）字迹是否清晰，有无涂改。

××××××××银行　现金缴款单（回　单）

收款单位	全　称							款项来源										
	账　号							款项类别										
人民币（大写）									千	百	十	万	千	百	十	元	角	分
券别	张数	百	十	万	千	百	十	元	券别	张数	万	千	百	十	元	角		
100元									5元								复核　　　　出纳	
50元									2元									
20元									1元								（银行盖章）	
10元									辅币									

No.3 单位账户支取现金应如何处理？

单位支取现金可以通过现金支票或单位结算卡办理。

（1）通过现金支票办理。审核客户"现金支票"填写是否有误，核验预留印鉴是否有误，审核无误后在智能前端系统进行现金支取。

单笔或累计取款金额 5 万元（含）以上的需按规定进行审批并提供相应证明资料。

（2）通过单位结算卡办理。各银行对于使用单位结算卡办理现金支取业务的具体规定有所不同。

在办理渠道方面，有些银行单位结算卡可在柜面和自助取款机（ATM）上办理现金支取，有些银行单位结算卡可在柜面和智能柜员机上办理现金支取。

在提供证件方面，有些银行要求提供单位结算卡及持卡人有效身份证件，有些银行仅要求提供单位结算卡。

在支取金额方面，使用单位结算卡办理现金支取业务，一般都有金额限制，客户凭结算卡支取现金超过限额的，必须前往主账户开户行履行大额取现审批手续，并以现金支票或其他支付工具在柜台办理。

💡 **小提示**：无论通过哪种方式支取现金，都必须是符合人民银行规定的可支取现金的单位人民币结算账户，支取现金的范围、用途须符合中国人民银行现金管理有关规定。

No.4 审核现金支付凭证（现金支票）的要点是什么？

（1）现金支票是否为本行出售，出票人的账户是否为基本存款账户、临时存款账户或经过批准的专用存款账户。

（2）现金支票是否为统一印制的凭证，是否真实，是否使用碳素墨水、墨汁填写或符合要求的机打印支票，提示付款期限是否在有效期内。

（3）现金支票所填明的收款人名称是否与支票背面"收款人签章"处所盖印章名称一致，背书是否符合规定。

（4）对于支取金额超5万元（含）的，需对经办人身份证件进行联网核查，并留存复印件和核查结果。

（5）现金支票的大小写金额是否一致；出票人签章是否符合规定，并通过电子验印系统核对出票人签章与预留签章是否相符。

（6）支票所必需记载事项是否齐全，出票金额、出票日期、收款人名称是否有更改，其他记载事项的更改是否由原记载人签章证明。

（7）出票人账户是否有足够支付的款项，支票填写的用途和提取的金额是否符合现金管理的规定。

（8）支票背面"收款人签章"栏位下方处是否注明取款人身份证件名称、号码及发证机关，与经办人证件信息是否一致。

（9）如属大额取现，收款人还需提供相应证明文件，并按本行现金管理规定逐级审批。

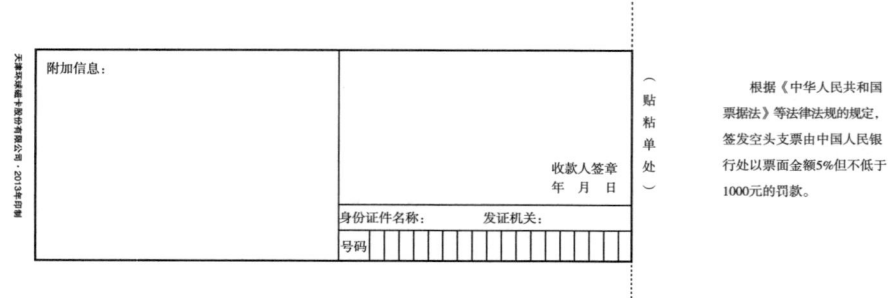

No.5 单位账户在哪些范围内可使用现金？

（1）职工工资、各种工资性津贴；

（2）个人劳务报酬，包括稿费和讲课费及其他专门工作报酬；

（3）支付给个人的各种奖金，包括根据国家规定颁发给个人的各种科学技术、文化艺术、体育等各种奖金；

（4）各种劳保、福利费用以及国家规定的对个人的其他现金支出；

（5）收购单位向个人收购农副产品和其他物资支付的价款；

（6）出差人员必须随身携带的差旅费；

（7）结算起点以下的零星支出（结算起点为1000元，需要增加时由中国人民银行总行确定后，报国务院备案）；

（8）确实需要现金支付的其他支出（因采购地点不确定、交通不便、抢险救灾以及其他特殊情况，办理转账结算不够方便，必须使用现金的开户单位，要向开户银行提出书面申请，由本单位财会部门负责人签字盖章，开户银行审查批准后，予以支付现金）。

No.6　单位账户支取现金有哪些规定？

（1）开户银行负责现金管理的具体执行，对开户单位的现金收支、使用进行监督管理。

（2）一个单位在几家银行开户的，只能在一家银行开设现金结算户，支取现金，并由该家银行负责核定现金库存限额和进行现金管理检查。

（3）开户单位支付现金，可以从本单位现金库存中支付或者从开户银行提取，不得从本单位的现金收入中直接支付。

（4）开户单位从开户银行提取现金的，应当如实写明用途，由本单位财会部门负责人签字盖章，并经开户银行审查批准，予以支付。

（5）属于下列情况之一的大额现金支取，不需逐笔审批，但要按有关规定支付现金：已下达计划的工资性支付（工资、奖金、退休、离休工资）；已核定的库存现金限额（备用金）；同业往来；职工取暖费；个人汇款；解付现金汇票；农户贷款（小额信用放款、联保贷款）等。

（6）对于收购农副产品、置换房屋、支付个体运费等现金支付频繁、用途单一的开户单位，可按月制订现金使用计划报送开户网点，开户网点根据大额现金支付审批权限逐级上报审批同意后，按计划支付现金。同时开户网点要建立《一次审批分次支取登记台账》，逐笔登记每次支付金额，累计支付金额不得超出已审批金额。若累计支付金额超出审批金额，则应重新办理审批手续。

（7）营业机构必须审核开户单位提供的资料的真实性、准确性，保证现金支取符合中国人民银行现金管理有关规定。

Day 57
对公网银业务

在对公业务方面,我们学习了账户管理和现金业务的知识。最后,让我们了解一下网银业务的相关知识。

No.1 对公网银一般有哪些功能?

对公网银主要有实时查询、转账业务、代发代扣业务、网上支付、电子票据业务、国际结算、集团理财、银企直联平台、批量交易、管理功能以及电子对账等功能。

No.2 对公网上银行业务需单位客户几个人办理?留存资料有哪些?

需要双人办理。留存资料:(1)申请书;(2)法定代表人及经办人的身份证明材料;(3)法人授权委托书(经办人为法定代表人时不需要);(4)网银介质交接材料。

练一练

(多选题)一个企业客户焦急地打来电话:"我的网银为什么登不上去了?我着急要汇款啊!"这时应该怎么处理?

首先,咨询客户所在地,看是否有足够时间来柜台办理汇款。然后安抚客户,判断他的问题的原因,是登录密码输入错误次数过多导致操作员被冻结,还是由于交易密码锁定,证书被冻结了。并依据客户反馈进行下一步操作。

此时,如果客户表示忘记登录密码,想到柜台重置,他需要携带以下哪些材料原件?(   )

A. 企业开立网银证明材料　　　　　B. 法人有效身份证明

C. 操作员有效身份证明　　　　　D. 经办人有效身份证明

答案：C、D。

No.3　如何识别真实法人意愿？

对公客户签约网银业务，柜员必须认真识别法人真实意愿，一般可通过现场识别、电话识别、上门核实等方式。

No.4　什么是电子银行承兑汇票？

电子银行承兑汇票是指依托人民银行建立的电子商业汇票业务处理系统（以下简称"电票系统"），以数据电文形式制作签发的银行承兑汇票。由出票人签发，向开户银行申请并经银行审查同意承兑的，保证在指定日期无条件支付确定的金额给收款人或持票人的票据。

No.5　对公网银客户操作员与管理员的区别是什么？

操作员为记账角色，管理员为授权管理角色。进行对公转账交易时，一般需两人分别审批后才能交易成功。

No.6　企业网上银行单笔限额最大是多少？日累计限额是多少？

目前，各银行对于企业网上银行单笔限额及日累计限额的规定不同。以天津滨海农商银行为例，其企业网上银行单笔限额2000万元，日累计1亿元，如有特殊较大限额需求应与对公客户经理沟通，待网点负责人识别业务真实性及风险后调整金额。

第六章 信贷业务

银行信贷业务包括个人信贷业务和对公信贷业务，本章将从信贷产品、贷前调查、贷后管理和相关案例等方面对银行的信贷业务进行详细全面的讲解。

Day 58
客户经理入门

银行客户经理是在银行内从事市场拓展、客户关系维护、实施营销活动,并直接服务于客户的专业人员,是银行面向市场服务客户、维护客户关系的纽带,是银行经营利润的主要创造者,是银行的宝贵资源。从本节开始,我们将和大家一起学习如何成为一名称职的客户经理。

No.1 客户经理应具备哪些素质?

(1)拥有强大的自信心、意志力和决心

作为一名客户经理每天要面对不同的客户,经常会遇到各种各样的挫折,如客户觉得自己不够专业、无法找到客户资源、辛苦找到客户资源却没有做成业务,这些都会让一个新任的客户经理垂头丧气,甚至感到痛苦无助。"天将降大任于斯人也,必先苦其心志",成长的路上难免会有荆棘,但要看谁能拥有强大的自信心快速地闯过一道道难关,最终成为优秀的自己。建议客户经理手头常备一本励志书籍,经常翻阅,时刻提醒自己,谁的成功都不是轻易得来的,要坚信自己一定能够成功,拥有必胜的信念和决心,才会真正成为一名经得起考验的客户经理。

(2)成为产品和行业专家

要想做好一名客户经理,就要熟练掌握各项银行产品,对产品的特点、适用范围要倒背如流,跟客户介绍的时候要做到脱口而出,这样客户才会相信你是一名专业的客户经理。平时要多积累行业信息,成为行业专家,只有熟悉客户的行业特点,才会设计出有针对性的金融解决方案,满足客户的各种金融服务需求,这样客户才会信赖你,才会愿意与你合作。产品就像客户经理的一把利器,当这把利器和客户经理浑然一体的时候，客户经理已经离优秀的客户经理不远了。

（3）拥有真诚服务的心

客户经理要把客户当成自己的朋友，今天他可能不是自己的客户，但并不代表他以后不是，很多客户都是在经过客户经理多年的维护后才真正成为自己的客户。有时不能太功利，要本着一颗真诚服务的心，先做人再做事，这样自己的客户关系会更牢固。当有一天客户是因为信赖客户经理而购买产品，他就不会太计较产品的价格。人和人之间一旦产生了信任，就愿意彼此合作。

No.2 客户经理应具备哪些能力？

一名称职的客户经理需要具备以下五大核心能力：

（1）信息研判能力：收集行业信息、企业资讯、分析信息、研判信息的能力。

（2）顾问参谋能力：能够分析企业需求、提出有针对性的金融解决方案的能力。

（3）表达展示能力：能够流畅地向客户展示产品方案、服务优势的能力。

（4）协调沟通能力：能够做好内外部沟通协调工作，能够与客户谈判的能力。

（5）关系管理能力：能够找到关键人物、影响客户决策、维护客户关系的能力。

No.3 客户经理应该遵守哪些职业操守？

客户经理需要遵守职业操守，做一名合规守纪的客户经理。

（1）为客户保密。

（2）不收客户红包，不要客户好处回扣，不借用客户钱款，不占用客户车辆，不让客户报销交通住宿等费用。

（3）不在工作日中午饮酒，不酒后上岗。

（4）不违规兼职，不参与经商办企业，不要求客户违规安排本人的配偶、子女等亲属就业。

（5）不充当资金掮客，不与典当行、小额贷款公司、高利贷公司发生资金往来，不牵线搭桥帮助客户筹措资金。

（6）不参与非法集资、民间借贷。

（7）不帮助客户编造虚假信息、虚假材料套取银行信用。

（8）不代客在银行凭证及合同、协议上签字、按手印。

（9）不在空白或要素填写不齐全的合同、协议、凭证和空白纸张上加盖印章。

（10）不代客保管身份证、存单（折）、银行卡、有价单证、票据和印鉴、U-key等物品。

（11）不私刻、盗用印章，不私自出具承诺、保函、证明等。

（12）不违规接受和提供第三方担保、"兜底"承诺，不违规签订"抽屉协议""阴阳合同"。

（13）不违规代客户办理金融业务，不私售"飞单"。

（14）不出借账户，不通过本人账户与客户发生资金往来。

（15）不盲从、不报违规业务。

（16）不使用信用卡套现，不违约逾期不还。

（17）不参与黄赌毒，不涉黑涉恶。

（18）保守银行的商业秘密，不对外泄露。

Day 59 个人授信——基本产品

零售银行业务面对数量庞大、各式各样的客户群体,是商业银行创新最为活跃的领域。当前,科学技术不断发展,为了满足人们日益增长的需求,商业银行致力于提供随时、随地、随心的多元化金融产品和服务。按产品用途的不同,个人贷款产品可分为个人按揭贷款、个人消费贷款、个人经营性贷款等,今天我们就以天津滨海农商银行当前产品为例,和大家一起学习了解个人贷款产品。

No.1 什么是个人按揭贷款?

个人按揭贷款是指客户用本人所购房产向银行进行抵押,由银行向客户发放的按揭贷款。主要包括个人住房贷款、个人商用房贷款、个人工业产权物业贷款。

No.2 什么是个人住房贷款?

个人住房贷款是指银行向自然人发放的用于购买国有土地上的住房,以所购房产作为抵押物并按约定还本付息的贷款,可分为一手住房贷款及二手住房贷款。个人住房贷款政策须符合国家和当地银行监管机构规定的住房贷款政策。天津地区现行对一手住房贷款金额最高不得超过所购住房成交价格的70%,对二手住房,贷款金额最高不得超过所购住房成交价格与评估价格之间的低者的70%。最长贷款年限25年,可选择等额本息或等额本金的还款方式。

> 练一练

（多选题）个人住房贷款是指用于购买住房的贷款，可分为（　　）。
A. 个人住房贷款　　　　　　B. 个人商用房贷款
C. 一手住房贷款　　　　　　D. 二手住房贷款
答案：C、D。

No.3　什么是个人商用房贷款？

个人商用房贷款是指银行向自然人发放的用于购买商用房，以所购房产作为抵押物并按约定还本付息的贷款，可分为一手商用房贷款及二手商用房贷款。一手商用房贷款金额最高不得超过所购商用房成交价格的 50%，二手商用房贷款金额最高不得超过所购商用房成交价格与评估价格之间的低者的 50%，最长贷款年限为 10 年，可选择等额本息或等额本金的还款方式。

No.4　什么是个人工业产权物业贷款？

个人工业产权物业贷款是指银行向自然人发放的用于购置在工业用地上或工业园区内建设的工业厂房、仓储及办公用房，以所购房产作为抵押物并按约定还本付息的贷款。贷款金额最高不超过抵押物交易价格、抵押物评估价格两者之中低者的 40%。最长贷款期限 10 年。

> 练一练

（多选题）以下关于贷款额度和期限论述，哪些是正确的？（　　）

A. 个人商用房贷款可选择等额本息或等额本金的还款方式

B. 个人一手商用房贷款金额最高不得超过所购商用房成交价格的 50%

C. 个人商用房贷款最长贷款期限为 25 年

D. 个人住房贷款最长贷款期限为 10 年

答案：A、B。

No.5 什么是个人消费贷款？

个人消费贷款是指银行向个人客户发放的有指定消费用途的人民币贷款业务。贷款用途主要包括购买大额耐用消费品、房屋装修、旅游、教育等。

（1）大额耐用消费品贷款，是指向借款人发放的在经销商处购买的家庭耐用消费品贷款，这些消费品具体包括家用电器、电脑、家具、健身器材、厨具、卫生洁具、乐器等。

（2）房屋装修贷款，是指向借款人发放的用于住房装修的贷款。

（3）旅游消费贷款，是指向借款人发放的用于参加旅行社旅游消费的贷款。

（4）教育贷款，是指向在校学生、出国留学生或其直系亲属、法定监护人，或在职攻读学位或接受再就业培训人员发放的商业性贷款。

No.6 什么是个人经营性贷款？

个人经营性贷款是指银行向借款人发放的用于借款人合法经营活动的人民币贷款。贷款必须有指定用途，用于借款人或其经营实体在经营过程中的正常资金需求。

Day 60

个人授信——特色产品

零售银行产品的多样化体现在每个产品类别下又有众多针对不同类型客户需求的产品。随着新兴信息技术产业的发展,银行积极应用"互联网"思维和"大数据"技术,创新打造推出申请方式灵活、审批手续简便的特色产品,推动零售信贷业务转型升级。下面以天津滨海农商银行的零售特色产品为例进行介绍。大家后续可以多了解其他银行的特色产品,开拓思路。

No.1 什么是滨银"喵喵贷(消费类)"?

"喵喵贷(消费类)"是一款纯线上个人贷款产品,可满足客户各类资金需求,无须抵押担保,额度最高 100 万元,利率低且全程线上实时审批,最快 1 分钟即可完成申请。手续便捷,期限灵活,支持提前还款。

> **练一练**
>
> (多选题)"喵喵贷"的特点有( )。
> A. 额度最高 100 万元　　B. 全程线上实时审批　　C. 期限灵活　　D. 无须抵押
> 答案:A、B、C、D。

No.2 什么是滨银公积金"随 e 贷"?

公积金"随 e 贷"是以"滨 e 贷"App 为介质,可通过手机一键申请,手续便捷,只需提供基础身份资料、公积金查询单即可完成申请手续的个人信用消费类贷款,分为"菁英 e 贷"和"公 e 贷"。

"菁英 e 贷"针对两类人群办理。其一，是银行的存量黑/白金卡客户；其二，是任职于行政机关、事业单位、党政机关、医院、学校、航空、石油、金融、电信、烟草、科研机构等优质行业的正式员工。黑/白金卡客户的贷款额度最高 100 万元，优质行业客户的贷款额度最高 50 万元。贷款期限最长不超过 5 年。贷款利率依据借款人资信情况综合判定。还款方式灵活，支持提前还款。

"公 e 贷"针对按月定期缴存公积金人群办理。贷款额度最高 30 万元，贷款期限最长 5 年，贷款利率依据借款人资信情况综合判定。还款方式灵活，支持提前还款。

No.3　什么是滨银"质押秒贷"？

"质押秒贷"是借款人通过微银行渠道购买的个人定制存款、结构性存款、保本理财、"滨添利"、"月月赢"等经银行认可的本人有效权利凭证质押，由银行按照权利的票面价值或记载价值的一定比例向借款人发放的贷款。额度最高 30 万元，贷款利率依据借款人资信情况综合判定，支持提前还款。全程线上实时审批，手续便捷。

No.4　什么是滨银"喵喵贷（经营类）"？

"喵喵贷（经营类）"是银行推出的一款无抵押经营性贷款，是为小微企业主专门设计研发的，额度最高 50 万元，全程线上实时审批，最长还款期限为 3 年。一经授信，循环使用，随借随还，灵活用款。

No.5　什么是滨银"税 e 贷"？

"税 e 贷"是指银行向依法纳税的小微企业主发放的，用于其名下经营实体日常周转的全线上、自动化的个人经营性贷款，是"互联网＋税务＋银行"服务小微企业发展的新模式。小微企业主包括个体工商户经营者、个人独资企业投资者、合伙企业执行事务合伙人，以及法人企业的法定代表人。在线实时核定授信额度，贷款额度最高 50 万元，贷款额度有效期为 1 年，有效期内贷款额度可循环使用，贷款利率依据借款人资信情况综合判定，最快 1 分钟出结果，实现了"速度快、利率低、纯信用"，让企业纳税信用变成了"真金白银"，缓解了小微企业抵押物不足的融资痛点。

No.6　什么是滨银"房易贷"？

"房易贷"个人经营性贷款是指银行通过与第三方合作机构合作，针对自有房产抵押的借款人发放的用于支持其生产经营的人民币贷款业务。贷款金额最低50万元（含），最高不超过1000万元（不含）。贷款期限最长不超过3年，贷款采取抵押担保方式；1年期以内可选择按月付息到期还本、按月还本付息等；1年以上按月还本付息。贷款采取受托支付方式，贷款用途为生产经营。

Day 61
个人授信——贷后管理

放贷后,银行要持续监测借款人的资金使用情况、还款能力和意愿,确保资金使用符合要求,保证本息安全。

No.1 个人房屋按揭类贷款资金用途的检查标准是什么?

(1)资金用途检查一般应在贷款发放后 30 日内完成。

(2)通过查看账户流水,监测贷款资金是否按照合同约定打入监管账户。

(3)经办人员应认真核实该笔贷款的资金用途并在检查报告中认真填写检查意见。

(4)其他需检查的内容。

No.2 个人消费类贷款资金用途的检查标准是什么?

(1)资金用途检查一般应在贷款发放后 30 日内完成。

(2)客户要在贷款发放后及时用款,避免出现"以贷还息"的现象。

(3)贷款金额大于 30 万元的,要出具受托支付合同,及时收集贷后用途资料,包含但不限于收据、发票、合同、POS 单等资金用途凭证。

(4)通过查看账户流水,对贷款资金用途进行检查,检验贷款用途是否符合合同约定,有无挪用或转移贷款现象;对贷款用途(贷款资金流向)的合规性进行检查,包括划款方式、划款账户、账户交易和贷款实际使用的合规性(有无进行资本投资或进入证券市场或其他理财业务;是否出现同名划转、夫妻间划转现象;是否流入房地产市场;是否为无明确用途的临时资金周转等)。如后期发现贷款资金流向上述禁止行业或用途,应立即收回本笔贷款。

（5）发票（收据）开立的时间是否合理，大小写金额是否正确，收款人、付款人信息是否填写完整，出具凭证内容是否符合一般消费场景逻辑习惯。

（6）经办人员应认真核实该笔贷款的资金用途并在检查报告中认真填写检查意见。

（7）其他需检查的内容。

No.3　个人经营性贷款资金用途的检查标准是什么？

（1）资金用途检查一般应在贷款发放后30日内完成。

（2）客户要在贷款发放后及时用款，避免出现"以贷还息"的现象。

（3）贷款金额大于50万元的，要出具受托支付合同，及时收集贷后用途资料，包含但不限于收据、发票、合同、POS单、运输仓储单据等资金用途凭证。

（4）通过查看账户流水，对贷款资金用途进行检查，检验贷款用途是否符合合同约定，是否与实际经营范围相符，有无挪用或转移贷款现象；对贷款用途（贷款资金流向）的合规性进行检查，包括划款方式、划款账户、账户交易和贷款实际使用的合规性（有无进行资本投资或进入证券市场或其他理财业务；是否出现同名划转、夫妻间划转现象；是否流入房地产市场；是否为无明确用途的临时资金周转等）。如后期发现贷款资金流向上述禁止行业或用途，应立即收回本笔贷款。

（5）发票（收据）开立的时间是否合理，大小写金额是否正确，收款人、付款人信息是否填写完整，出具凭证内容是否符合逻辑，是否与借款人经营习惯相一致。

（6）经办人员应认真核实该笔贷款的资金用途并在检查报告中认真填写检查意见。

（7）其他需检查的内容。

练一练

（单选题）客户要在贷款发放后及时用款，避免出现（　　）的现象。

A. 逾期　　　　B. 欠息　　　　C. 以贷还息　　　　D. 资金挪用

答案：C。

No.4　个人消费类贷款贷后定期检查要点包括哪些？

（1）客户经理应在贷款发放后对客户进行贷后定期检查。

（2）关注借款人（共借人、保证人）收入是否下降、收入负债比是否发生变化、征信记录是否出现不良变化。

（3）关注借款人是否存在负面信息，是否对未解除的风险预警信号处置情况进行跟踪落实。

（4）关注借款人还款意愿。

（5）如有抵/质押物，了解抵/质押物的使用状况是否发生了变更、损毁，了解抵/质押物的价值变化情况。

（6）其他需检查的内容。

No.5　个人经营性贷款贷后定期检查要点包括哪些？

（1）客户经理应在贷款发放后对客户进行贷后定期检查。

（2）了解借款人以及企业主要负责人身体健康状况、是否出现家庭变动，是否涉及诉讼、赌博、吸毒、家庭纠纷等，关注借款人还款意愿。

（3）了解企业经营是否正常、经营场所是否发生变更、主要经营人员是否发生变动、销售是否减少、是否出现不利的异常情况（是否出现拖欠贷款、客户上门讨债、客户投诉、拖欠租金、拖欠管理费、涉及诉讼等情况）。

（4）持续关注企业资金用途流向，多维度核定企业销售收入，了解是否与当初贷款审批时的情况有所不同，以判断企业的经营状况和还款能力。

（5）对抵押物状态进行查询，了解是否出现被其他抵押人重复抵押、被查封、限制抵押等情况；现场了解抵押物的使用状况是否发生了变更、损毁；如发现问题，应及时了解原因并采取有效的风险化解措施。了解抵押物价值变动情况，对无法查证的可向评估公司、中介公司以询价等方式了解抵押物的价值变化情况。

（6）对存在较大风险的客户，检查是否制定了压降或提前到期收回等处置方案。

（7）其他需检查的内容。

✎ 练一练

（判断题）常规定期检查应在贷后任务派发后的10日内结束所有流程。　（　　）

答案：错误。

Day 62
个人授信——征信管理

征信与我们的日常生活联系越来越紧密,几乎涉及生活的方方面面,更是银行信贷工作的重要参考。今天我们来了解一下个人征信的相关知识。

No.1 信用报告是什么?记录了哪些信息?

信用报告是信用历史的客观记录,记录基本信息、信贷信息、非金融负债信息、公共信息、查询信息。

No.2 "不良信息"是指什么?保存多长时间?

"不良信息"主要指违约信息、欠税信息、法院和行政处罚信息。自不良行为或事件终止之日起保留5年。

No.3 信用报告可以通过哪些方式查询?

(1)可以前往所在地中国人民银行分支机构进行现场查询;

(2)通过人民银行征信中心官网查询;

(3)通过部分商业银行网银、手机银行查询及商业银行信用报告代理自助查询网点等其他服务渠道查询。

No.4 信用报告是否可以免费查询?

每年2次免费查询服务,从第3次开始收费。

> 📝 **练一练**
>
> （单选题）个人信用报告，每年可免费查询（　　）。
>
> A.1 次　　　　　　B.2 次　　　　　　C.3 次　　　　　　D.4 次
>
> 答案：B。

No.5　网上查询信用报告身份验证的方法有哪些？

（1）回答问题。在一定时间内在线正确回答 5 个私密性问题。

（2）数字证书。通过您使用的部分银行的网银密钥（U 盾）验证。

（3）银行卡。通过您使用的部分银行的银行卡验证。

> 💡 **小知识**
>
> **关于信用报告的"灵魂提问"**
>
> **提问**：谁能查询我的信用报告？
>
> **回答**：您授权谁查，谁就能查。您办理过信贷业务、信用卡的金融机构查询的最多，金融机构查询您的信用报告除需得到您的授权同意之外，还要约定用途，另外，国家有权机关依法律规定可以不经您本人同意查询。
>
> **提问**：若发现有机关未经授权查询我的信用报告应如何处理？
>
> **回答**：应及时与中国人民银行征信中心或当地人民银行征信管理部门取得联系并告知相关情况。
>
> **提问**：当我的信用卡出现不良记录后，直接销卡会有什么影响？
>
> **回答**：如果立即销卡，您的信用记录中仍然会显示不良记录，且无新还款记录。建议还清欠款，继续使用该卡，可以积累按时还款记录。
>
> **提问**：如何保护我的个人信息安全？
>
> **回答**：请妥善保管您的身份证件及复印件；对外提供身份证件时，一定注明授权使用的机构和用途；保管好信用报告，不随意乱放，不提供给他人使用；保管好互联网查询信用报告的用户名、密码。在公共网络查询、保存信用报告后要及时删除。

> ✐ **练一练**
>
> （判断题）信用卡出现不良记录后，如果直接销卡，就不会显示不良记录了。
>
> （　　）
>
> 答案：错误。

No.6 新版征信报告中，还款记录中的符号代表什么？

* 表示本月没有还款历史；

N 表示正常；

G 表示除结清外终止账户；

C 表示结清的销户；

均表示账户已开立，但当月状态未知。

No.7 新版征信报告中，还款记录中的数字代表什么？

1 表示未还最低还款额 1 次；

2 表示连续未还最低还款额 2 次；

依此类推，最大为 7，表示连续未还最低还款额 7 次以上。

No.8 征信查询有哪些管理要求？

（1）个人信用报告不得用于本机构除办理信贷业务之外的其他用途，不得向第三方提供。

（2）查询授权书仅限办理授权范围内的业务，当被查询人办理其他业务时，须取得新的书面授权。

（3）查询个人征信必须得到被查询人的书面授权，任何口头授权均视为无效授权，严禁代理客户签署查询授权书。

（4）查询授权书的签署日期须早于或同于征信查询日期。

（5）未通过审批（拒贷）业务，其征信授权书、已打印的征信报告、身份证复印件等材料须专人单独留档保存备查。

Day 63

对公授信——基本产品

今天,我们来学习银行最常用的对公授信产品。

No.1 项目贷款、固定资产贷款和流动资金贷款的定义是什么?有什么区别?

(1)项目贷款:借款人为建设或经营一个或一组大型生产装置、基础设施或其他项目而申请的,还款资金来源主要依靠该项目产生的销售收入、补贴收入或其他收入的贷款。项目贷款是固定资产贷款的一种。

(2)固定资产贷款:为满足借款人在生产经营过程中新建、扩建、开发、购买或更新改造等固定资产投资活动而产生的资金需求,以其未来综合收益作为还款来源而发放的贷款。

(3)流动资金贷款:为满足客户在生产经营过程中短期资金需求,保证生产经营活动正常进行而发放的贷款。流动资金贷款按期限分为短期贷款、中期贷款,按担保方式分为保证担保、抵押担保、质押担保。

以上三种产品的区别在于它们的资金用途、融资期限不同。

No.2 银行承兑汇票应由谁签发,谁承兑?

银行承兑汇票是商业汇票的一种,由在承兑银行开立存款账户的存款人签发,向开户银行申请并经银行审查同意承兑,保证在指定日期无条件支付确定的金额给收款人或持票人。银行承兑汇票具有信用好、认可度高、灵活性高、有效节约资金成本的特点。

No.3 商业承兑汇票的付款人是谁？付款期限是多长时间？

商业承兑汇票指收款人开出经付款人承兑，或由付款人开出并承兑的汇票。商业承兑汇票的付款人一般是企业，纸质商业汇票最长付款期限为6个月，电子商业汇票最长付款期限为1年。

No.4 银行承兑汇票与商业承兑汇票有什么区别？

（1）承兑主体不同。银行承兑汇票由银行承兑（在电子商业汇票系统环境下，由企业财务公司承兑的商业汇票也称为银行承兑汇票），商业承兑汇票由除银行及企业财务公司以外的企业承兑。

（2）流通性不同。银行承兑汇票的流通性一般好于商业承兑汇票，因为银行承兑汇票上加注了银行的信用，银行承兑汇票就可以像现金一样进行流通。而商业承兑汇票是一家企业签发给另一家企业的票据，没有银行信誉作保证，所以收票企业能不能拿到钱，就看承兑企业的商业信誉了。很多企业的商业信誉并不好，到期可能兑付不了，所以商业承兑汇票的流通性差。

（3）开票企业的成本不同。企业在银行开立银行承兑汇票除需要缴纳保证金之外，还要缴纳开票手续费，有的银行还要收取敞口占用费，但是企业签发商业承兑汇票可以不缴纳保证金，也没有敞口占用费，只要花不到两元钱的工本费买一张票，回去自行签发就可以了，所以商业承兑汇票的成本远远低于银行承兑汇票。电子商业汇票连纸质票据的工本费都没有了。

> **练一练**
>
> （多选题）对银行承兑汇票和商业承兑汇票的区别的描述，正确的是（　　）。
> A. 承兑主体不同 　　　　B. 流通性不同
> C. 开票企业的成本不同　　D. 申请主体不同
> 答案：A、B、C。

No.5 商业汇票的贴现、转贴现和再贴现分别指什么？

商业汇票贴现是指持票人将未到期的商业汇票转让给银行，银行按贴现率扣除贴现利息后将余额票款付给持票人的一种授信业务。持有人在资金暂时不足的情况下，可以凭承兑的商业汇票向银行办理贴现，以提前取得货款。

商业汇票转贴现指金融机构为了取得资金，将未到期的已贴现商业汇票再以贴现方式向另一金融机构转让的票据行为，是金融机构间融通资金的一种方式。

商业汇票再贴现指金融机构将贴现所获得的未到期票据，向人民银行作的票据转让，是人民银行向商业银行提供资金的一种方式。

No.6 票据贴现与贷款有什么区别？

票据贴现业务的主要特点是"两高两低"，即高收益、高流动、低风险、低资本占用等。票据贴现和发放贷款，都是银行的资产业务，都是为客户融通资金，但二者之间却有本质区别。

（1）主债务人不同。票据贴现承兑行为主债务人，即付款人，贴现申请人仅是诸多次债务人之一；而贷款的借款人即为债务人，即付款人。

（2）当事人之间关系不同。票据贴现的贴现行与贴现申请人之间是给付对价的关系，即买卖关系，而贷款的贷款人与借款人之间是借贷关系，即债权债务关系。

（3）执行利率不同。票据贴现实行市场化利率，即双方可以议价，而贷款执行法定利率，即只能在人民银行规定的利率幅度内定价。但随着利率市场化改革的不断深化、LPR 的推出，贷款利率也向着更加市场化的方向发展，除非市场资金面非常紧张，一般情况下，同等期限的贴现率低于贷款利率。

（4）所需资料不同。票据贴现的贴现申请人办理贴现必须具备下列条件：第一，为在银行开立存款账户的企业法人以及其他组织；第二，与出票人或者直接前手之间具有真实的商品交易关系；第三，提供与其直接前手之间的增值税发票和商品发运单据复印件（电票环境下办理贴现，贴现申请人无须提供取得拟贴现票据时对应的贸易背景的合同、发票）。在此基础上，各行根据自己的情况，有所补充。而贷款所需资料较多，如最近三年财务报表等，手续繁杂，流程较长。

（5）权利不同。票据贴现的贴现申请人可以向贴现行提出要求，要求贴现行放弃追索权，并可以要求贴现行不再进行票据权利的转让；而贷款的借款人没有这项权利。

（6）流动性不同。票据贴现后，贴现行可将票据进行转贴现、再贴现、回购、买入返售等,从而实现资金的迅速回笼,而贷款是有固定期限的,提前回收和卖出较困难。

(7)风险权重不同。银行承兑汇票贴现占用银行信用,风险权重较低,贷款是商业信用,风险权重较高,因此对资本充足率等指标的影响不同。

(8)利息收取方式不同。票据贴现程序是先扣除利息再划款,即事前收息;而贷款程序是先贷款,后定期收取利息或者到期利随本清。

(9)期限不同。票据贴现期限最长不得超过6个月(纸质),电子商业汇票贴现期最长不超过12个月,贷款则根据借款人的需求不同,期限长短不一,可以超过1年。

(10)收益获取途径不同。票据贴现主要靠流转,靠累计叠加效应,而贷款主要靠固定的利息收入。

(11)企业融资成本不同。票据贴现融资成本通常要比贷款低,手续也简单便捷,这有利于加速资金周转,提高资金利用效率。

> **练一练**
>
> (多选题)银行承兑汇票贴现业务的主要特点是( )。
> A.高收益　　　　B.高流动　　　　C.低风险　　　　D.低资本占用
> 答案:A、B、C、D。

No.7　应收账款包括哪些权利?

中国人民银行的《应收账款质押登记办法》规定:"本办法所称应收账款是指权利人因提供一定的货物、服务或设施而获得的要求义务人付款的权利以及依法享有的其他付款请求权,包括现有的和未来的金钱债权,但不包括因票据或其他有价证券而产生的付款请求权,以及法律、行政法规禁止转让的付款请求权。"应收账款主要包括下列各项权利,这些都是应收账款的范围,可以到银行办理相关的融资业务。

(1)销售、出租产生的债权,包括销售货物,供应水、电、气、暖,知识产权的许可使用,出租动产或不动产等;

(2)提供医疗、教育、旅游等服务或劳务产生的债权;

(3)能源、交通运输、水利、环境保护、市政工程等基础设施和公用事业项目收益权；

（4）提供贷款或其他信用活动产生的债权；

（5）其他以合同为基础的具有金钱给付内容的债权。

No.8　什么是保理业务？什么是应收账款质押融资业务？二者有什么区别？

保理又称托收保付，卖方将其现在或将来的基于其与买方订立的货物销售/服务合同所产生的应收账款转让给保理商（提供保理服务的金融机构），由保理商向其提供资金融通、买方资信评估、销售账户管理、信用风险担保及账款催收等一系列服务的综合金融服务方式。

应收账款质押融资是应收账款融资方式的一种，是指企业与银行等金融机构签订合同，以应收账款作为质押品，在合同规定的期限和信贷限额条件下，向银行等金融机构取得短期借款的融资方式。

从二者的定义中我们就可以看出，这两种产品存在本质的区别。

（1）银行在这两种业务中扮演的角色不同。保理业务银行是作为应收账款的债权人出现的，而应收账款质押融资业务银行是作为应收账款的质权人出现的。这也是保理业务跟应收账款质押融资业务最根本的区别，即银行的权利是不一样的。由于保理是应收账款的转让行为，因此银行就成了应收账款的债权人，而应收账款质押融资，是质押行为，是一种担保方式，银行是作为质权人出现。

（2）两款产品给客户提供的服务不同。保理业务银行给企业提供的服务包括给企业融资、帮企业管理应收账款、应收账款催收、坏账担保。而针对应收账款质押融资业务，银行只为客户提供融资服务，所以保理业务比应收账款质押融资业务提供的服务更全面。

（3）银行的收益不同。保理业务中，银行除了融资带来的收益之外，还会收取保理业务手续费，而应收账款质押融资业务，银行只有融资带来的相关收益，所以保理业务对银行来说收益更大。

（4）遵循的法律不同。保理业务遵循《合同法》，而应收账款质押融资业务遵循的是《物权法》和《担保法》。（《民法典》生效后，遵循《民法典》）

（5）还款来源不同。保理业务的还款来源很明确，就是用转让的应收账款的回款来归还银行的融资,而应收账款质押融资业务的还款来源则是企业的经营现金流。

> **练一练**
>
> (多选题)保理业务和应收账款质押融资业务的区别是( )。
>
> A. 银行在这两种业务中扮演的角色不同
>
> B. 两款产品给客户提供的服务不同
>
> C. 银行的收益不同
>
> D. 遵循的法律不同
>
> E. 还款来源不同
>
> **答案**:A、B、C、D、E。

Day 64
对公授信——特色产品

> 目前,国家倡导各家银行在投放贷款方面要倾向于扶持小微企业,服务实体经济,各家银行也都针对小微企业的特点推出了企业申请手续简便、审批效率高的特色产品。下面以天津滨海农商银行的产品为例,介绍一些对公授信特色产品。

No.1　普惠金融板块中对公授信特色产品有哪些?

人民银行近几年在扶持民营实体经济,特别是普惠金融业务方面陆续出台了一些政策,以解决小微企业抵御风险能力相对较弱和担保不足造成的融资难、融资贵等问题。因此,天津滨海农商银行推出了"微易贷""税e贷""信贸赢"等特色产品,向符合条件的小微企业提供抵押类、信用类贷款。

No.2　特色产品如何体现"流程优化、审批高效"?

通过"人控+机控"方式,提高风险防范能力。产品运用大数据技术,实现小微业务风险管理中调查、审查、审批、发放、贷后管理以及还款等环节的全流程线上操作,推动小微业务"产品标准化、作业流程化、生产批量化、服务专业化",优化信贷运行机制,前移风控关口,利用大数据风险预警系统在客户准入环节进行监测,并贯穿业务全流程,实现业务流程、业务品种和客户的全覆盖。

No.3　什么是"微易贷"?

"微易贷"是指在符合银行要求的房地产抵押的前提下,为企业法人、个体工商户和小微企业主提供快捷、便利的融资服务,以满足其日常生产经营的资金周转需求。"微易贷"作为主流业务产品，根据借款人资金需求、还款能力及担保情况等综合确定不超过 1000 万元的融资额度，借款合同期限不超过 3 年（单笔融资不超过 12 个月），额度可循环使用，支持随借随还。

No.4 什么是对公"税 e 贷"？

小微企业纳税贷款（简称税 e 贷），是指基于小微客户的纳税行为（向税务部门缴纳增值税和所得税的行为），为经营稳定、发展前景良好的借款人发放的单户融资金额不超过 200 万元的贷款额度，借款合同期限不超过 1 年，有效期内可随借随还。

No.5 什么是滨银"信贸赢"？

中小微企业出口信用保险项下应收账款融资业务，简称信贸赢，是基于企业以往出口结算及投保出口信用保险情况，在企业已向中国出口信用保险公司投保出口信用保险，将保险单赔款受益权利转让银行，将出口应收账款债权转让或质押于天津滨海农商银行的前提下，为经营稳定、发展前景良好的中小微企业发放的有追索权的短期贸易融资。

Day 65
案例学习：授信审查案例分享

> 授信审查是对公授信的一个重要环节，也是一道有力的风险防线。若在审查中发现存在影响公司还款能力和还款意愿的情况，需慎重考虑是否授信及设计具体的授信方案，尽量在事前减少违约的可能性。本节以天津滨海农商银行的实际审查案例为例，向大家介绍如何更敏锐地发现隐藏在企业优质外壳下的虚假内核，尽量规避风险，减少违约发生的可能。下面让我们了解一下小微企业授信审查中的关注点吧！

"微易贷"产品应用在高新科技型企业的案例

（一）内容摘要

A企业申请"微易贷"1000万元，担保方式是以A企业名下位于某开发区的工业厂房提供抵押担保，抵押率34%，追加法定代表人、实际控制人及其配偶个人连带责任保证担保。经审查，认为A企业为高新科技型企业，经营稳定，具有良好的成长性，抵押物位于国家级工业园区内，银行同意为A企业发放流动资金贷款1000万元。

（二）审查要点

1. 产品特性突出，申请人资质良好。A企业为高新科技型企业，主营业务为研制、生产和销售无菌医疗器械，主要产品为一次性使用无菌注射器、一次性使用输液器、一次性使用真空采血配套用针、一次性使用静脉输液针、一次性使用精密过滤输液器、一次性使用配药用注射器等。拥有多项专利证书，中国、美国、巴西及欧盟国家专业认证资质，享受市级、区级补贴及补助金。

2. 市场前景较为乐观，拥有一定市场占有率。国内约400家生产同类产品的厂家，申请人在同行排名中处于中等水平，市场占有率为2%~2.7%。

3.抵押物变现能力较强。抵押物为标准工业厂房，所在地为申请人经营场所，位于某经济技术开发区，该开发区为"国家级工业园"，占地近1.5万平方米。

4.融资额偏低，风险基本可控。全年主营业务收入为1.2亿元，贷销比仅为8.3%。

（三）业务启示

案例中的A企业为高新科技型企业，拥有多项专利技术，在生产医疗用品领域内拥有一定市场占有率，处于经营的上升期，第一还款来源充足。此外，抵押物为"国家级"园区内的标准工业厂房，具有较好的变现能力。

"微易贷"产品应用在地方龙头企业的案例

（一）内容摘要

B企业申请"微易贷"200万元，担保方式是以股东名下的临街底商提供抵押担保，建筑物面积195.6平方米，抵押率为56%。追加实际控制人及其配偶个人连带责任保证担保。经审查，认为B企业经营稳定，冷冻海鲜的产业链完整，抵押物为繁华街区的商业房地产，易于变现，银行同意为B企业发放流动资金贷款200万元。

（二）审查要点

1.申请人资质良好，为区域内的龙头企业，曾先后被评为市级农业产业化经营企业、市级重点龙头企业和市级科技型中小企业。

2.申请人经营时间较长，在当地有一定的市场地位。该企业始建于1994年，拥有注册商标，有固定的生产经营场地和一定规模的生产加工设备，包括冷冻加工厂1座，占地面积1.8万平方米，冷藏库容1万吨，电子全自动分称机、包装机、双螺旋冷冻机、纯净水生产机等，是所在区域产品加工及冷藏规模最大的企业。

3.申请人产业链完整，产品有一定附加值。企业通过收购、加工、冷冻、冷藏实现了仓储、生产、批发、零售为一体，已形成以对虾、鲍鱼、海参、海蟹、河蟹、贝类、鱼类为主的鲜活产品的冷冻、干珍、腌制，产品销至北京、天津、唐山、秦皇岛、沈阳、大连等地。全年主营业务收入约912万元，资产负债率为14%，销售利润率为5.7%。

4.抵押物为商业氛围较为成熟的商业用房，周边生活氛围较好且面积适中，因此具有较强的短期变现能力。

（三）业务启示

B 企业为地方重点龙头企业，在特定领域和地区具有一定行业优势，拥有自主商标和专利技术，处于经营的成熟期，第一还款来源充足。此外，抵押物为商业氛围较成熟、配套较完备的主要街区的商业门店，且面积适中、抵押率不高，具有较好的变现能力。

同一行业"微易贷"通过与否决对比案例

成功案例

（一）内容摘要

C 企业申请"微易贷"230 万元，担保方式是以实际控制人女儿名下位于碧桂园的住宅提供抵押担保，抵押率为 61%。追加申请人实际控制人及其配偶、抵押人个人连带责任保证担保。经审查，认为 C 企业经营稳定且抵押物易于变现，同意为 C 企业发放流动资金贷款 230 万元。

（二）审查要点

1. 企业经营持续时间较长且经营较稳定。C 企业成立于 2004 年，已连续经营 15 年，主营业务为分包门窗安装工程，近几年主要承建和参建的工程如区示范镇项目、区安置用房建设等。

2. 企业虽涉及建筑行业，但结算情况良好。根据对公账户的银行流水分析，与下游客户往来规律且结算稳定，应收账款占比较小。全年主营业务收入为 3000 万元左右，应收账款余额为 600 万元左右。

3. 抵押物面积为 100 平方米左右的住宅，短期变现能力较强。

4. 银企关系良好：一是 C 企业已在本行开立结算账户，3 个月的贷方发生额为 1071 万元；二是根据微众税银报告，综合企业各项指标，给予"税 e 贷"额度 100 万元。

失败案例

（一）内容摘要

D 企业申请"微易贷"600 万元，担保方式为抵押担保，以第三方名下两套别墅提供抵押担保，综合抵押率为 50%。经审查，认为 D 企业主体经营能力下降，抵押物拆改严重，不同意为 D 企业发放"微易贷"。

(二)审查要点

1. D企业为建筑施工企业,年主营业务收入由2036万元下降至955万元,降幅53%,营业利润同比下降96%。经营规模萎缩且盈利能力较弱。

2. 本笔业务的两处抵押物的抵押人均为自然人,且为与D企业无关联关系的第三方。抵押物破损及拆改严重,一套房屋外延不整且空置,另一套房屋擅自拆除重建,变现能力较差。

3. D企业与存量"借新还旧"客户存在关联关系,且未纳入集团客户管理,本笔贷款存在潜在信用风险。

(三)业务启示

正、反两个案例启示银行工作人员,在营销过程中要重点关注哪些方面呢?

1. 要关注建筑施工企业的经营性现金流,关注借款人经营的可持续性,通过分析目前施工项目的情况和下游客户的类型,以银行流水作为佐证材料,判断企业的回款能力,往来是否规律、结算是否稳定等。C企业经营时间较长且稳定,涉及的项目为示范镇和政府安置房项目,下游客户多为国企或实力较强的房地产开发企业,回款相对有保障。而D企业在经营方面出现经营规模萎缩、收入及利润水平大幅下滑的情况。

2. 要判断抵押物是否具有短期变现能力。C企业的抵押物为直系亲属名下的普通住宅,为成熟小区商品房,且面积适中;而D企业的抵押物为第三方名下的两套别墅,一套别墅较为破旧,所属小区为入住率较低的远郊社区;另一套别墅全部拆改后重新建设,无法按照产权证的蓝图复原。未来一旦发生信用风险,银行在处置抵押物前,需按产权证蓝图恢复原状,对于银行来说D企业这两套抵押物处置成本极高。需要强调的是,银行严禁接受被列为违法建筑、拆改严重或无法按产权证蓝图复原的房地产抵押。

3. 要关注借款申请人和实际控制人是否存在融资过高、涉及民间高利贷或其他信用风险等。D企业与银行存量"借新还旧"客户存在关联关系,存在潜在信用风险。

(四)案例总结

综合以上高新科技型企业、地方龙头企业和同一行业三个"微易贷"案例,可以总结出优质的普惠金融业务值得借鉴的一些经验:

1. 客户经理要通过实地调查、与经营者座谈,利用征信报告、"企查查"等三方平台以及各种社会关系等,充分了解经营者是否具备良好的经营管理能力、持续经营能力以及为人是否诚信。

2. 考察第一还款来源是否充足，现金流是否为正。通过"三表"（水表、电表、税表）和银行流水核实企业经营是否稳定、结算是否正常，还款来源是否充足等。

3. 考察第二还款来源是否容易变现。对于以强抵押作为主要风险缓释手段的业务，可优先选择的抵押物标的为面积适中的普通住宅、园区内标准工业厂房及商业氛围较成熟的底商等。

4. 合理确定贷款金额。目前要通过以下几个途径科学计算贷款金额：一是根据企业实际经营需要，匡算信贷资金需求量；二是严格落实《三个办法一个指引》的要求，利用营运资金分析模型或确定的上下游订单，测算新增流动资金贷款额度；三是根据普通住宅、商业房地产、工业房地产等不同的抵押物类型，以抵押率为标尺，有效控制信用风险。

"税 e 贷"的否决案例

（一）内容摘要

E 企业申请"税 e 贷"200 万元。经审查，认为 E 企业经营的可持续性不强，且存在多次违反税收管理记录，不同意为 E 企业发放"税 e 贷"200 万元。

（二）审查要点

1. 经营的可持续性不强，国内业务经营不善。E 企业近 3 年主营业务收入分别为 2275 万元、1347 万元、1214 万元，经营收入逐年下降，主要原因是企业将销售业务逐步转移到美国分公司，国内业务量萎缩。此外，近 3 年营业利润、净利润、未分配利润均为负值，盈利能力不强。

2. E 企业在 2017 年有一次骗税记录、一次违反税收管理记录，2018 年 8 月有一次违反税收管理记录。近 3 年总纳税额变化幅度较大，2017 年共缴纳税款 230 万元，其中 220 万元是补交 2015 年至 2016 年的税款；2018 年缴纳税款仅有 3 万元。

（三）业务启示

通过以上案例分析，我们认为 E 企业申请"税 e 贷"业务未通过的原因，首先是经营不稳定，其次是企业存在多次违反税收管理记录的情形。鉴于"税 e 贷"产品为信用类贷款，银行要持有审慎的态度。

（四）案例总结

案例启示银行工作人员，要认真学习和研究相关管理办法，同时在营销具体业务过程中要重点把握以下几个方面：

1. 要核查企业是否符合文件规定的准入条件。要核实近几年企业的财务状况、实际控制人及配偶征信逾期次数、同业税类贷款（包括实际控制人个人经营性税类贷款）等。

2. 要做到全面尽职调查。要重点分析第一还款来源，同时要调查企业及实际控制人名下的有形资产，未来一旦出现信用风险，要以调查的资产线索作为抓手；此外，还要分析企业和实际控制人的银行融资，信用卡数量和额度使用情况，对融资的适度性进行判断等。

3. 合理确定"税e贷"的贷款额度。要根据企业的经营情况和资金缺口，合理提供信贷资金支持；还要根据微众税银报告、企业近几年的纳税金额合理匹配贷款额度，鼓励积极纳税、信誉良好的企业正常运营。

流动资金贷款否决的案例

（一）内容摘要

F企业申请流动资金贷款300万元，担保方式为抵押担保，以实际控制人名下位于H产业区的工业厂房提供抵押担保，抵押率为44%。经审查，认为F企业主营业务收入不足以覆盖贷款本金，而且F企业拒绝评估人员对抵押物进行全面现场勘察，故银行不同意为F企业发放流动资金贷款。

（二）审查要点

1. F企业为中日合资企业，主要生产、销售各种食品添加剂、食用色素、香精香料、保健品等。F企业全年主营业务收入260万元，营业收入不足以覆盖贷款本金，利润总额也不足以覆盖利息金额，第一还款来源明显不足。

2. 实际控制人个人经营性贷款余额为241万元，企业实际资产负债率为71%。如加入银行贷款300万元，资产负债率为77%，负债偏高。

3. 企业拟采取订单融资的方式，仅提供了与关联企业签订的下游销售合同，未提供上游采购合同，贸易链条不完整，拟作为订单融资的合同存在合规性风险。

4. 企业实际控制人及工作人员配合度不高，评估人员无法对抵押物进行全面现场勘查评估，抵押物未能做到有效估值。

（三）业务启示

通过以上案例，F 企业主营业务收入不足以覆盖贷款本金，第一还款来源明显不足；企业实际控制人及工作人员配合度不高，未对抵押物进行全面现场勘查评估，第二还款来源也未有效估值。此外，银行在测算新增流动资金贷款额度方面，要严格落实《三个办法一个指引》的要求，合理确定企业贷款额度的需求量。

信贷资金存在挪用风险的案例（一）

（一）内容摘要

G 企业申请"微易贷"300 万元，担保方式为以实际控制人名下住宅提供抵押担保，抵押率为 70%。经审查，认为 G 企业主体经营资格不合法，实际控制人存在未结清不良信用记录，故不同意为 G 企业发放流动资金贷款。

（二）案例描述

1. 特许经营资质已过期。G 企业提供的市政公用工程施工总承包资质证书已过期，未提供在有效期内的资质证书。

2. 无法有效核实企业经营的真实性。G 企业全年主营业务收入为 758 万元，但企业对公非关联交易的结算流水半年入账仅为 210 万元，个人流水中贷方金额也无法确定是否为当年实现的销售收入。

3. 外评机构在预评阶段未进行现场勘查，未对抵押物进行全面评估，预评值存在偏差。预评估报告备注中列明"本次预评估价人员未进行现场查看，评估值可能会有相应调整"。

4. 存在信贷资金用于归还其他借款的嫌疑。拟作为抵押物的房地产仍在某典当公司设定他项权利 200 万元，该笔借款已逾期，实际控制人不能清偿已到期的负债。

信贷资金存在挪用风险的案例（二）

（一）内容摘要

H 企业申请"微易贷"160 万元，担保方式为以第三方名下住宅提供抵押担保，抵押率不超过 50%。经审查，认为 H 企业主体经营的真实性存疑，贷款用途不符合相关规定，故不同意为 H 企业发放流动资金贷款，并出具了否决意见。

（二）案例描述

企业主体经营合法性、真实性存疑。

1. 客户经理与经营者座谈，了解到借款人的前三大上游客户为甲公司、乙公司和丙公司。但经"企查查"查询，甲公司、乙公司已被列为失信被执行人；丙公司的经营范围中，没有与借款人经营活动相关的主营业务项目。

2. 经营者介绍经营模式为酒水批发，但通过企业提供的银行流水发现，结算流水借贷方的企业多与建筑相关的企业，与经营者所述的贸易关系不符。

3. 企业提供的购销合同和经营地租赁协议，其中手写部分（包括盖章处落款的甲乙方签字）均出自一人。通过以上佐证材料无法进一步核实企业主体经营合法性和真实性。

（三）业务启示

综合以上两个案例，G企业和H企业存在主体经营真实性难以核实、贷款的最终用途不合规等问题。目前，大力推动普惠金融业务，客户经理通过多渠道营销，要把握信贷资金的最终用途是否与企业经营相关，是否已经出现信用风险，是否存在不能清偿到期债务的情况，合理预计银行贷款未来发生不良风险的概率。

（四）案例总结

以上为流动资金贷款和信贷资金挪用风险的典型案例，案例启示银行工作人员，贷前应做好尽职调查工作，避免介入有以下情形的业务：

1. 借款人第一还款来源不足。如借款人经营可持续性不强，销售收入近两年大幅下滑，或销售收入不能覆盖贷款本金等。

2. 抵押物变现能力差。如抵押物是不易短期变现的房地产、出租率不高的写字楼、商业氛围较差的商铺、非标准工业厂房或位置较偏僻的住宅等；如抵押物整体拆改严重、无法复原等。

3. 企业存在不良因素或信贷资金被挪用。如借款人、关联企业或实际控制人已出现不良或被列为压降对象，或借款人已出现信用风险，预计银行贷款未来发生不良的概率较高。

Day 66

经验分享：客户经理成长记

客户经理处于银行重要的营销岗位，是银行业务开展的中流砥柱，是银行的品牌形象，肩负着各种产品的学习、客户咨询与营销服务、重点客户的新增与维护等重任。一名优秀的客户经理不但可以带动整个网点员工工作的积极性，还能向客户展示银行员工的热情与活力，以及专业技能和良好的服务。今天请到了天津滨海农商银行两位优秀的客户经理，分享他们的成长心得，接受新人们的"灵魂拷问"。

主持人： 大家好，今天我们请到了两位优秀的客户经理，他们是小唐、小璇，两位将把他们的宝贵经验和大家一起分享，希望对新人们后续工作能有启发。

提问： 请问你是如何寻找客户的？

小唐： 大家好，我是小唐。从一名客户经理成长为支行副行长，这一路走来，有很多辛酸，也有很多曲折，但我依然坚定前行，因为我相信未来一定会柳暗花明。说到寻找客户，我认为首先要认真了解任务目标和产品，根据营销任务确定客户群体。例如，公司客户经理目标就是以公司业务为主，可以与园区、协会、商圈等机构建立联系，获得批量的小企业信息，其次是靠身边人介绍和陌生拜访。

提问： 如何发现客户的需求？

小唐： 从我多年的营销经验中，我总结了营销的五字诀："望、闻、问、参、勇"，就是要"多看、多听、多问、多思考、勇敢实施"。

提问： 能举几个实战的营销案例吗？

小唐： 好的，今天和大家一起分享几个我在工作中的实战案例，希望能对大家有所启发和帮助。

每天上下班我都能看到家门口的老年人在跳广场舞，凭着客户经理的敏感性，我动了心思，相信可以搞定存款。行内冠名的2019年第四届耀武扬威广场舞大赛，宝坻区海选恰好由我支行负责承办，主要负责比赛报名、赛程讲解、顺序抽签、背景音乐拷贝、比赛现场布置、后勤服务等工作。在海选的现场我就开始了营销，说实话现场营销有点困难，因为大家注意力都在节目上，不愿意花时间听，给营销工作带来了障碍。虽然难，但是我也成功开卡105张。海选活动结束后，正式的营销才开始，我们与广场舞队建立了联系，邀请参赛人员及其家属来支行参加"以舞为名　借花联谊"的插花活动，邀请专业老师进行指导，把客户邀约到支行后，就开始逐一建立联系，针对客户的需求介绍相应的产品，这个活动支行连续开展10期，共计新增个人存款4000万元。

还有一个案例。有一次我和券商的聊天中，听说宝坻区新三板企业某股份公司准备增资扩股。根据全国股转系统要求，所有新三板企业增资必须开立募集资金专用账户。现在公司已经向某银行宝坻支行申请办理，因时效性要求，公司比较着急，而该银行对此业务却比较陌生，迟迟没有回应。我支行充分发挥扁平化的管理优势，首先迅速联系该股份公司、该券商，了解增资情况，同时认真学习监管文件，列出监管重点及监管职责，经查与我行现行文件规定无明显冲突，遂与中心支行一同前往总行授信管理部，探讨可行性，授信管理部批准，同意办理。从与企业接触到账户开立，一共用时4天，某股份公司对我行非常认可，决定两次增资都在我行办理，我行共实现存款沉淀2000多万元。券商告知，我行是办理华北地区第一笔募集资金监管账户的银行。监管资金到账后，企业告诉我，之前的那个银行给他们打电话说这个资金专户没有办过，需要和分行沟通，还得继续等待。听到客户的反馈，我暗自庆幸，快捷和高效为我行赢得了先机。这笔业务顺利合作，一个关键的因素是"听说"，因为企业并没有第一时间找我行办理，能够第一时间"听说"很重要，这需要客户经理有一定的社交基础，当然光听也不行，还必须要思和干，否则听的信息也会变得没有价值。

从以上两个案例，我们看出，一名称职的客户经理，要留心身边的每一件事、每一个人，他们都有可能成为你的客户。

提问： 请问你是怎样成长为一名优秀客户经理的？

小唐： 作为一个老客户经理，经过这么多年的摸爬滚打，我总结出三个秘籍。

秘籍一："苦修行"，提升业务能力。工欲善其事，必先利其器。记得我刚开始工作时，社会关系也是极其简单，没有什么资源，拿到任务指标，都是家里亲戚帮忙给凑的，即便如此也无法完成任务指标。自己嘴也笨，不太会聊天。我是半路出家的理工男，业务基础几乎为零，当时自己也很困惑，就希望努力钻研业务，争取通过优质的服务提高自己的获客能力，经过一年多的努力学习，我的业务能力已经出类拔萃，越来越多的客户喜欢找我办理业务，我也开始在营销方面崭露头角。现在回想当初，是我专业的能力得到了客户的认可，从而获得营销的成果。业务能力的高低，直接决定了解决问题的效果，而为客户解决好问题是快速获得客户好感、增进双方感情、实现营销突破的好方法。所以在工作中提高自己的专业性，可以赢得客户信任。

秘籍二："广交友"提升社交能力。在生活中要多交友——各种各样的朋友，这些朋友就是我们客户经理工作之初的最大资源。在日常交往中，对朋友一定要以礼相待、以诚相待，在不违反原则的前提下，能多帮就多帮，还有自己的同学，随着参加工作时间的增长，你会发现，曾经的同学构成了一张关系的大网，一定要珍惜，同学关系，那是一种很纯粹的不掺杂利益的关系。在工作中，一定要认真服务客户，与客户成为朋友，一旦和他们成为朋友，他们会转介绍他们的朋友，这样我们的客户资源就会越来越丰富。

秘籍三："会聊天"提升沟通能力。客户经理在生活中要学会聊天。沟通能力强，可以有效拉近与他人的距离，有助于不断扩大自己的社交圈。在工作中，更要具备良好的沟通表达能力，这样不仅能清楚地表达自己的想法，能够与各种性格的客户开展交流，得到客户信任，从而开展营销工作。

主持人：谢谢小唐的分享，接下来我们有请一位女士——小璇，她曾获天津滨海农商银行"2019年度优秀共产党员"荣誉称号。请她分享一下成长心得。

小璇：大家好！我是小璇，2008年大学毕业。供职于滨海银行，服务于客户是我走出校门的第一份工作，这份工作我一干就是12年。这12年中，我从柜员到总行风控条线管理岗再到客户经理，经历了多个岗位，但我始终觉得作为一个银行人，不到一线做业务就像战士没上过战场，是个遗憾。2017年3月，总行号召管理部室员工下沉一线，我想我的机会来了，于是我主动申请从总行管理部室转岗到基层一线，在当时周围人质疑的目光中，成为一名客户经理。31岁，一切从零开始，这对我来说并不容易，要从头学习新的业务知识和业务技能。起初，我只能协助领导做些基本的跑腿工作，但随着对业务的熟悉，我不再满足于完成案头工作，因为我深知客户经理最大的意义在于营销，我要去建立属于自己的客户关系网。一名优秀的营销人员，绝不能仅局限于营销身边的亲戚、朋友、同学，于是我给自己定下目标，要求自己每2~3天认识一个陌生人，锻炼自己和陌生人接触交往的能力，积累客户资源。3年内我和所有有可能成为客户的陌生人接触，在小区里认识邻居，接送孩子认识家长，去企业认识员工，买东西认识店员和老板，不完全统计，3年时间里我认识了1100个陌生人，与其中280余人建立了合作关系。在这个过程中，不但积累了一定的客户资源，更重要的是大大提升了我的客户开发能力，我完成了从整理资料做手续的客户经理到真正的营销人员的华丽转身，营销的对公客户从最初的一两户发展到现在满负荷运转的8户，并且能针对不同客户的多样需求，为客户提供不同类型的产品。疫情期间，我支行的对公客户经理团队第一时间复工，口罩、护目镜、手套，各位同仁全副武装，逐个对接老客户，深入企业了解疫情。对那些受疫情影响较大的企业，及时加班调整金融服务方案。其中一家防疫物资保障企业急需授信，支行整个团队加班加点，急企业之所急，从了解需求到贷款审批仅用了一个工作日，以极限速度落地金融保障，保证客户抗疫生产线的顺利运行。

主持人： 小璇，你在工作中，遇到过不公平的事吗？你是怎么应对的？

小璇： 营销中，我也遇到过很多不公平的事。记得一次偶然的机会，我认识了一个私企女老板，她的存款多年都存在某银行。我通过不懈努力说服客户把存款转入我行，可就在客户刚转了200万元的时候，某银行的支行行长对我行进行诋毁。眼看营销成果就要落空，虽然气愤，但冷静之后，我没有直接反击对方，而是将自己收集的我行在党报党刊、主流媒体上发布的正面宣传报道以及我行真实有力的数据发给客户，主动解答客户的疑问，抽丝剥茧，将这些漏洞百出的谎言一一击破。最终客户被我锲而不舍的真诚打动，某银行也因为诋毁他行而失去了客户的信任，客户最终将全部资产1500万元转至我行。这件事告诉我，最好的营销就是用人品赢得客户的信任。从那以后，我开始注重客户间的口碑传播，推动存量客户为银行推荐新客户。在对公业务繁忙的情况下，我利用8小时之外，连续3年全员营销完成率达到350%~550%。疫情期间我也不放松营销，利用客户不便去银行办理业务的机会，远程指导客户将存款转至我行办理，仅在2020年3月就完成全年全员营销任务的800%。正是这份锲而不舍，才让我从一个小白成为一名不怕困难、不畏艰难的客户经理。

主持人： 感谢两位优秀客户经理的精彩分享，相信对大家未来的工作有所帮助，在此预祝大家能有更好的发展。

Day 67

案例学习：营销案例分享

> 营销是银行客户经理必要的工作，如何找准市场，精准营销，实现存款的稳步增加，是摆在客户经理面前的一道难题。今天以天津滨海农商银行的营销案例为例，为大家提供一些思路，助力客户经理拓展更多的客户，实现业绩的增长。

滨农助丰收，存款还能跑吗？

一、内容摘要

每年的9~10月是一年一度的冬枣销售节，太平支行周边部分村民以种植冬枣为家庭主要收入来源。如何抓住冬枣销售的有利时机，吸收居民存款，是支行每年的工作重点和难点。

二、案例描述

太平支行坐落于农村地区，服务当地农民。农民的收入来源主要为秋收，所以支行拉动存款的最好时机为秋收时节。农民收款方式主要为现金交易，存在着易丢失、收假币等风险。支行首先与村委会建立合作关系，借助村委会进行宣传，其次在村民等待销售农产品的时候进行营销，支行全员出动，帮助村民摘枣，以此拉近与农民之间的距离，建立信任感。最后，针对农户的特点，设计专属产品——"滨聚付"（二维码收款）。此举既帮助农民安全收款，也带来了4000万元存款，有效完成了存款营销任务。

三、启示与反思

1. 建立客户关系，为其提供服务，增加客户黏性。站在客户的角度，以解决客户的难题为出发点，设计产品，从而实现双赢。

2. 营销不能盲目，要具有针对性。营销的过程要进行周密设计，从预案、实施、结果考核到评估（寻找问题），要优化营销模式，形成营销闭环。

三招搞定冷漠客户

一、内容摘要

2019 年 4 月，某支行深入中小企业产业园区走访企业。产业园内一家科技型制造企业是高新区的优质小微企业。该企业 3 年前上市，拥有多项国家专利，成为众多银行关注的优质企业。该支行也想营销该企业，初步了解到，该企业目前盈利能力较强，资金流动性较好，基本户开立在某银行已经 10 年，两者合作关系良好，该行给予该客户手续费全免的优惠政策。该企业既没有在其他银行存款的需求，也没有贷款需求。为与该企业达成合作，支行为企业定制了一款贴息贷款产品，成功营销了该企业，并不断深入合作其他对公和零售业务。

二、案例描述

某公司是一家新三板上市的科技型小微企业，实际控制人为天津大学博士，企业拥有自己的研发团队，研发产品在国内和东南亚市场畅销，近 3 年收入额呈现高速提升趋势。该公司资金周转较快，目前没有贷款融资的需求，同时公司基本户在某股份制银行开立已有 10 年。该银行针对该企业制定了一系列 VIP 政策，例如手续费全免、存款收益定制化等政策，得到了这家公司领导的认可，于是该公司将其他银行的存款业务转到了该银行办理。

我行对该公司进行了多次营销，首先通过多次电话和微信互动预约客户。该企业财务总监出差频繁，沟通了多次后才预约见了面。首次见面后的反馈是该总监对我行的存贷款产品都不感兴趣，没有开户融资需求。听到反馈后，客户经理没有放弃，反而坚定了信心，没有融资需求，说明这个企业目前运转良好，实力雄厚，正是我行要找的理想企业。

进一步了解到，该公司去年刚刚成立了新的子公司，并取得了国家创新产品大赛的二等奖，并因此享受政府的贷款贴息政策。客户经理激动万分，可以贷款贴息政策为切入点，帮助企业设计贷款方案。客户经理仔细研究了政府的贴息政策，针对该企业的经营发展特点，制定出了一份子公司贷款方案：天津市科委为创新大赛获奖企业奖励贷款补贴 5 万元，根据科委文件补贴要求，贴息贷款金额不低于 40 万元，期限 1

年以上。银行设计为，企业贷款 50 万元，贷款利率 7%，年利息 3.5 万元。一方面，支行可以获得较高的利息收入；另一方面，企业通过融资，减去利息外还可以拿到补贴款 1.5 万元。企业的财务总监表示，这个方案正是企业需要的，很实用。该方案也得到了企业总经理的认可，同意和我行建立合作关系。在 7 月我行成功向该企业发放贷款，并成功营销企业股东和员工使用"天天赢""喵喵贷"等零售产品。

三、业务启示

客户经理在日常拜访中经常会遇到一些优质客户，只要不放弃，找准客户的需求，一定能搞定客户。针对这类客户总结出三招应对措施：

1. 充分了解企业的需求。客户经理不能简单地去问客户是否有需要，与客户接触前，要做好功课，了解企业的经营模式、资金需求以及相关行业的政策。

客户经理在拜访企业前，做好前期了解工作，找到能聊的话题，更好地引导客户和自己交流，增加交谈时间就能了解到更多有效的企业信息。可以上网对企业成立至今的发展历程进行查看和分析。例如本案例中，该企业上市后收入呈现高速成长势头，产品呈现多元化发展态势，企业官网上对子公司新产品宣传力度较大。

2. 在与企业沟通时，不仅要听企业人员的介绍，还要自己实地考察，从员工面貌、领导穿着、企业环境等细节进行检验，通过各种线索不断地深挖信息。

3. 要做定制化的融资方案。企业需求各有不同，要针对企业的特点设计符合企业实际需求的方案。上述的例子中就从贷款贴息的角度进行切入，先让企业获得一定的收益，得到企业的信任后，再进行其他对公及对私产品的营销，让企业和银行之间关系更加紧密，让企业的员工都能成为银行的客户。

一招教您学会批量获客

一、内容摘要

2019 年 11 月 14 日，某支行与宝坻区科技局联合举办科技金融政策宣讲会，出席会议的有科技局领导及科融担保公司和 31 家雏鹰、瞪羚企业负责人。此次会议主要帮助科技型企业解决融资难题，通过宣讲，现场有两家意向客户，会后开展一对一拜访工作，跟进落地。

二、案例描述

为支持实体经济、扶持中小微企业发展，中央和地方政府出台了很多政策，银行也正在加大金融支持力度，支持小微企业的发展。

客户经理传统的营销方式是一家一家地营销，但是收效低，如果能开展批量营销，将解决客户经理很多困扰。经过分析，政府机关具备召集企业的能力，那么如何利用政府机关帮助银行推进营销工作呢？天津市科技型中小企业补贴政策已经施行多年，今年新政策的推出备受关注。通过调查发现，天津市新近推出雏鹰企业、瞪羚企业政策，对科技型雏鹰、瞪羚企业给予政策补贴，基于这些信息，银行将营销抓手锁定在科技局，因为科技局负责发放补贴，所以通过科技局召集企业是非常有效的。但是如何取得科技局的支持还得需要银行的营销设计，于是客户经理找到科技局，向科技局表明了银行支持小微企业的初衷。对瞪羚、雏鹰企业进行扶持，其实科技局也有这样的任务。银行就是要和科技局达成共识，然后向科技局提出邀请，希望组织一场科技金融政策宣讲会，为31家雏鹰、瞪羚企业进行政策解读，科技局只需邀请企业参加，派人员现场宣讲政策即可，其他事项由银行安排。对企业进行政策宣讲既是科技局的职责和义务，也是银行的意向，这样科技局和银行就结成一个战略同盟。在宣讲会上，科技局起到了很好的破冰作用，银行向参会企业介绍了科技政策、金融政策，企业听后非常感兴趣，多家企业与银行达成了金融服务意向。会后，客户经理又开展了客户回访工作，大大提高了营销成功率。

三、业务启示

1. 加强银行与政府部门如科技局、税务局、环保局、园区管委会等之间联系，经常沟通拜访，不仅可以获得很多新的政策信息，还可以共同开展一些宣传活动。

2. 找到银行与上述单位之间的合作点，建立联系。如与科技局联系，可以营销科技金融产品，共同扶持科技创新企业；与税务局联系，可以营销"税e贷"，为企业增信；与环保局联系，可以营销设备融资租赁或其他分期产品，分担企业成本，快速帮助企业达到环保要求等。

3. 银行可以作为支持方，借助上述单位搭建与企业间的联系，借力使力，实现批量获客的目的，从而节省营销时间，提高营销效率。

Day 68
案例学习：绿色营销

前面，我们介绍的营销技巧主要是基于关系的传统营销方式，以及如何建立和维护银行与客户的关系。今天我们换一个角度，从金融服务为客户带来价值的角度，学习一种新的基于产品的营销方式——绿色营销。

No.1 什么是绿色营销？

绿色营销是指在深入了解客户所处供应链地位和结算特征，并对银行信贷产品深入了解的基础上，通过银行产品或产品组合，为客户量身定制金融解决方案，满足客户结算、融资、改善财务管理等多元化金融服务需求的营销方式，是相对于传统的基于关系的简单营销方式而言的一种基于银行服务产品的新型营销方式。

No.2 为什么要开展绿色营销？

传统的营销有三个弊端：一是效率低。在传统的简单关系营销模式下，客户经理往往通过宴请维护客户关系，很多时候还要经受各种推杯换盏、觥筹交错的"酒精考验"。然而虽然投入了大量的时间和精力，却未必能够如期达成目标，营销的成功率、规模都存在较大的不确定性。二是稳定性差。我国法律规定，商业银行的存款人存款自愿取款自由。通过简单关系营销而来的存款在客户有资金需求时往往会被提取。事实上，一家正常持续经营的企业，不可能有大量的资金长期滞留在银行的存款账户，而是要参与企业的经营周转。三是有损健康。长期应酬喝酒，必然会损伤客户经理的健康。因此客户经理除了必要的关系营销之外，还需要与客户建立长期稳定和合作关系，增加客户的黏性，此外，还必须以"双赢"甚至"多赢"为前提，让客户得到好处，从而建立长期稳定的业务关系。综上所述，绿色营销尤为重要。

No.3　如何看待绿色营销与传统营销的关系？

传统的营销方式主要是基于关系的营销，而绿色营销方式主要基于对产品和客户的了解，两者是互为补充的关系。我们提倡绿色营销，不是不要关系营销，而是两种营销方式不可偏废，双管齐下，以品行和专业赢得客户。

No.4　如何开展绿色营销？

孙子兵法云："知彼知己者，百战不殆。"开展绿色营销，最关键在于了解客户、了解自己。所谓了解客户，主要是指了解客户所在行业的交易惯例、行业供应链地位、结算模式，所谓了解自己，主要是指了解自己所在银行的金融服务产品的特性，了解适用的前提和场景，可以给客户解决什么问题，引导客户识别自身的需求，在恰当的时机和场合正确地使用银行服务产品，实现客户和银行的双赢，同时实现客户经理自身的价值。

No.5　请举一个绿色营销的例子。

举一个最简单也最常用的低风险对公银行产品——全额保证金银行承兑汇票的例子。天津A贸易公司是特大型煤炭贸易批发企业，公司主要业务是向本地二级煤炭批发商批发煤炭，年销售额超过12亿元，现金流较为充裕。2017年，某商业银行希望营销该客户，但因其现金流较为充裕，同时煤炭利润逐年走低，银行虽然给该企业进行了授信，但由于企业并无资金需求，而且不愿承担较高的融资成本一直未提用。该银行客户经理经过深入调查，得知该贸易公司近期将采购10000万元的煤炭，上游矿场定价分为现金价和承兑价，且淡旺季有不同的价格。在淡季，上游矿场为促进销售，现金结算优惠1%，而承兑价优惠0.6%。同期该银行6个月对公保证金存款利率为1.3%。

客户如果以全额保证金银行承兑汇票支付，相对现金支付，少获得价格折让：$10000 \times (1\% - 0.6\%) = 40$（万元），但是，客户以银行承兑汇票支付时，10000万元半年期定期利息为：$10000 \times 1.3\% / 2 = 65$（万元）。在不影响客户商务结算的前提下（即矿场可以收取银行承兑汇票），客户以银行承兑汇票结算相较直接以现金结算，可以获得 65-40=25（万元）的理财收益。如此，银行可获得 6 个月稳定的 10000 万元存款，以及 5 万元的承兑手续费收入。

客户经理以此为切入点成功营销该客户，客户与银行实现了双赢。

No.6 如何引导客户使用银行的产品呢？

我们应尽量用客户能够听懂的通俗的语言向客户说明产品可以为客户带来的价值。比如上例中，使用全额保证金银行承兑汇票产品有以下三个好处，好处一：可以帮您留钱。在不影响您采购经营支付结算的情况下，帮您延缓了宝贵的现金流出，提高您资金的使用效率。好处二：可以帮您省钱。同样使用银行的信用，相对贷款，银行承兑汇票产品帮您节省了利息。好处三：可以帮您生钱。通过在银行办理这项业务，帮您获得了 25 万元的理财收益，实际上这是基于您在供应链中的地位，您的上游客户接受您以银行承兑汇票支付，本质上，是您良好的信用和供应链中的优势地位的体现。

Day 69
对公授信——贷前调查

在了解基础概念后,今天,我们将学习在对公授信过程中如何进行贷前调查。

No.1 贷款的程序主要有哪些?

贷款申请→借款人信用等级评估→贷款调查→贷款审议、审批→签订借款合同→贷款发放→贷后管理→贷款归还。

No.2 贷前环节调查及核查规则是什么?

(1)"双人四眼"亲见原件和亲手取得原则

如资料为复印件,调查人员必须双人亲见原件,严禁以客户提供的复印件、扫描件、照片等方式代替;如资料为原件,客户经理应实地获取。

(2)逻辑印证原则

调查人员在取得资料后,应通过分析各项资料的逻辑相关性、合理性,形成完整的证据链条,以达到对资料真实性进行交叉验证的目的。

练一练

(判断题)"双人四眼"亲见原件和亲手取得原则:如资料为复印件,调查人员必须亲见原件,严禁以客户提供的复印件、扫描件、照片等方式代替;如资料为原件,客户经理应实地获取。( )

答案:正确。

No.3　流动资金贷款业务调查要点是什么？

需要对贷款申请人从以下方面进行调查：主体准入资格，生产经营情况，财务情况，收入核实，融资、担保、履约情况，流动资金需求，贷款用途，担保情况等。

No.4　流动资金贷款业务风险点是什么？

（1）主体准入资格。申请人存在违规经营，被工商行政管理部门、税务部门、环保部门处罚或责令停产整顿，信用违约或评级机构对其下调评级，申请人或法定代表人、实际控制人被列为失信被执行人等重大负面信息，公司治理内控水平低下而没有及时发现。

（2）生产经营情况。对申请人所在行业判断失误，遭受系统性风险，如企业停工停产，或生产萎缩、管理混乱等。

（3）财务情况。财务报表虚假；财务信息质量差（财务舞弊）；未能从财务信息中识别企业存在的风险。

（4）收入核实。收入未能做实，高估企业收入及还款来源。

（5）融资、担保、履约情况。未能全面掌握申请人及关键自然人最新融资余额及履约情况，造成过度授信；未能识别他行抽贷行为；涉及担保圈链，互保严重、担保关系盘根错节，引发风险传染。

（6）流动资金需求。测算值小于贷款本金或测算值为负，但未提供申请人与下游客户签订的合同，也未在调查报告中进行一次性或临时性"订单融资"的说明。

（7）贷款用途。贸易背景不真实，信贷资金回流、失控、用途违反国家法律、法规要求。

（8）担保情况。未能审慎评估担保人的代偿能力及抵押物的变现能力。

✎ 练一练

（多选题）流动资金贷款业务的调查要点包括（　　）。

A. 主体准入资格

B. 生产经营情况，财务情况，收入核实

C. 融资、担保、履约情况

D. 流动资金需求，贷款用途，担保情况

答案：A、B、C、D。

No.5　银行承兑汇票业务调查要点是什么？

银行承兑汇票业务的调查要点包含流动资金贷款的调查要点，此外，还须做好以下方面的调查：

（1）提供证明贷款用途与上游客户签订的商务合同，判断贷款用途与实际经营是否相关，采购价格是否合理，交易标的是否在交易对手的经营范围之内，交易对手是否存续（通过国家信用信息公示系统查询），对于支付对象与申请人存在关联关系的，要予以揭示，并着重说明交易的合理性和真实性。

（2）通过阿里巴巴、我的钢铁网等大宗商品网站查询交易标的价格，判断合理性。

（3）试算货品单价与数量乘积是否与总价一致，合同大小写金额是否一致。

（4）合同签订日期是否合理，合同是否在有效期内。

（5）商务合同中约定的付款方式要明确记载包括以银行承兑汇票的方式付款，银行承兑汇票付款的金额覆盖银行承兑汇票票面金额。

（6）对于低风险业务，要特别注意本笔业务结算金额和征信报告显示的累计承兑金额是否与申请人资产规模（货币资金、应收账款、存货等）、应付票据和收入状况相匹配，有无资产科目明显难以容纳质押物本金、历年收入（考虑近年增长率）明显无法覆盖银承票面金额的情况，如有要进行业务合理性论证。

No.6　银行承兑汇票业务风险点是什么？

对于银行承兑汇票业务，除了需要按照流动资金贷款业务的风险点对企业进行全面考察之外，要特别注意对于贸易背景真实性的核查，尤其是提供的证明银行承兑汇票用途的商务合同中要明确约定结算方式包括商业汇票。

No.7　低风险业务调查要点是什么？

在对公客户低风险业务调查环节应把合规性放在首位，坚持业务"合法、合规、合理"三原则。经营部门须对质物资金来源的合法合规性、贸易背景的真实性负责，同时做好以下调查工作：

（1）加强对客户资质的调查审核。认真审核客户工商登记信息有效性，对存在未整改到位的环保等行政处罚和涉税违法处罚记录的，不予介入；对企业主体或其法定代表人因借贷纠纷被列为被执行人或存在失信记录的，不予介入；对企业主体或其法定代表人征信存在未结清不良信用记录的，不予介入。

（2）加强客户质押资金来源合理性的调查分析。一方面，对客户自有资金进行定量分析，判断拟质押资金是否与客户的资产、收入规模相匹配；另一方面，要求经营机构对客户质押资金的来源进行尽职调查，要求资金必须经企业或企业法定代表人、股东他行同名账户划转至银行。

（3）加强贸易背景调查。一方面，充分利用"企查查"等信息查询工具，对企业的关联关系进行有效识别，杜绝关联企业互为上下游进行票据融资，对贸易背景存疑的客户，要求经营部门收集企业贸易项下的相关货物流凭证或其他能够佐证贸易背景真实性的材料；另一方面，坚持票据的真伪查询和签注，防范虚假融资、重复融资。

> **练一练**
>
> （多选题）下列低风险业务的调查要点正确的是（　　）。
>
> A. 对客户资质的调查审核　　　　B. 流动资金需求调查
>
> C. 贸易背景调查　　　　　　　　D. 客户质押资金来源合法性调查
>
> 答案：A、C、D。

No.8　房地产开发贷款业务调查要点是什么？

（1）核查项目工程技术指标，如建筑性质（指居住、商业等用途）、占地面积、建筑面积、容积率、建筑密度、建筑限高、绿地率是否与土地出让合同一致，以识别项目被认定为违章建筑的风险。

（2）调查项目开工日期是否在土地出让合同约定的期限内。如不在，须提供连续的延期开工的土地出让补充合同，直至覆盖实际开工日期，以识别建设用地被收回的风险。

（3）调查土地出让金缴款书、专用收据记载金额是否覆盖土地出让合同金额，以识别以银行信贷资金支付项目土地出让金的合规风险。

（4）调查用地规划许可证记载用地面积是否超出提供的不动产权证书记载的土地

面积，项目性质（住宅、商业等）是否与土地出让合同、建设用地规划许可证记载用地性质一致。

（5）调查全部工程规划许可证记载建设规模之和是否超过用地规划许可证记载的建设规模。

（6）调查全部建筑工程施工许可证记载合同价格之和与土地出让金之和是否超过立项批复项目总投。

（7）调查提供的设计、施工、监理合同是否签章完整、经过备案，记载的中标建设规模、签约合同价格是否与工程施工许可证记载一致。

（8）调查计入申请人报告期所有者权益类科目（实收资本、资本公积、盈余公积和未分配利润）的金额（资本金）是否达到了项目资本金的比例要求。

（9）调查项目支出发票（包括土地出让金缴款书）金额之和是否达到了资本金金额，以判断自有资金投入情况。

（10）填制项目投资来源及支出预测表、项目财务现金流量表、项目资金来源与运用表，分析项目成本合理性、收入实现可能性、资金安排及还款的可行性。

（11）对项目定位、区位、配套，与周围竞品相比的优势、劣势进行全面分析，论证项目的可行性，制定账户监管措施，确保及时锁定项目销售回款。

（12）对项目进行压力测试。

（13）对项目整体的市场认可程度作出分析、总结和认定。

No.9　房地产开发贷款业务风险点是什么？

（1）项目未取得相关立项、用地、工程规划及施工许可，或建设指标与行政审批机构审批意见不一致，项目被认定为违章建筑。

（2）项目延期施工超出土地出让合同规定的最迟开工时间，建设用地被国土部门收回。

（3）开发商、设计、施工、监理资质不足，造成项目开发管理水平低、工程质量不合格、施工过程出现重大安全生产事故。

（4）环保不达标被责令停工整顿，造成项目无法如期竣工。

（5）资金不足造成项目资金链断裂，形成烂尾，出现完工风险。

（6）项目市场定位不合理，成本、收益预测不审慎，国家房地产调控政策影响，贷后管理不到位，造成销售迟缓、资金未能及时回笼或虽有销售回款但资金未能及时进入银行监管账户，以致资金失控，丧失第一还款来源。

（7）拖欠税款、工程价款，业主纠纷等造成涉诉，销售监管账户被查封、冻结，无法如期还款。

No.10 经营性物业贷款业务调查要点是什么？

（1）生产经营情况。经营性物业已实现出租的，应现场查看出租以来历年租赁合同及租金收取凭证，关注两点：① 经营性物业出租事项的真实性、出租率、租金收取的真实性、及时性，租金定价和收取的依据，涨价方式的合理性；② 连续跟踪同一出租地的承租人变化情况，以判断租赁收入的稳定性。

（2）财务状况。需要关注经营性物业的入账情况（计入的科目是固定资产还是在建工程或其他科目、入账价值与评估价值对比关注评估价值的合理性、物业账面折旧情况等）；关注经营性物业租金收入在申请人报表收入、经营性现金流入的占比，关注租金收入的真实性，以及申请人是否还有其他收入及现金流来源。

（3）收入核实。① 对于主要结算账户特别是收取租金账户的流水对账单，要关注贷方发生额与租金收取频率、金额的匹配程度，以进一步印证经营性物业租金收入的真实性。② 对于经营性物业租金收入进行抽样调查的，须充分覆盖经营性物业的各种业态、各层、各个功能区域，确保抽样的代表性、有效性、客观性，查看最新有效租赁协议、租金划付凭证。③ 对于水电气缴费，如物业整体定期缴纳水电费，可调阅物业连续几年的整体电费、税费缴费凭证，辅助判断物业实际出租情况。

（4）物业情况。① 物业所有权证，关注使用权期限、共有情况和他项权利设定情况；② 覆盖经营性物业各层、各业态、各功能区的有代表性租赁合同及项下租金缴纳转账凭证，总套数不少于10套；③ 随机抽取3处不同商铺位置，调阅物业开业以来的连续合同，以判断出租的连续性和承租人稳定性；④ 物业竣工验收证明和最新的消防验收合格证明。

（5）贷款用途。仅限于归还建造该物业的借款、贷款的合理支出。

（6）贷款期限及还款方案。① 经营性物业贷款期限原则上不超过8年，最长不超过10年，且不超过借款人法定经营期限和经营性物业使用年限，要根据收入情况及还款可行性，科学设定贷款期限。② 还款计划要根据经营性物业各期收益情况科学、合理制定，原则上应分散各期还款压力，不得在到期前集中还款，一年以上的贷款，本息偿还方案应根据申请人租金现金流情况与申请人协商制定，原则上应保证每3个月还本付息一次，采用等额本息法或等额本金法还款。

No.11　经营性物业贷款业务风险点是什么？

（1）拖欠税款、施工单位工程价款，而该两项款项就抵押物受偿优先级高于银行抵押权。

（2）对于出租率或租金增长幅度估计过于乐观，漏算成本、费用，测算缺乏审慎，造成收入未达到逾期，影响分期还款。

（3）经营性物业未进入固定资产科目核算，可能存在权属纠纷或设计、消防等原因无法办理竣工验收手续。

（4）经营性物业产权瑕疵、经营不合规、市场认可程度低，租金或出租率未达到逾期、出租情况不稳定，或租金收取困难，造成还款来源不足。

No.12　国内有追索权公开型保理融资业务的基本条件是什么？

（1）卖方条件。

① 卖方必须经相关管理部门核准登记，具备法人资格，且原则上具有2年以上的连续经营记录（包括股东或实际控制人的从业经验）；

② 卖方必须有固定的生产经营场所；

③ 卖方与买方之间的交易关系必须是连续的；

④ 卖方没有因为履约质量遭到买方拒绝付款的记录；

⑤ 卖方不存在同时接受买方提供的商品或服务、可能引起应收账款债权被抵销的情况；

⑥ 符合银行授信申请人条件，且银行信用评级BBB级（含）以上；

⑦ 银行要求的其他条件。

（2）买方条件。

① 买方必须经相关管理部门核准登记，具备法人资格，且具有2年以上的连续经营记录（包括股东或实际控制人的从业经验）；

② 无不良信用记录；

③买卖双方之间的交易关系原则上须在1年以上。

No.13 国内有追索权公开型保理融资业务风险点是什么？

（1）拟受让应收账款项下买方应收账款转让通知回执及应收账款确认函签章的真实性存在瑕疵。

（2）提供虚假购销合同、伪造企业印章、开立虚假的企业银行账户、假冒企业的工作人员，甚至内外勾结，不法人员借用买方企业办公室应付银行实地调查，虚构对供应链核心企业的应收账款。

（3）应收账款项下资金汇款路径未成功锁定，买方付款，但未进入银行指定保理专用账户，造成应收账款失控，丧失第一还款来源。

（4）应收账款本身出现法律权利瑕疵，如卖方未能合格履约。

（5）买方信用风险。

No.14 国内有追索权公开型融资租赁保理融资业务风险点是什么？

（1）拟受让应收租金项下承租人应收租金转让通知回执及应收租金确认函签章的真实性存在瑕疵。

（2）提供虚假购销合同、伪造企业印章、开立虚假的企业银行账户、假冒企业的工作人员，甚至内外勾结，不法人员借用承租人企业办公室应付银行实地调查，虚构对供应链核心企业的应收租金。

（3）应收租金项下资金汇款路径未成功锁定，承租人付款，但未进入银行指定保理专用账户，造成应收租金失控，丧失第一还款来源。

（4）应收租金本身出现法律权利瑕疵，如出租人未能合格履约。

（5）承租人信用风险。

No.15 中小微企业出口信用保险项下（以下简称"信保项下"）应收账款融资业务风险点是什么？

（1）关联交易，触发中信保免赔条款。目标应收账款项下出口方、进口方存在关联关系或存在其他足以证明目标应收账款所属基础贸易背景不真实。事实上，中信保具有对境外买家的调查能力，而银行目前没有境外分支机构，对于境内外客户的关联关系调查手段有限。

（2）阴阳合同。进出口双方恶意串通，先签订大额合同办理融资，然后修改合同条款，改小金额，进口商按修改后的小金额付款，中信保以贸易背景不真实为由可拒赔。特别是如果进出口双方存在关联关系，阴阳合同的订立就更加便利。

（3）资料造假。因国际业务中发票由出口方自制，而非由税务局监制，可能虚开。

（4）改变汇路。回款未进入银行专用收款账户，但仍被认为买方已付款，中信保不履行赔付责任。由于信保项下应收账款融资业务并不通知目标应收账款项下境外买方应收账款转让或设定质押的事项，也无法取得境外买方将其应付款项支付至在银行开立的账户的确认，同时，根据中信保出口信用保险的条款规定，买方将应付给出口商（销售商）的货款按期足额支付到出口商（销售商）的任何一个账户，保险人所承保的风险就没有发生，保险责任即告终止。银行面临受让或质押的应收账款无法锁定回款路径，及在境外买方向出口方其他账户付款后中信保保险责任终止的风险。在这种情况下，银行仅能将希望寄托于出口方将收到的货款汇划至银行账户，承担出口方的信用风险。

（5）目标应收账款项下出口方未能合格履约，造成应收账款债权存在瑕疵。

No.16　货币市场报价利率（LPR）是什么？

LPR 是由具有代表性的报价行根据银行对最优质客户的贷款利率，以公开市场操作利率加点形成的方式报价，由人民银行授权全国银行间同业拆借中心计算并公布的基础性的贷款参考利率。今后 LPR 将成为贷款利率定价的主要参考基准。

No.17　LPR 什么时间公布？

自 2019 年 8 月 20 日起，每月 20 日（遇节假日顺延）9 时前，LPR 报价行根据银行对最优质客户的贷款利率，以公开市场操作利率加点形成的方式，向全国银行间同业拆借中心提交报价，全国银行间同业拆借中心按去掉最高和最低报价后算术平均，向 0.05% 的整数倍就近取整计算得出 LPR，于当天 9:30 公布。

No.18　目前 LPR 有哪几个期限品种，利率水平分别是多少？

目前 LPR 有 1 年期和 5 年期以上两个期限品种。2019 年 9 月 20 日公布的 1 年期

LPR 是 4.20%，比 1 年期贷款基准利率（4.35%）下降了 15 个基点。5 年期以上 LPR 为 4.85%，比同期限贷款基准利率（4.9%）下降了 5 个基点。

No.19　LPR 和贷款基准利率有何区别？

贷款基准利率是由人民银行不定期调整并公布的。LPR 则是由报价行根据银行最优质客户执行的贷款利率报出，并由人民银行授权全国银行间同业拆借中心计算并发布的利率。相比贷款基准利率，LPR 的市场化程度更高，更能反映市场供求的变化情况。

No.20　什么是押品管理？押品主要包括哪些？

押品管理是指以不动产、动产或财产性权利作为抵（质）押品，当债务人不履行债务时，银行以押品折价或者以拍卖、变卖押品的价款优先受偿。银行接受的押品分为金融质押品、房地产、应收账款、其他押品四大类。

Day 70 财务报表简析

> 通过上一节的学习,我们了解到,在贷前调查中应充分了解企业的财务状况。企业财务报表是反映企业一定时期资金、利润状况的会计报表,能够帮助我们迅速了解企业的财务状况。今天,就让我们学习一下如何分析财务报表吧!

No.1 企业的财务报表都包括什么?

企业的财务报表一般包括资产负债表、利润表(又称损益表)和现金流量表,有的企业(往往是正规的大中型企业)还有所有者权益变动表。

上述资产负债表记录的是时点数、存量、余额,利润表和现金流量表记录的是时期数、流量、发生额。

资产负债表和利润表的会计基础是权责发生制,现金流量表的会计基础是收付实现制。

报表遵循企业"持续经营"的会计假设,通常可以按月度、季度、半年度、年度分期编制为月报、季报、半年报和年报,上市公司的半年报有时称为"中报",也就是年度中期的报表。

No.2 什么是企业的"审计报告"?

财务报表经过第三方会计师事务所审核后,事务所将出具意见,对被审计企业财务报表反映的企业财务状况(由资产负债表展现)、经营成果(由利润表展现)和现金流量(由现金流量表展现)的公允性作出评价,这份评价意见连同财务报表和财务报表附注(一般包括适用的会计准则、会计处理方式、主要科目明细等),合称审计报告。

No.3　如何用最短的时间快速阅读企业的财务报表？

阅读企业财务报表的最快方法是，从静态结构和动态变化两个维度进行阅读。从静态结构维度阅读，其实就是重点关注权重科目（也就是每张报表中金额大、占比高的科目），从动态变化维度阅读，就是按照纵向的时间维度，比如近三年或者当期（又称"报告期"）与上年同期的同一科目进行比较，重点关注数值变化较大的科目。对于变化较大的科目要重点进行调查核实，核实方法包括查看明细账簿、实地盘点实物、取得第三方凭证（如通过水电费凭证验证制造型企业的产量、通过销售人员工资验证贸易型企业销售额、通过主要结算流水账户验证企业现金流入等）与企业经营管理者交谈、了解等多种方式进行调查核实，分析原因，对企业的经营情况作出判断。

No.4　常用的财务指标有哪些？

最常用的财务指标包括三大类，分别是偿债能力指标、盈利能力指标和营运能力指标。

（1）偿债能力指标又分为长期偿债能力指标和短期偿债能力指标。常见的长期偿债能力指标包括资产负债率、利息保障倍数（又称"已获利息倍数"）。

资产负债率 = 总负债 / 总资产

利息保障倍数 = EBIT（息税前利润）/ 利息费用

EBIT = 净利润 + 企业支付的利息费用 + 所得税

常见的短期偿债能力指标包括流动比率和速动比率。

流动比率 = 流动资产 / 流动负债

速动比率 = 速动资产 / 流动负债

速动资产 = 流动资产 − 存货

（2）盈利能力指标是指各种利润率，常用的包括主营业务利润率、毛利润率、净利润率、总资产收益率（ROA）、净资产收益率（ROE）。

主营业务利润率 = 主营业务利润 / 主营业务收入

主营业务利润 = 主营业务收入 − 主营业务成本 − 主营业务税金及附加

毛利润率 = 毛利润 / 销售收入（或营业收入）

毛利润 = 销售收入 − 销售成本

净利润率 = 净利润 / 销售收入

总资产收益率（ROA）= 净利润 /［（期初总资产 + 期末总资产）/2］

净资产收益率（ROE）= 净利润 /［（期初所有者权益 + 期末所有者权益）/2］

（3）常用的营运能力指标包括存货周转率和应收账款周转率，可以使用周转次数或者周转天数表示。

存货周转次数 = 营业成本 /［（期初存货 + 期末存货）/2］

存货周转天数 =360/ 存货周转次数

应收账款周转次数 = 销售收入 /［（期初应收账款 + 期末应收账款）/2］

应收账款周转天数 =360/ 应收账款周转次数

No.5　请举一个财务报表分析的案例。

某民营医药经销商申请流动资金贷款金额4000万元，期限12个月，其主营业务为向医院供应常见病药品及医疗器械、耗材等，主要合作对象为某公立三甲医院，因家族成员与该三甲医院渊源较深，多年来与该医院一直保持着良好、稳定的合作关系，近年来销售量稳中有升，客户提出因缺少足值抵质押物，希望借助其家族与下游合作医院的关系，由医院为其申请的贷款提供连带责任保证担保。请结合客户的财务状况，给出建议方案。

表 6–1　　　　　　　　　　资产负债表（简表）

2020 年 6 月 30 日　　　　　　　　　　　　　单位：万元

资产	上年末	报告期	负债及所有者权益	上年末	报告期
货币资金	30	20	短期借款	0	0
应收账款	5000	6000	应付账款	1090	1419
存货	300	350	应付票据	40	20
预付账款	300	300	预收账款	0	0
流动资产合计	5630	6670	负债合计	1130	1439
固定资产净值	20	19	实收资本	3000	3000
非流动资产合计	20	19	未分配利润	1520	2250
资产合计	5650	6689	负债及所有者权益合计	5650	6689

表 6-2　　　　　　　　　　　利润表（简表）

2020 年 6 月　　　　　　　　　　　　　　单位：万元

项　目	本年累计数
一、主营业务收入	12000.00
减：主营业务成本	9070.00
主营业务税金及附加	
二、主营业务利润（亏损以"—"号填列）	2930.00
加：其他业务利润（亏损以"—"号填列）	
减：营业费用	2000.00
管理费用	200.00
财务费用	
三、营业利润（亏损以"—"号填列）	730.00
四、利润总额（亏损以"—"号填列）	730.00
减：所得税	
五、净利润（亏损以"—"号填列）	730.00

（1）偿债能力分析

　　　　资产负债率 = 总负债 / 总资产 =1439/6689=22%

　　　　流动比率 = 流动资产 / 流动负债 =6670/1439=464%

　　　　速动比率 =（流动资产 – 存货）/ 流动负债 =（6670–350）/1439=439%

从上述数据可以看出，申请人具备长短期偿债能力。

（2）盈利能力分析

　　　　毛利润率 =（主营业务收入 – 主营业务成本）/ 主营业务收入 =

　　　　　　　　（12000–9070）/12000=24%

　　　　净利润率 = 净利润 / 主营业务收入 =730/12000=6%

从上述数据可以看出，申请人盈利能力尚可，营业费用对其利润的影响较大。

（3）营运能力分析

存货周转天数 =180/{主营业务成本 /［（上年末存货 + 报告期存货）/2］}

　　　　　　 =180/{9070/［（300+350）/2］}=6（天）

应收账款周转天数 =180/{主营业务收入 /［（上年末应收账款 +

　　　　报告期应收账款）/2］}={180/12000/［（5000+6000）/2］}=

　　　　82（天）

从上述数据可以看出，申请人存货周转较为及时，而应收账款回笼压力较大。

融资解决方案建议：

申请人所在行业为医药行业，受经济周期波动影响较小，相对稳定，申请人具备一定的长短期偿债能力，盈利能力尚可，可以授信，但申请人提出的以下游公立医院为其提供连带责任保证担保不可行，因为公立医院作为非营利性的公益性机构，不是《担保法》规定的适格保证主体，其不具备担保资格，因此不得接受其作为担保人。

由上述分析可知，申请人的主要问题在于应收账款回笼压力较大，而从资产结构上看，申请人最主要的资产是应收账款，因为项下付款人为公立三级甲等医院，履约能力较强，应收账款质量较优，且申请人与医院的关系较好，结合申请人特点，可以建议将金融解决方案设计为以申请人应收账款质押作为申请人申请贷款的担保，或者直接叙做公开型有追索权保理业务，取得三甲医院对申请人应收账款的确认，将申请人下游客户强大的履约能力作为风险抓手。

思考与实践：

在实际办理业务时，要认真分析财务报表，从报表中可分析客户的财务状况并找出营销切入的要点，当然财务报表不代表全部，还需要通过交叉检验的方式综合考量，但分析财务报表是很重要的环节，还需不断深入学习，才能发现问题。

Day 71
对公授信——贷后管理

掌握了贷前审查的知识,我们还要学会如何进行授信业务的贷后管理,防范贷款可能出现的各种风险。

No.1 什么是贷款五级分类?

信贷资产风险分类,是指按照风险程度将贷款划分为不同档次的过程,风险分类以风险为基础,按照按时、足额收回的可能性将信贷资产划分为正常、关注、次级、可疑和损失五个类别。其中前两类合称为正常信贷资产,后三类合称为不良信贷资产。

练一练

(判断题)信贷资产风险分类,是指按照风险程度将贷款划分为正常、关注、次级、可疑和损失五个类别,其中正常、关注、次级合称为正常信贷资产,可疑和损失合称为不良信贷资产。( )

答案: 错误。

No.2 贷后管理的两大途径是什么?

(1)严格执行"三法一引"实贷实付和受托支付的原则。

(2)内控要求:设定银行内部掌握的风险触发点,监测客户贷后风险,启动内部管理的相关流程。

No.3 贷后管理的"一二三四五"法则是什么？

（1）"一"：一个重新认知。贷后管理是信贷流程的最后一个环节，却是风控进入验证阶段的起点。贷后管理与贷前和贷中环节不是孤立的，而是相互关联的，贷后管理是同一个客户两次或多次贷款流程之间的连接器，促使贷前、贷中和贷后三个环节实现螺旋式循环。

（2）"二"：两项基本原则。

① 系统性原则。对银行而言，做好客户贷后管理是一项庞大的系统性工程，所以需要系统性考虑，主要体现在联动性、全面性和层次性。

② 实用性原则。对银行而言，做好客户贷后管理主要是为风险控制服务的，而不是形式主义，所以必须考虑其实用性，集中体现在落地性、适用性和信息化。银行首先考虑如何才能使贷后管理真正落地，需要什么工具、流程和制度的支撑；其次考虑什么样的贷后管理才是真正适合客户，需要采取什么标准、形式和频率；最后，考虑如何实现贷后管理信息的电子化和共享化，需要什么信贷管理系统的支持。

（3）"三"：三种形态演变。根据客户的还款情况，贷款的正常演变路径是正常类向逾期类，再向不良类转变，当然经过催收和其他形式（比如重组），逾期类和不良类也可以转变为正常类，变为不良类贷款后，进入正式催收阶段，结果可能有客户筹资结清、起诉执行结清、打包处置和不良核销处理。根据不同阶段制定相应的贷后管理标准和流程。

（4）"四"：四类主要工作。从微观操作层面来说，客户贷后管理主要做好以下四项工作：

① 落实客户还款条件；

② 更新客户状态；

③ 学习行业知识；

④ 深入营销客户。

（5）"五"：五重保障机制。对于银行而言，为了让客户贷后管理不走形式，切实落地，发挥作用，需要考虑以下五个方面的支撑。

① 内容标准化；

② 系统制度化；

③ 流程差异化；

④ 形式多样化；

⑤ 频率制度化。

No.4　大数据在信贷管理中的作用体现在哪里？

（1）大数据将会改变信贷管理的分析方法。个人诚信数据库的建立，避免了以往到第三方开具证明，利用抵押、质押等担保手段的烦琐与复杂。银行可以通过大量搜取客户的诚信信息，并运用特定的运算程序进行信用评级，综合分析判断，最后决定是否放款。

（2）大数据将影响信贷管理的效率。随着大数据的普及与广泛运用，银行可以采用云计算等先进的技术手段进行分析，效率得以极大提高。

（3）大数据对于商业银行的信贷管理有利于优化其信贷结构，大数据的计算方法将改变固有的仅依靠企业财务报表及信用报告的信用评级方法，实现评级的多元化趋势。打破信贷结构中由大中型企业信贷垄断的局面，解决中小企业融资难的问题。

No.5　风险预警监测的原则是什么？

（1）"全面性"原则。风险预警监测范围应覆盖银行全部授信业务，包括但不限于公司业务、零售业务、同业业务等；监测对象应包含融资主体、担保主体、关联方以及业务拓展合作机构等；监测结果应在信贷全流程各环节中得到充分运用。通过单一客户风险预警和组合信号风险预警相结合，全面提升信贷资产风险防控手段。

（2）"及时性"原则。风险预警监测所采用的各类数据应确保内外部数据源的及时、准确和适用；风险预警信息的传递、处置和运用应保持时效性，切实提升审批、放款等环节的审核效率和贷后管理及不良催收工作的针对性。

（3）"有效性"原则。风险预警监测指标体系应在运行过程中不断完善并逐步满足信用风险监测的需求；风险信号处置方案的设置应具有针对性和可行性，预警处置方案落实情况应由相关岗位进行效果监督直至信号解除；预警监测类客户发生欠息或逾期后应与清收处置监测流程实现无缝对接，提升违约客户的处置督导效率。

（4）"合规性"原则。风险预警监测所采用的内外部数据应确保在数据采集、数据传输和数据使用过程中符合相关法律、法规及监管政策要求,风险预警管理体系、流程、措施的相关设置符合监管规定的需要。

> **练一练**
>
> (多选题)风险预警监测的原则是( )。
> A. 全面性　　　B. 及时性　　　C. 有效性　　　D. 合规性
> **答案:** A、B、C、D。

No.6 风险预警应该如何操作?

客户经理及时收集和汇总客户授信业务相关风险信息,主动发起、核实风险预警信号;根据信号类型和级别及时制定有针对性的有效风险化解措施;对风险措施的落实效果及时进行反馈。

No.7 贷后监控要点包括哪些?

其主要包括资金用途监控、经营状况监控、管理状况监控预警、财务状况监控、结算账户监控、与银行往来情况监控、客户信用情况、重大事项情况报告、保证人管理、押品管理、重点情况检查、贷款到期管理。

> **练一练**
>
> (多选题)下列哪些是贷后监控要点?( )
> A. 经营状况　　　B. 财务状况　　　C. 信用情况　　　D. 资金用途
> **答案:** A、B、C、D。

No.8 资金用途检查的检查要点是什么?

客户经理应在信贷资金发放后,对信贷资金用途情况进行跟踪检查,及时收集资金用途凭证。检查要点包括但不限于以下内容:

(1)贷款用途和资金用途凭证要素是否符合授信批复要求、是否符合贸易背景合同。

(2)是否严格执行行内管理要求,按实贷实付进行划款。

（3）是否存在自主支付未按要求使用，以及对资金使用监控管理不到位、不尽职、不合规情况。

（4）信贷资金受托支付后是否按期支付；发生退款的，经营机构是否继续监控所退款项，并根据借款人支付申请，经审核通过后重新支付。

（5）关注信贷资金是否同名划转、是否向监管部门禁止性客户划转；加强监测大额资金往来，关注资金异动，是否变相回流至借款人或关联企业账户，造成信贷资金挪用风险；项目贷款应关注逐次提用金额与项目建设进度匹配程度等。

（6）针对集团客户关联交易隐蔽、融资主体多元、资金集中管理等特征，加强集团客户资金监控，防止信贷资金在集团内部不同项目、不同成员间随意流动。

No.9　贷后检查应定期收集并分析的信息资料有哪些？

（1）分析客户财务信息。客户经理定期收集借款人和担保人财务报表、审计报告，对客户财务报表重点科目和重点财务指标进行分析。

（2）查询客户外部信息。客户经理通过各类渠道定期收集客户征信信息、工商变更信息、诉讼信息、税务信息、环保信息、舆情信息，客户经理应重点关注任务期内变化情况及负面信息。

（3）监测客户资金流向。客户经理应监测借款人资金流向，跟踪借款人资金归行和经营收入回流情况，关注借款人交易习惯，监测企业间特别是关联企业的资金流转及大额资金异常情况，发现异常情况需及时预警并采取相应风险控制措施。

（4）取得客户变更资料。客户经理应及时取得借款人、担保人变更或更新的资料，包括但不限于营业执照、经营（销售）许可证照、经营资质证照、公司章程修正案复印件。客户经理应要求客户对变动情况作出解释说明，核实变动根源，判断该变动对客户还款意愿、还款能力的影响。

（5）收集客户其他信息。客户经理应通过各类渠道掌握借款人及担保人所处行业的政策支持或限制情况、抵押物市场价值变动信息、接受行政处罚情况、员工工资变动情况或裁员情况等。充分关注实际控制人、法定代表人及个人担保人的家庭婚姻、财产变动等情况。

No.10 贷后常规检查中现场检查要点是什么？

客户经理在现场检查前，要结合资金用途跟踪检查、贷后常规检查以及非现场监测掌握的信息，确定现场检查重点，调查客户各方面变化情况，分析其对信用风险的影响。现场检查内容主要包括以下几个方面。

（1）客户基本情况。客户是否按期办理经营许可、安全生产许可等证照年检手续，领导层、公司章程及股东是否有重大变更，客户关联企业变化情况等。

（2）客户生产经营变化情况。生产技术、生产能力及原材料、产成品市场是否发生变化；生产经营是否合法、有无经济纠纷；与供应商合作情况及销售模式、销售情况是否发生变化等。

（3）客户财务及信用状况变化情况。现场查阅会计账册、会计凭证，查看存货、生产线，对借款人及担保人提供的报表和资料的真实性、准确性进行确认；检查客户产值、销售、利润、资产负债总量及结构变化情况，金融机构融资履约及总量变化情况，民间融资、对外担保及其他或有负债情况，他行信用状况及对外抵（质）押情况等。

（4）客户非财务因素变化情况。现场查看借款人和保证人主要生产经营场所及建设工地，与主要负责人、财务负责人交流了解主要投资经营策略、市场变化情况及未来经营计划；主要负责人及实际控制人与银行合作态度、偿还债务意愿、品行情况等。

（5）担保变动情况。存在押品的授信业务，客户经理须持续跟踪监测押品存续状态。客户经理应定期对押品进行现场检查，频率同定期现场检查频率（现金类、有价证券、股权、应收款等押品除外），发现押品存在被查封、违建限制交易以及未经银行同意二次抵（质）押的要及时发起风险预警并在贷后报告中予以说明，发现影响押品价值变动的风险事项，可委托银行评估中心（或银行入围的外评机构）重新评估押品，判断押品价值下降后须要求客户提供必要的增信或压缩客户敞口等风控措施。上述押品跟踪检查情况应在贷后常规检查模块抵（质）押物信息中进行分析描述。

No.11 到期提示与逾期催收应该如何操作？

客户经理应及时向即将到期或逾期未还信贷资金本息的客户进行还款提示或违约

催收，同时督促担保人履行担保责任。包括但不限于登门拜访、邮政挂号信、电话、短信、电子邮件等方式发出提示或催收信息，取得客户有效回馈，以督促客户按时偿还银行债务，避免错过保证期间或诉讼时效。

Day 72
案例学习：给客户经理敲个警钟

> 在实际工作中，客户经理可能会因疏忽、亲友求助或利益诱惑等违反银行规定办理业务，不仅会损害自己和银行的利益，严重的甚至会触犯法律，断送自己的职业生涯。以下是三个具有代表性的案例，望各位从业人员以此为戒，遵守职业道德。

核保面签中堵截金融诈骗事件

一、基本案情

2016年7月21日，A银行两名核保人员飞往长沙进行核保面签。该业务为A企业融资，由B银行提供担保。B银行的接待人员袁某某一直强调B银行总行早晨会议室较为紧张，要A行核保人员在22日八点半之前到B银行总行完成核保面签工作。

7月22日，A行核保面签人员为了能够在B银行总行员工都正常上班工作时进行面签核保，进而确保担保的真实性，故意在早晨推迟一会时间，于8点30分左右与袁某某见面，并于8点50分到达B银行总行。袁某某带领A行人员至三楼国际部会议室。在进入三楼时，A行人员注意到门口指示牌上显示授信审批部也恰好在此层，在与袁某某核对核保面签资料时，故意支开袁某某让其先走盖章手续，随后A行人员带着"授信批复"和"B银行最高额抵押合同"至授信审批部拜访谢某。谢某当场电话联系袁某某，无人接听。袁某某随后给A行随同的面签项目经理打电话，谢某接过电话咨询其该笔业务事宜，但袁某某居然不承认此事，随后A行项目经理接过电话，袁某某称不认识该项目经理，但随后电话中跟A行项目经理说让他下楼见面。A行核保面签人员意识到该事件的严重性，告知随同项目经理不能下楼。随后A行人员回到 B 银行国际部的洽谈室，发现所有核保面签资料消失不见。随后 A 行人员找到授信审批部总经理和投行部负责同志继续核实，对方再次明确告知无此笔业务，并请 A 行面签人员务必转告 A 行投行部负责人，要把握业务风险，千万不要继续跟进此笔 B 银行的增信业务，否则，造成损失与 B 银行无关。

7月22日上午10点左右，B 银行长沙分行纪检监察室负责人李某奔赴至 B 银行总行，找 A 行人员核实此笔业务情况。李某证实，袁某某确实为 B 银行长沙分行员工，该员工原先为长沙分行公司银行部下设业务团队经理，后因业务问题，降为普通员工。李某表示他们会抓紧处理该事件。

二、风险分析

此次事件中，在 B 银行核保时主要存在以下疑点：

1. 袁某某要求 A 银行核保人员在八点半之前完成核保，而不是在 B 银行的工作时间进行。

2. 盖章地点没有在印章管理部门或者是办公室等能证实用章真实性的部门进行。若 A 银行核保人员没有及时发现异常终止核保手续将导致 A 银行产生重大的损失。

3. A 银行核保人员对袁某某行为产生质疑，通过 B 银行审批部人员核实业务真实性，从而揭穿了袁某某的骗局。

三、案例启示

核保人员要切实提升风险防范意识、责任意识，严格各环节操作，避免各类风险案件发生，同时在核保中应该严格遵循以下原则：

1. 核保面签地点应选择对手方实际经营办公场所，盖章应选择印章管理部门、办公室、财务室等证实是企业法人行为的环境进行。

2. 核保面签原则上须在正常工作日的工作时间进行。

3. 核保同业业务时应见证对手方公章登记簿或用章审批单。

4. 通过接待人员的身份证、工作证等身份证件及被核保单位有关领导、员工交叉核实。

讲义气办业务，不受贿也犯罪

2014年7月的一天，某国有商业银行支行客户经理王某的办公室里，来了一位"不速之客"——高中同学林某。两人寒暄几句后，林某步入了正题：最近生意不好，手头资金有点紧，有一批原材料眼瞅着付不了款。这批原材料要是不到位，完成不了订单，公司的资金链恐怕就断了。所以，这次来找老同学，是想问问，能不能开几张承兑汇票，救救急。老同学的面子得给。于是，王某欣然答应林某，只要材料齐全，并符合银行内部规定，愿意给林某帮忙。林某用力拍了一下王某的肩膀："老同学，果然是有出息，真够意思！材料我都带来了，咱们尽快办一下吧！"

材料不审不要紧，一审还真发现了问题。首先，林某的A公司的财务报表不对劲。为了A公司能在银行取得授信，林某提供了A公司经会计师事务所出具的年度审计报告及相关财务资料。但是，王某审查后却发现，同一审计文号下竟出现了不同审计意见的存疑审计报告及其他不符合授信申报要求的申报资料。林某对此表示，一开始会计师事务所出错了，他们沟通了一下，重出了一份。其次，林某提供的订购合同只是复印件，并非原件，而且形式简单，制作粗陋，合同签订日期、产品数量等都没填，也没加盖"与原件核对一致"章。更关键的是，没有增值税专用发票。对此，林某解释：由于对方财务休假，增值税发票暂时没开出来，稍后一定补上。至于合同，一直都是这么粗略地签，也没什么问题。林某还暗示王某，不要太刨根问底，问多了也不好办，老同学一场帮忙通融通融，保证按时还款。

听了林某的解释，王某心知此事绝对没那么简单，搞不好这些材料都是假的，以林某高中时游手好闲的样子，这事他绝对干得出来。可是，王某又一想，反正林某答应缴纳保证金，虽然有敞口，但是老同学知根知底，估计不会坑自己，而且A公司的实力看似可以，钱能还上就行呗，问那么细干啥，况且银行还能收点承兑手续费。

于是，王某为A公司填写了授信审批材料，支行领导基于对王某的信任，也没多加询问，就在材料上签了字，并上报分行审批部门。不久，授信额度下来。王某又在几份承兑汇票申报表上填写了"已核实基础交易合同、发票信息"等，顺利通过了审批。就这样，王某所在支行为林某的A公司办理了四张银行承兑汇票，票面金额合计5000万元，A公司缴纳了1000万元的保证金以及2.5万元的承兑手续费。

此事告一段落之后，王某照常上班，忙碌的日常工作让他很快就忘记了这一桩"人情小事"。直到有一天，他被叫到了支行行长办公室，在那里等待他的，不仅有表情严肃的支行行长，还有铁面无私的公安刑侦人员。

原来，林某长期以A公司为幌子，通过虚构交易、虚构基础材料等手段，骗取银行贷款、银行承兑汇票，并涉嫌行贿、诈骗等罪行，如今东窗事发。根据林某的供述，A公司的几张银行承兑汇票，正是通过王某办理的，所以公安机关这次来是请王某协助调查。

王某一下子意识到，自己被老同学坑了，陷入了一场巨大的麻烦中。同时，他本能地产生了一丝不安，因为他心里清楚，林某的申报材料确实是有不少疑点的，自己也发现了这些疑点，可是依然为他申请了授信额度，并办理了承兑汇票。这几张汇票金额可不小呢！王某觉得事到如今，还是老实点好。于是，王某把事情的来龙去脉交代清楚了。

可是，出乎王某意料的是，随着他的逐步交代，行长的脸色非但没有变得轻松，反而越来越凝重。难道还会有更严重的后果吗？果不其然，在王某将全部情况讲清楚后，公安人员郑重地告诉他，根据王某的供述，公安机关认为王某的行为已经涉嫌对违法票据承兑罪，需要将王某带回分局，做进一步审讯调查。

这是王某第一次听说对违法票据承兑罪，没想到还有这种罪！更没想到自己的行为性质竟然这么严重，已经不是简单的违规违纪了，竟然触犯了刑律！他陷入了深深的后悔。他万万没想到，一时抹不开的人情，竟然让自己套上刑罚的枷锁。

在整个刑事诉讼过程中，王某一直坚持自己无罪，但他提出的辩护理由基本上未被法庭采信。最终，法院判决，王某身为银行工作人员，在办理票据业务中，对违法票据予以承兑，造成特别重大损失，其行为构成对违法票据承兑罪。鉴于王某具有自首情节，可依法对其减轻处罚，判处被告人王某有期徒刑5年，并处罚金人民币2万元整。王某认为一审判决定罪错误、量刑过重，提出上诉，二审法院维持了原判。

思考与实践：

在本案中，王某为了给"老同学"一个人情，而断送了自己的职业生涯。其实在业务资料受理之初，王某出于职业敏感，发现了资料中不少的问题，但最终却因为所谓的"人情世故"而放弃了最基本的职业操守。我们每个人都有"社会属性"，有配偶、亲戚、朋友、同事、同学等各种社会关系，这些社会关系既可能成为我们做好展业的最基本的依靠，也可能成为事业发展中的羁绊。请结合本案，谈一谈如何在工作中处理好各种社会关系与业务受理之间的矛盾。

发放贷款不慎重是渎职行为

某银行某支行受区域经济发展滞后、优质大客户较少等因素的影响，信贷业务发展一直较为缓慢，业绩难有起色。这让支行行长的郭某心里不是滋味。业绩上不去，自己的收入也就上不去，未来的职业发展很受影响。郭某很清楚，要想在短期内改变这种状况，必须多拉几个大客户，多做几笔大单。

因此，当某电力公司法定代表人钱某找到该支行，说有一个火电站项目需要信贷支持时，郭某顿时觉得机会来了。这项目有批文，项目资本金投入达到2.86亿元，贷款额度为2.5亿元，是一笔大单。只要做好这单业务，支行的贷款规模和经营效益就可以冲上去了。于是，他决定，无论如何，都要把这笔业务做成。

为了这笔业务，郭某找来支行分管信贷业务的行长吴某、公司业务部经理郑某、客户经理韩某和孙某以及客户经理助理李某等人，要求他们尽最大努力迅速完成贷款申报手续。由于支行未做过火电站项目，相关流程不是很熟悉，郭某还找来分行公司业务部熟悉该类业务的经理齐某"指导"办理。

于是，在未对项目进行实地查看、未实地走访项目股东、未向政府部门查询相关项目批文真实性的情况下，支行仅仅依据该电力公司提供的相关资料，就制作完成了《客户信用评级报告》《担保评价报告》《项目评估报告》等，并向省分行提交贷款申报资料。后来查明的事实显示，该电力公司当初提供的公司营业执照、各类批文、股东会决议、董事会决议、验资报告、财务审计报告等全为虚假资料，所谓的火电站项目完全是子虚乌有。

对客户存在的明显欺诈问题，支行所有经办人员未进一步核实。额度授信申报书中称"该电力公司去年实现年收入3.5亿元""70%的结算在银行操作"，而实际上该电力公司在该行的账户收入总额仅为5000万元。

就是这样一个虚假而错漏百出的项目，被逐级从省行报到了总行。总行依据贷款申报资料，作出了有条件同意的审批意见，提出了八项贷款审批条款。然而，在发放第一笔贷款2000万元时，这八项条件中有七项未落实。比如总行审批要求，电力公司须先期到位项目资本金50%，在其项目资本金全部到位前，支行贷款发放金额不得高于资本金到位金额。而在支行发放首笔贷款时，电力公司资本金投入为零，至贷款全部发放完毕，尚有近7000万元资本金未到位。又如，总行审批要求，电力公司的项目资本金必须存入支行专户，由支行监督使用。而实际上，在电力公司已到位的资本金中，仅有4000万元存入支行账户，其余1.76亿元均为其他银行的进账凭证或购货收据，无法证实真伪。

根据总行规定，支行应对贷款支用进行严格监管，包括贷款支用的进度、用途。然而，贷款发放后，支行的监管基本上流于形式。项目工程进度明显滞后，却不断要求支用贷款，支行明知工程进度与贷款支用进度不相匹配，却予以放行。此外，大部分贷款资金的实际用途与借款合同的约定用途也不相符，资金被挪用的情况严重。发放的2.5亿元贷款中，有1.2亿元直接转入借款人在其他银行的账户，有1000万元被用来购买基金，3000万元被转入证券账户。

支行曾经先后10次派人到贷款项目现场检查项目建设情况，均未发现所谓的贷款项目实际并不存在的问题，他们所检查的项目其实是该公司的另一个火电站项目。偌大的一个火电站项目竟然被"调包"！后来发现，每次的贷后检查基本上都是走马观花，敷衍了事，甚至有些检查是工作人员受钱某邀请到景区的"旅游检查"，并接受了客户大量的礼品礼金。

2009年，国家审计署在开展审计过程中发现了钱某涉嫌通过虚假资料骗取银行贷款的问题，移送给公安机关侦查。事发后，省分行责令该支行回收贷款。因电力公司将贷款挪作他用，最后造成1.5亿元的贷款本金无法收回。

经过法院审理，判决如下：该电力公司法定代表人钱某构成贷款诈骗罪；支行行长郭某、分管信贷业务的副行长吴某、公司业务部经理郑某、客户经理韩某和孙某、省分行公司业务部业务经理齐某6人身为金融机构工作人员，违反《商业银行法》《贷款通则》等国家法律规定发放贷款，造成重大损失，其行为已构成违法发放贷款罪；客户经理助理李某由于主要从事贷款的辅助工作，其行为不构成违法发放贷款罪。其中，吴某、郑某还被同时判处非国家工作人员受贿罪。银行内部也对16名责任人进行了严肃处理。

案例分析：

在本案中，银行工作人员业绩观扭曲。郭某为了短期业绩，不惜触碰法律底线，严重渎职，无底线迎合客户，甚至通过违规操作帮助获取贷款。不仅如此，郭某还教唆下属共同参与，郭某等人的行为已构成违法发放贷款罪。

发放贷款是我国商业银行的一项重要金融业务活动，为经济社会的发展提供了重要的资金保障。因此，在国家层面制定了《商业银行法》《贷款通则》等一系列法律、法规予以规范，同时各银行也把信贷业务的管理作为所有业务的核心，各种管理措施体系严谨，不一而足。然而，在本案中竟全被突破，给国家和银行造成重大损失，令人深思。

思考与实践：

在银行各类信贷业务的审核和管理中,"尽职免责"是最基本的要求。案例中的几名银行工作人员对于骗贷客户明显的造假行为置若罔闻,是导致发生案件的主因。请你结合此前所学到的知识,思考一下在信贷业务受理过程中应如何履行好自己的职责。

第七章　国际业务

国际业务是银行对公业务的一个重要组成部分，为企业对外贸易提供了便捷多样的金融服务支持。常见的国际业务有国际结算业务、国际信贷业务和外汇交易业务。

Day 73
国际业务基础概念

> 从今天起,我们开始持续七天的国际业务学习。第一天,我们先来了解一下国际业务中常见的名词概念、国际惯例等基础知识。

No.1 什么是国际结算业务?主要包括哪几种结算方式?

国际结算业务指两个国家或地区的当事人,不论是个人间的、单位间的、企业间的还是政府间的当事人,为商品买卖、服务供应、资金调拨、国际借贷而需要通过银行办理的两国或两地区间的货币收付业务,收付币种可以是外币,也可以是人民币。主要包括三种结算方式,即信用证、托收和汇款。

No.2 什么是SWIFT?

SWIFT(Society for Worldwide Interbank Financial Telecommunications)是环球同业银行金融电讯协会,是国际银行同业间的国际合作组织。SWIFT运营着世界级的金融电文网络,银行和其他金融机构通过它与同业交换电文(Message)来完成金融交易。SWIFT的使用,为银行的结算提供了安全、可靠、快捷、标准化、自动化的通讯业务,从而大大提高了银行的结算速度。

No.3 什么是SWIFT Code?其组成规则是什么?

每家申请加入SWIFT组织的银行都必须事先按照SWIFT组织的统一原则,制定出银行的SWIFT地址代码,经SWIFT组织批准后正式生效。银行识别代码(Bank Identifier Code,BIC)由电脑可以自动判读的八位或十一位英文字母或阿拉伯数字组成,用于在 SWIFT 电文中明确区分金融交易中相关的不同金融机构。凡该协会的成员银行都有自己特定的 SWIFT 代码,即 SWIFT Code,相当于各个银行的身份证号。

11 位数字或字母的 BIC 可以拆分为银行代码、国家代码、地区代码和分行代码四部分。以中国银行北京分行为例,其银行识别代码为 BKCHCNBJ300。其含义为:BKCH(银行代码)、CN(国家代码)、BJ(地区代码)、300(分行代码)。

No.4 什么是 Libor?

Libor(London Interbank Offered Rate),即伦敦同业拆借利率,是大型国际银行愿意向其他大型国际银行借贷时所要求的利率。常常作为商业贷款、抵押、发行债务利率的基准。

No.5 什么是即期结售汇业务?

即期结售汇业务指客户与银行在国家外汇政策允许的条件下,按照银行的对客交易价格,进行外币和人民币之间的转换交易,并于成交后立即进行资金交割的行为。其中,结汇是指银行按人民币对外币汇买价买入外汇,并支付相应的人民币的外汇业务;售汇是指银行按人民币对外币汇卖价卖出外汇,并收取相应的人民币的外汇业务。

> **练一练**
>
> (判断题)对客售汇是指银行按人民币对外币汇买价买入企事业单位或个人的外汇,并支付相应的人民币的外汇业务。(   )
>
> 答案:错误。

No.6 什么是远期结售汇业务?

远期结售汇业务是指银行与企业签订远期结售汇协议,约定外币币种、金额、汇率及期限,按照约定到期日办理的结售汇业务。

No.7 什么是银行保函业务?有哪些种类?

银行保函也称"保证书""备用证",是银行应申请人申请开立的对受益人的保证文件。根据适用情况的不同可以分为融资性保函和非融资性保函。

融资性保函是指保函/备用证所涉及的基础交易合同具有借款、债券发行、融资租赁等融资性质的保函。常见的跨境保函包括内保外贷、外保内贷和其他形式跨境担保。

非融资性保函根据用途可以分为投保保函、预付款保函、履约保函、付款保函等种类。

No.8 什么是国际惯例？国际结算有哪些常用国际惯例？

国际惯例是指在国际实践中反复使用形成的，具有固定内容的，未经立法程序制定的，如为一国所承认或当事人采用，就对其具有约束力的一种习惯做法或常例。常用的国际惯例最新版本主要包括：

（1）《跟单信用证统一惯例》（UCP600）

（2）《关于审核跟单信用证项下单据的国际标准银行实务》（ISBP745）

（3）《托收统一规则》（URC522）

（4）《见索即付单保函统一规则》（URDG758）

（5）《国际贸易术语解释通则》（Incoterms2020）

Day 74
基础外汇管理政策

国际结算离不开外汇政策,今天我们先来了解一下基础外汇管理政策,主要包括企业名录、账户类型和收支申报相关知识。

No.1 什么是企业名录?

企业依法取得对外贸易经营权后,应向当地外汇局申请办理"货物贸易外汇收支企业名录"(以下简称企业名录)。外汇局根据企业贸易外汇收支合规性,将企业分为A、B、C三类。外汇局通过"数字外管平台"(ASOne)向金融机构发布全国企业名录。除外汇局规定的特殊情况,金融机构不得为不在名录的企业办理贸易外汇收支业务。

No.2 企业名录的变动周期是怎样的?是否在办理业务前都需要查询名录?

企业名录根据企业实际情况,动态变化、实时更新。金融机构在为企业办理贸易外汇收支业务时,应通过外汇局数字外管平台及时查询企业名录状态,不得为不在名录的企业办理贸易外汇收支业务。

练一练

(判断题)金融机构在为企业办理贸易外汇收支业务前无须查询企业名录状态。

(　　)

答案: 错误。

No.3 境内企业外汇账户类别有哪些?

外汇账户按外汇账户的性质和外汇资金来源划分,可分为经常项目外汇账户和资本项目外汇账户。

经常项目外汇账户的收入来源于贸易、服务等经常项目外汇,如一般结算账户、出口收汇待核查账户等。

资本项目外汇账户的收入来源于资本项目外汇,如外商投资企业资本金账户、外债账户、资产变现账户、国内外汇贷款账户等。

No.4 金融机构在开外汇账户时如何选择性质代码?

经常项目外汇账户:一般结算账户——1000
　　　　　　　　　出口收汇待核查账户——1001
资本项下外汇账户:外汇资本金账户——2102
　　　　　　　　　国内外汇贷款账户——2303
境外机构境内外汇账户:NRA 账户——3400

练一练

(单选题)金融机构报送经常项目外汇一般结算账户时应选择的性质代码是(　　)
A.1000　　　B.1001　　　C.2102　　　D.3400
答案:A。

No.5 什么是 OSA 账户?

OSA 账户(Off-shore Account),是指在境外(含港澳台地区)的自然人、法人(含在境外注册的中国境外投资企业)、政府机构、国际组织及其他经济组织,包括中资金融机构的海外支持机构,但不包括境内机构的境外代表机构和办事机构,按规定在依法取得离岸银行业务经营资格的境内银行离岸业务部开立的账户,属于境外账户。目前,我国已取得离岸银行业务资格的银行有四家,即交通银行、浦发银行、平安银行、招商银行。

No.6 什么是 NRA 账户？

NRA 账户（Non-resident Account），是指境外机构在中国境内银行业金融机构开立的银行结算账户，不包括境外机构境内离岸账户。银行应对境外机构的本外币账户以及境外机构与境内机构的银行结算账户进行有效区分、单独管理。银行在编制境外机构人民币银行结算账户账号时，应统一加前缀"NRA"。

No.7 什么是 FTN 账户？

FTN 账户（Free Trade Non-resident），即非居民自贸账户，是在上海自贸区率先推出的自由贸易账户的一种。该账户实行自贸分账核算体系，总体上遵循"标识分设、分账核算、独立出表、专项报告、自求平衡"的二十字方针，通过分账核算实现隔离来控制风险。

No.8 国际收支统计申报的范围是什么？哪些交易必须通过银行申报？

国际收支统计申报范围为中国居民与非中国居民之间发生的一切经济交易以及中国居民对外金融资产、负债状况。

境内居民和境内非居民通过境内银行发生涉外收付款时，应通过经办银行进行国际收支统计申报。涉外收付款具体包括：

（1）以信用证、托收、保函、汇款（电汇、信汇、票汇）等结算方式办理的涉外收付款。

（2）通过境内银行向境外发出支付指令的涉外收付款，及从境外向境内银行发出支付指令的涉外收付款。

（3）涉外收付款包括外汇和人民币。

涉外收付款不包括由于汇路原因引起的跨境收支以及外币现钞存取。

Day 75 经常项目

> 今天我们来学习经常项目,也是国际业务中最常见的交易项目,我们熟悉的货物进出口、跨境服务等都属于经常项目。那经常项目有哪些管理政策和要求呢,让我们一起来学习吧。

No.1 什么是外汇经常项目?

外汇经常项目是指国际收支中经常发生的交易项目,包括货物贸易收支、服务贸易收支、单方面转移等。贸易收支是一国出口商品所得的外汇收入和进口商品的外汇支出的总和。服务贸易是一个国家对外提供各类综合服务或接受服务和劳务所发生的外汇收支。单方面转移是一国对外单方面的无对等的无偿支付,包括私人单方面转移和政府单方面转移。

练一练

(多选题)外汇经常项目包括哪些交易类型?( )

A. 货物贸易收支　　　　　　B. 服务贸易收支
C. 单方面转移　　　　　　　D. 直接投资

答案:A、B、C。

No.2 办理贸易外汇收支业务的基本原则是什么?

按照外汇管理规定,办理贸易外汇收支业务的基本原则是"谁出口谁收汇,谁进口谁付汇"。

> **练一练**
>
> （判断题）办理贸易外汇收支业务的基本原则是"谁出口谁收汇，谁进口谁付汇"。
> （　　）
>
> 答案：正确。

No.3 涉外企业第一次以人民币形式开展跨境贸易结算的，应如何办理业务？

涉外企业应当选择一家境内结算银行作为其主报告行，向银行提供企业名称、组织机构代码、海关编码、税务登记证号及企业法定代表人、负责人身份证等信息，由银行通过"人民币跨境收付信息管理系统"（RCPMIS 系统）为其进行信息激活，通过后，涉外企业方能办理跨境人民币结算的相关业务。

> **练一练**
>
> （多选题）涉外企业第一次以人民币形式开展跨境贸易结算的，应向主报告行提供的材料包括哪些？（　　）
>
> A. 企业名称　　　　　　B. 组织机构代码
> C. 海关编码　　　　　　D. 企业法定代表人身份证
>
> 答案：A、B、C、D。

No.4 境内企业以汇款（T/T）方式办理一般贸易的进口付汇，需要提供哪些材料？

境内企业除填写售汇申请书、境外/境内汇款申请书等业务凭证外，还应根据业务情况提供业务相关的合同、发票、进口报关单等交易背景材料。办理业务前，金融机构应查询企业货物贸易分类状态。

No.5 企业预付货款发生退汇，银行需要审核哪些材料？

按照《货物贸易外汇管理指引》规定，进口项下退汇的境外付款人应为原收款人、境内收款人应为原付款人。如企业退汇日期距原付款日期未超过180天（含），可直接在银行办理。对于因错误汇出产生的退汇，应当审核原支出凭证；对于其他原因产生的退汇，应审核原支出凭证、原进口合同等。如退汇金额在等值 5 万美元（不含）以上且退汇日期距原付款日期超过 180 天（不含）或者由于特殊原因无法原路退回的退汇业务，企业应到所在地外汇局办理登记手续后，持《货物贸易外汇业务登记表》到银行办理退汇业务。

No.6　哪些情况可以办理服务贸易境内外汇划转业务，银行需要审查并留存哪些交易单证？

（1）境内机构向国际运输或国际运输代理企业划转运费及相关费用，重点审核发票。

（2）对外承包工程项下总承包方向分包方划转工程款，重点审核分包合同和发票（支付通知）；对外承包工程联合体已指定涉外收付款主体的，收付款主体与联合体其他成员之间划转工程款，重点审核相关合同和发票（支付通知）。

（3）服务外包项下总包方向分包方划转相关费用，重点审核分包合同和发票（支付通知）。

（4）境内机构向个人归还垫付的公务出国项下相关费用，重点审核相关费用单证或者费用清单。

（5）外汇保险项下相关费用的境内外汇划转业务，按照保险业务外汇管理的有关规定审核办理。

（6）其他服务贸易境内外汇划转业务，按照《境内外汇划转管理暂行规定》等办理。

No.7　银行在办理境内机构和个人向境外支付单笔等值 5 万美元以上的服务贸易外汇业务时，应注意审核哪些材料？

除审查并留存与支付用途相关的交易单证外，还需审核经所在地主管国税机关进行税务备案的《服务贸易等项目对外支付税务备案表》。

No.8　银行在办理境内外机构代垫或分摊的服务贸易费用项下业务时应注意什么？

境内外机构应具有关联关系，客户应提供原始交易合同、代垫或分摊合同（协议或说明）、发票（支付通知），且代垫或分摊期限不得超过 12 个月。

> **练一练**
>
> （单选题）境内外机构代垫或分摊的服务贸易费用项下业务期限不得超过（　　）。
> A.1 个月　　　B.3 个月　　　C.12 个月　　　D.24 个月
> 答案：C。

No.9　同一笔服务贸易对外付汇包含两种及两种以上不同性质的付款，且付汇中存在不需要税务备案的，银行应如何审核《备案表》？

银行应区分交易性质并进行真实性审核。同一笔服务贸易对外付汇业务中，仅需审核超过等值 5 万美元，并且属于规定中必须办理税务备案的项目。

No.10　银行在办理服务贸易项下退汇业务时应注意什么？

银行应审核原汇入或汇出资金交易性质规定的交易单证，以及整个退汇过程的相关说明或证明材料，退汇金额不得超过原汇入或汇出金额，且原路汇回。

No.11　《服务贸易等项目对外支付税务备案表》是否可以分次使用？

根据《国家税务总局　国家外汇管理局关于服务贸易等项目对外支付税务备案有关问题的公告》（国家税务总局　国家外汇管理局公告 2013 年第 40 号）规定，同一笔合同需要多次对外支付的，备案人须在每次付汇前办理税务备案手续。因此，同一份《备案表》原则上不可以分次重复使用。

Day 76 资本项目

> 昨天我们学习了经常项目，今天我们来学资本项目。外商投资企业能开几个资本金账户？汇入资本金结汇有哪些注意事项呢？让我们一起来学习资本项目的相关政策和资本业务如何办理吧。

No.1 什么是外汇资本项目？

外汇资本项目是指国际收支中因资本输出和资本输入而产生的资产与负债的增减项目，包括直接投资、证券投资和各类贷款等。

No.2 外汇资本金账户最多能开几个？能否异地开户？

外汇资本金账户可在不同银行开立多个；允许异地开户。

> **练一练**
>
> （判断题）外汇资本金账户可在不同银行开立多个，但不允许异地开户。（　　）
> **答案**：错误。

No.3 办理外汇资本金入账应注意什么？

入账前应查询资本项目信息系统资本金流入控制信息表中尚可流入金额；入账后应按资金来源（境外汇入或境内划转）并区分不同性质进行国际收支申报；因汇率差异等特殊原因导致实际流入金额超出尚可流入金额的，累计超出金额原则上不得超过等值3万美元；外商投资企业外汇资本金投资人与缴款人必须一致；外汇资本金账户内资金不得以现钞存入。

No.4 什么是结汇待支付账户？该账户开立应注意什么？

结汇待支付账户用于接收资本项目外汇收入意愿结汇所得人民币资金。境内机构原则上应在银行开立一一对应的结汇待支付账户，用于存放资本项目外汇收入意愿结汇所得人民币资金，并通过该账户办理各类支付手续。在银行同一网点开立的同名资本金账户、外债专用账户、境外上市专用账户及符合规定的其他性质的资本项目账户，可共用一个结汇待支付账户。

No.5 境内机构境外直接投资资金来源有哪些？

境内机构可以使用自有外汇资金、符合规定的国内外汇贷款、人民币购汇或实物、无形资产及经外汇管理局核准的其他外汇资产来源进行境外直接投资。

✍ 练一练

（多选题）境内机构境外直接投资资金来源有哪些？（　　）

A. 自有外汇资金　　　　　　　　B. 符合规定的国内外汇贷款

C. 人民币购汇　　　　　　　　　D. 无形资产

答案：A、B、C、D。

No.6 境内机构的资本项目外汇收入及其结汇所得人民币资金的使用应遵守哪些规定？

可用于自身经营范围内的经常项下支出，以及法律法规允许的资本项下支出，并遵守以下规定：

（1）不得直接或间接用于企业经营范围之外或国家法律法规禁止的支出。

（2）除另有明确规定外，不得直接或间接用于证券投资或除银行保本型产品之外的其他投资理财。

（3）不得用于向非关联企业发放贷款，经营范围明确许可的情形除外。

（4）不得用于建设、购买非自用房地产（房地产企业除外）。

No.7 货物贸易出口背景的境内外汇贷款，是否可以购汇还款？

债务人（借款人）应以货物贸易出口收汇资金偿还出口贸易融资（含已结汇使用的具有货物贸易出口背景的境内外汇贷款），原则上不允许购汇偿还。在企业出口确实无法按期收汇且没有其他外汇资金可用于偿还上述国内外汇贷款时，银行可按照审慎展业原则，为企业办理购汇偿还手续，并在规定时间内向所在地外汇局报备。

> **练一练**
>
> （判断题）货物贸易出口背景的境内外汇贷款任何情况下都不允许购汇偿还。
> （　）
>
> 答案：错误。

No.8 资本项目外汇收入意愿结汇后划入其结汇待支付账户内的人民币资金，能否购买银行理财产品？

结汇待支付账户内的人民币资金，可以购买银行保本型理财产品，利息收益或投资收益可在账户内保留，可凭银行出具的利息、收益清单划入经常项目结算账户，或直接在银行办理支付业务。

> **小知识**
>
> #### 境内个人能否直接购买境外房产？
>
> 目前，我国个人资本项目尚未开放，此业务需要提供外汇局的核准件。依据法律规定，境内个人在办理购汇业务时：不得虚假申报个人购汇信息；不得提供不实的证明材料；不得出借本人便利化额度协助他人购汇；不得借用他人便利化额度实施分拆购汇；不得用于境外买房、证券投资、购买人寿保险和投资性返还分红类保险等尚未开放的资本项目；不得参与洗钱、逃税、地下钱庄交易等违法违规活动。

Day 77
进口贸易结算和融资产品

前几天我们学过了外汇政策,今天我们来学习进口贸易结算和融资产品。银行服务进口贸易企业有哪些结算和贸易融资产品?有什么优势?适用哪些客户?让我们一起通过学习解开疑惑吧。

No.1 什么是汇出汇款?适用哪些客户?

汇出汇款是指银行接受汇款人的委托,以约定汇款方式委托海外代理行将一定金额的款项解付给指定收款人的业务。适用客户:

(1)进口商流动资金充足,主要目标是控制财务费用而不是取得融资便利。

(2)出口商接受货到付款的条件,但对收款速度有较高要求。

(3)资料费、技术费、贸易从属费用(包括运费保费)等宜采用。

(4)贸易项下的尾款一般宜采用汇出汇款方式。

No.2 什么是进口代收?适用哪些客户?

进口代收(Inward Collection)是银行作为代收行按照托收行的指示,代为向付款人收款的行为。进口代收业务应按照国际惯例和托收行的指示办理,代收行不承担使用自有资金或融资款对外支付进口代收款项的责任。适用客户:

(1)贸易双方想选择比信用证成本更低、比汇款更安全的结算方式。

(2)进口商流动资金充足,可采用D/P(Documents Against Payment)即期付款交单方式。

(3)进口商流动资金不足,需要出口商给予远期付款的融资便利,且与出口商有良好的合作关系，可采用远期承兑交单 D/A（Documents Against Acceptance）方式。

No.3　什么是进口信用证？适用哪些客户？

进口信用证（Import Letter of Credit）是银行应国内进口商的申请，向国外出口商出具的一种付款承诺，承诺在符合信用证所规定的各项条款时，向出口商履行付款责任。适用客户：

（1）进口商需要增强自身信用，提高议价能力，改善谈判地位。

（2）进口商需要使用授信开证，减少资金占压，节约财务成本。

（3）贸易双方缺少互信，需要通过单据和条款，有效控制货权、装期及货物质量等贸易要素。

（4）贸易一方或双方有融资需求，需要信用证获得贸易融资，增加资金融通渠道。

No.4　进口信用证业务主要有哪些风险？

（1）商品市场风险：表现为商品市场价格下降，降低进口商履约意愿。

（2）进口商信用风险和经营风险：进口商财务状况恶化，不愿或无力履行付款赎单责任，主要是生产型企业。

（3）出口商信用风险：商品在品质或规格数量方面存在问题或恶意欺诈，进口商履约意愿降低，引发贸易纠纷。

（4）合规性和技术性风险：主要是银行人员在材料审核和信用证文本审核方面的风险。

No.5　银行在受理客户开证申请后，一般应当重点审核哪些内容？

（1）开证申请人资格、资信、财务、经营状况，还款能力。

（2）贸易背景。申请开立的信用证是否具有真实的贸易背景，严禁虚构贸易背景开证，严禁开新证还旧证，严禁为逃避监管或业务权限故意将大额开证化整为零，对大额授信开证或可疑业务，应了解基础交易情况，对大宗或特殊商品，应通过质检、保险、船运等手段降低出口商履约风险。

（3）了解进口货物国内外市场价格是否稳定，进口货物的销售周期、进口货物价格与市场价格是否有较大出入，了解出口地区风险、出口商信誉、出口商与进口商的贸易往来记录情况。

（4）开证申请人在银行是否有足额的授信额度，是否按规定比例缴存保证金，额度占用应以溢装后总金额为准。

No.6　一般贸易进口信用证业务流程包括哪些步骤？

（1）开立跟单信用证。

（2）收到交单行/议付行交来单据。

（3）在单据没有不符点的情况下，如为远期证，在收到单据的五个工作日内进行承兑。

（4）在单据没有不符点的情况下，如为即期证，在收到单据的五个工作日内进行付款，如为远期证，在完成承兑后，根据信用证规定的付款期限在到期日付款。

（5）闭卷。如信用证履行完毕，或因其他原因不再履行，在信用证有效期1个月后，且没有其他未完结的义务时可进行信用证闭卷。

No.7　什么是进口押汇？有何优势？

进口押汇业务是指银行收到信用证、进口代收项下或汇款项下单据，向进口商提供的用于支付上述业务项下进口货款的短期资金融通。进口押汇业务可分为信用证项下押汇、进口代收项下押汇和汇款项下押汇。优势如下：

（1）在进口商流动资金不足，无法按时付款赎单时，帮助进口商拿到货权。

（2）在进口商品处于上升行情时，帮助进口商及时获得进货资金，加快资金周转，赚取更高收益。

（3）基于贸易自偿性原则，可封闭管理，易于获得银行融资，使进口商少占用资金，投资预期收益率更高的项目。

No.8　进口押汇的融资币种、比例及期限如何确定？

进口押汇币种可为外币，也可为人民币。对已收取部分开证保证金的进口信用证项下单据叙做进口押汇业务时，一般应首先以存入的保证金办理付汇，不足部分方可办理进口押汇；进口代收及汇款项下各经营机构可根据实际情况确定进口押汇融资比例。银行应根据申请企业收货至回笼货款期限长短合理地匡算进口押汇期限，可根据货物销售周期确定融资期限。进口押汇融资期限与不同结算方式下的付款期限相加一般应在180天（含）以内。

No.9　什么是提货担保？

提货担保业务是指进口商开出信用证后，但有时因航程过短，进口货物先于货运单据到达时，进口商为办理提货向承运人或其代理人出具的，由银行加签并由银行承担连带责任的书面担保。

No.10　什么是提单背书？

提单背书业务是指信用证项下部分正本海运提单直接寄达进口商且海运提单的抬头为银行，在信用证规定的单据未到银行而货物已到达港口的情况下，进口商为及时提货，可将收到的部分正本海运提单提交银行，由银行进行背书转让的一种融资方式。

No.11　什么是同业代付？

同业代付是指银行根据进口商资信状况，在进口商出具信托收据并承担融资费用的前提下，由银行指示同业代理行代进口商在信用证、进口代收等结算方式下支付进口货款所提供的短期融资方式。

Day 78
出口贸易结算和融资产品

昨天我们学过了进口贸易结算和融资产品,今天我们来学习一下出口贸易有哪些结算和贸易融资产品。银行服务贸易的买卖双方,出口和进口的结算和贸易融资产品几乎是对应的,但是也有个性化的产品,让我们一起来了解一下吧。

No.1 什么是汇入汇款?适用于哪些客户?

汇入汇款(Inward Remittance),是指银行根据国外汇出行指示,将款项解付给指定收款人的业务。汇款方式包括电汇、信汇和票汇,目前常用的是电汇(T/T)。适用客户:

(1)买卖双方信任度较高,合作良好,会采用赊销的方式。

(2)出口商在贸易中处于强势地位,要求大比例的预付款项。

(3)买卖双方对资金周转速度或控制财务费用有较高要求。

(4)有非贸易和资本项下结算需求的客户,需采用汇款方式。

No.2 什么是出口托收?适用于哪些客户?

出口托收(Export Collection),是指银行受出口商委托,凭出口提交的金融票据或商业票据,通过国外代理行向进口商收取款项。出口托收也分为付款交单(D/P)和承兑交单(D/A)两种形式。适用客户:

(1)贸易双方缺少互信,需要通过单据和条款,有效控制货权、装期及货物质量等贸易要素。

(2)当出口商处于卖方市场的时候,会优先选择 D/P 方式,安全性较高。

（3）当出口商处于买方市场时，可选择 D/A 方式，较赊销方式而言，有一定付款保证，但仍取决于商业信誉。

No.3　什么是出口信用证？适用于哪些客户？

出口信用证（Export Letter of Credit）本行作为出口商银行，根据进口商银行开来的信用证，为出口商办理的信用证审单、寄单、索汇等结算业务。适用客户：

（1）贸易双方缺少互信，需要通过单据和条款，有效控制货权、装期及货物质量等贸易要素。

（2）出口商相对强势，商品处于卖方市场，为保证交易安全，选择信用证结算。

（3）贸易一方或双方有融资需求，如出口商可以凭借信用证，通过打包贷款提前获得备货款项。

No.4　信用证项下审单的依据是什么？

审单应遵循"单证一致、单单一致、单内一致"原则，判断单证、单单、单内是否矛盾。审单应依据信用证条款、UCP600 及配套的《关于审核跟单信用证项下单据的国际标准银行实务》（ISBP）等相关国际惯例和国际商会银行技术与惯例委员会正式意见。信用证条款与国际惯例不一致的，按照信用证条款的规定进行审单。

No.5　什么是信用证通知？

信用证通知是指银行将收到的信用证通知给信用证受益人。

No.6　什么是出口议付？

出口议付意指被指定银行在其应获得偿付的银行日或在此之前，通过向受益人预付或者同意向受益人预付款项的方式购买相符提示项下的汇票（汇票付款人为被指定银行以外的银行）及单据的行为。

No.7　什么是打包贷款？有何优势？

打包贷款是指银行为支持出口商按期履行合同、出运交货，向收到合格信用证的信用证受益人（出口商）发放的用于信用证项下货物采购、生产和装运的专项贷款。

有以下优势：

（1）装船前短期融资，可满足出口商在信用证项下备货装运的资金融通。

（2）还款来源为信用证项下出口收汇，具有银行有条件的信用保障。

（3）属于专项贷款，贸易背景清晰，适合封闭管理，更容易获得银行融资。

（4）在出口商自身资金紧缺而又无法争取到预付货款的支付条件时，帮助出口商顺利开展业务、把握贸易机会。

No.8　什么是出口押汇？有何优势？

出口押汇是指出口商发出货物并交来信用证或合同要求的单据后，银行凭所交单据向其提供的短期资金融通，一般适用信用证和托收结算方式。优势如下：

（1）在出口商流动资金不足时，依靠快速的资金周转开展业务。

（2）出口商在发货后、收款前可提前收汇，锁定汇率成本。

（3）出口商在发货后、收款前，可获得资金融通投资预期收益率高的项目。

No.9　什么是出口商业发票贴现？

出口商业发票贴现是指出口商将其与进口商（债务人）订立的货物销售、服务或工程合同项下产生的应收账款转让给银行，由银行为其提供融资、应收账款催收、销售分户账管理等服务，适用于赊销项下电汇结算方式。

No.10　什么是福费廷？有何优势？

福费廷是指银行无追索权地买入因商品、服务或资产交易产生的未到期债权。通常该债权已由金融机构承兑／承付／保付。银行福费廷业务可接受的债权形式包括信用证及其他可接受的债权工具。有以下优势：

（1）银行无追索权买断，使出口商应收账款"落袋为安"。

（2）出口商可规避各类风险。客户将国家风险、买方信用风险、汇率风险、利率风险等全部转移给银行，达到规避风险的目的。

（3）无须占用出口商授信额度，占用包买行对承兑／承付／保付行的授信额度。

（4）出口商可提前获得出口退税，节约财务成本。

No.11　什么是出口退税权利质押贷款？

出口退税权利质押贷款是指银行为解决出口商出口退税款未能及时到账而出现短期资金需求，在对企业出口退税账户进行托管的前提下，向出口商提供的以出口退税应收款作为还款保证的短期流动资金贷款。

练一练

（多选题）关于出口退税权利质押贷款业务，以下说法正确的有哪些？　（　　）

A. 为解决出口商出口退税款未能及时到账而出现短期资金需求
B. 办理该业务要以对企业出口退税账户进行托管为前提
C. 该业务是向出口商提供的以出口退税应收款作为还款保证的短期流动资金贷款
D. 该业务是向出口商提供的以出口货物收款作为还款保证的短期流动资金贷款

答案：A、B、C。

Day 79

案例学习：国际业务营销案例分享

在银行的对公业务中，国际业务占据重要的位置。只有充分熟知国际业务产品，深入了解企业真正的需求，才能精准营销，一击成功。今天，我们就来学习一下天津滨海农商银行的业务案例，学习了解如何有效发现潜在客户，准确把握客户需求，成功完成产品营销。

国际业务转型发展，服务下乡

一、内容摘要

国际业务发展不能只盯着大城市大企业，以天津滨海农商银行蓟州支行（以下简称蓟州支行）为例，该支行地处天津市比较偏远的山区，多年来从未开展过国际业务，支行柜台没有外汇业务资格。但是该地区其实分布着很多出口型小微企业，金融科技也大大延展了外汇柜台，该支行及时联动总行国际业务部和中国出口信用保险公司，成功营销蓟州区 A 公司开立本外币账户，办理出口结算业务。

二、案例描述

蓟州支行根据总行国际业务部下发的海关进出口企业名单，联系了蓟州区 A 公司，了解到该企业主营业务为农业技术开发和农产品的出口业务。蓟州支行及时向总行反馈上述信息，总行国际业务部立即联动中信保业务人员及蓟州支行实地走访企业，向企业负责人详细了解企业经营情况和业务需求，针对性地向企业推介蓟州支行公私类产品，讲解银行产品优势和业务办理流程，企业当即同意将原本在国有大行办理的业务挪至蓟州支行。

蓟州支行为客户提供了开户清单，引导客户在邻近宝坻支行开户，并签约《自动结汇委托书》，客户无须临柜即可完成收结汇。客户对蓟州支行耐心细致的服务表示非常满意。蓟州支行定期走访企业，了解企业业务进展和需求，随着企业业务量不断增加，蓟州支行为客户开通了网银并申请了汇率优惠，进一步巩固、加深了银企关系。

三、业务启示

蓟州支行在蓟州地区没有国际业务网点，金融科技的发展大大延展了银行的国际结算服务范围，蓟州支行本次实现国际业务突破，充分说明经过耐心细致的工作发展国际业务并不难，其经验值得学习和借鉴。本案例主要带给我们以下几点启示：

1. 认真对待总行筛选的潜在客户名单，可逐个电话营销或通过其他方式初步接洽，及时联动总行产品经理和中信保实地走访，实行专业化营销。
2. 充分了解企业需求，量身订制业务方案。
3. 耐心细致，服务到位，做企业办理业务的指路明灯。
4. 定期回访，及时推介新产品新业务，持续提供增值服务。

金融科技打通服务客户的"最后一公里"

一、内容摘要

天津滨海农商银行致力于打造智慧国际结算，2018年研发上线贸易金融服务平台，将专业复杂的国际信用证业务简单化、智能化。天津B公司成功利用贸易金融服务平台，实现了线上办理进口开证、押汇、付款、闭卷等业务，极大地简化了业务流程，节省了企业运营成本，提升了资金周转效率。

二、案例描述

天津B公司主营业务之一为平行进口汽车，年进口额2000万美元左右，主要结算方式为即期信用证，信用证条款相对简单、标准。该企业、业务具有单笔金额小、频次多、付款期限短等特点，企业需要经常往返银行柜台办理业务，效率低、成本高。

银行上线贸易金融服务平台后，天津滨海农商银行筛选出银行存量授信客户进行重点营销。通过实地走访企业，详细了解企业业务情况，及时向企业推介贸易金融服务平台和贸融产品，耐心解答企业关于银行汇款路径、汇率、代理行等方面问题，并列举银行为同行业其他企业结算情况，企业对银行产品和服务表示认可。客户经理及时为企业设计授信方案,企业获批国际贸易融资额度2000万元,并准入贸易金融服务平台。银行人员上门指导企业业务员系统操作,帮助企业顺利完成首笔业务。短短半年时间,企业通过贸易金融服务平台办理开证及押汇40余笔,极大提升了业务效率,加快了资金周转,节约了运营成本。

三、业务启示

贸易金融服务平台是近些年银行应用金融科技手段优化业务流程的典型案例,是应用金融科技革新传统产品的缩影。金融科技使银行传统业务面对挑战,同时也带来了机遇,银行人应积极拥抱金融科技,主动革新,加快升级优化产品,跑赢这场"技术革命"。

本案例主要带给我们以下启示:

1. 国际业务人员应及时了解和学习银行新产品新业务,坚持以产品为抓手,进行专业化营销,为客户提供综合服务解决方案。

2. 酒香也怕巷子深,经营机构要加大对银行产品的宣传力度,存量挖潜和新户拓展相结合,精准定位目标客户,抢占市场先机。

3. 银行应主动拥抱金融科技,以客户为本,不断升级优化产品,以创新解决业务中的难点痛点。

出口信用保险项下应收账款融资惠及小微企业

一、内容摘要

很多出口中小微企业面临"融资难、融资贵"的问题,为解决中小微企业缺少足额抵(质)押担保的问题,银行纷纷推出出口信用保险项下应收账款融资。以滨海农商银行为例,银行发布新产品"滨银信贸赢",该产品是针对投保出口信用保险的中小微企业研发的一款信用类授信产品,无须抵(质)押,最高可获批1000万元的出口应收账款融资额度。产品发布以来,受到市场欢迎,以下摘选两个典型案例。

二、案例描述

天津C公司主营镀锌钢管、焊管等金属制品的出口,主要销往东南亚地区,年出口额达1000多万美元。该企业自2016年起即在农商行办理出口结算,因未办理贸易融资,结算量并不大。信贸赢产品发布后,总行筛选出重点存量和潜在客户名单,发送经营机构。客户经理认真研究产品,了解到企业每年投保中小企业出口信用保险,交易对手稳定，与银行信贸赢产品相契合。客户经理及时向总行反馈营销信息，总行国际部联动中信保，向企业推介信贸赢产品，获得了企业的认可。2019年7月，企业获批信贸赢授信200万元。企业通过信贸赢，加快了应收账款周转，以较低的成本获得贸易融资，银行以真实贸易背景为依托，加上信用保险的缓释作用，风险可控，实现了银企共赢。

信贸赢产品发布后，绍兴支行积极营销柯桥市场，接洽了绍兴D公司。该企业成立于2013年，年出口量800万美元左右，收汇记录较好，由于国外客户为长期合作，所以未曾投出口信用保险，暂不符合准入要求。客户经理联动总行国际部，向客户详细讲解了银行产品优势，并同意提供汇率优惠，获得企业认可，企业决定先将结算挪至天津滨海农商银行办理。企业于5月开立外币账户，当年度实现结算量267万美元。

三、业务启示

1. 信贸赢产品是天津滨海农商银行积极响应国家支持实体经济、支持小微企业的政策背景下，推出的信用类贸易融资产品。该产品的优势在于引入信用保险作为增信措施，依托真实贸易背景，以应收账款回款为第一还款来源，有效降低了对传统抵（质）押物的依赖，运用得当可谓是扩户增收的利器，推动转型发展。

2. 客户经理可对照信贸赢准入条件，定位目标客户，在区域内开展撒网式营销，及时联动总行和保险机构，扩大政策性保险应用范围。

3. 授信审批部门也相应制定了信审审核标准（SOP），审批条件标准、具体，只要是按照准入要求筛选的企业，授信获批率高。

第八章 金融市场

　　除了最基础的存贷款业务,金融市场也是银行缓解流动性压力、获取收益的重要渠道,交易工具包括同业拆借、票据、债券、股票、基金、金融衍生品等。

Day 80
金融市场概况

今天,让我们走近金融市场,了解与银行相关的金融市场业务。

No.1 什么是金融市场?

金融市场是指以金融资产为交易对象,以金融资产的供给方和需求方为交易主体形成的交易机制及其关系的总和。从广义上讲,金融市场是实现货币借贷和资金融通、办理各种票据和有价证券交易活动的市场。从实质上看,金融市场是交易金融资产并确定金融资产价格的一种机制。

No.2 金融市场的分类主要有哪些?

金融市场的分类方法有很多,通常意义上讲,按交易标的物可划分为货币市场、资本市场、金融衍生品市场、外汇市场、保险市场、黄金市场及其他投资品市场等。

其中,货币市场又称为"短期金融市场""短期资金市场",是指融资期限在1年及1年以下的金融市场,主要包括同业拆借市场、票据市场、回购协议市场、大额可转让定期存单市场、短期政府债券市场等。

资本市场又称为"长期金融市场""长期资金市场",是指期限1年以上的各种资金借贷和证券交易的场所,主要包括股票市场、债券市场、基金市场。

金融衍生品市场则以杠杆或信用交易为特征,主要包括期货、期权、互换及远期等。

此外,金融市场按交易对象可划分为发行市场(一级市场、初级市场)、流通市场(二级市场、次级市场),按照交易中介可划分为直接金融市场、间接金融市场(以银行等信用中介机构作为交易媒介）等。

No.3 什么是商业银行的同业拆借业务？有哪些限制？

商业银行同业拆借是指银行之间的借款活动，银行拆出资金限于充足存款准备金、留足备付金和归还中国人民银行到期贷款之后的闲置资金。拆入资金可用于弥补票据结算、联行汇差头寸的不足和解决临时性周转资金的需要，禁止利用拆入资金发放固定资产贷款或者用于投资。

根据《商业银行法》的规定，商业银行拆入资金的最长期限为1年，同业拆借利率由借款双方协商议定。

No.4 什么是票据市场？主要分类有哪些？

票据市场是在商品交易和资金往来过程中产生的，分为票据的发行、担保、承兑、贴现、转贴现、再贴现来实现短期资金融通的市场，具有融资期限短、交易灵活、参与者众多、风险易于控制等特点，是货币市场中最基础的市场。

根据不同的标准，票据市场可以划分为不同的种类，如，按票据发行主体划分，有银行票据市场和商业票据市场；按交易方式划分，有票据发行市场、票据承兑市场和票据贴现市场等。

在此前的章节中，我们已经介绍了主要的票据行为及业务，这里不再赘述。

No.5 什么是金融衍生品？主要分类有哪些？

金融衍生品是一种交易手段或交易媒介，是在传统的金融产品，如货币、股票、债券等金融工具基础上派生而来的金融工具，是金融创新的产物，因此又被称为创新金融工具。它是根据股价、利率、汇率等市场变量的未来行情趋势，采用支付少量保证金或权益金，签订跨期合同或互换不同金融工具等交易形式的新型金融工具，因此从本质上说，它是一种为规避风险和获取投机利润，但对初始投资要求较低的合约。但同时由于其杠杆性，也决定了金融衍生品的价格波动大、不确定性大、风险高的特点。

金融衍生品根据交易条款的类型可分为远期合约、互换合约、期权合约及期货合约等。金融衍生品根据面临的主要市场风险可分为利率类衍生工具、汇率类衍生工具和其他类衍生工具。

No.6 什么是债券？

债券，其实是一种"借条"，表示债券持有人（债权人）与债券发行人（债务人）存在债务债权关系，也就是教科书上说的债务凭证。市场上的债券和借钱写的借条类似，也要写明期限、利率、规模等要素，只是借钱的人现在变成了企业、政府、银行等法人机构，面向的群体也不再只是一个人，而是多家金融机构。而且因为有统一标准的条款设计，所以也可以在市场上交易流通。

按照发行主体分，债券可以分为政府债（政府机构发行）、央票（央行发行）、金融机构债（金融机构发行）、非金融企业机构债（非金融机构发行）、国际机构债（国际机构发行）五大类。但这种分法在实际生活中非常少见。

现在市场上更常用的债券分类是按照是否存在信用风险，将债券分为信用债和利率债两大类别。信用债，顾名思义，是存在信用风险的债券，由企业发行（包括金融机构发行的债券），具体有中期票据、短期融资券、超短期融资券、公司债、企业债等形式。利率债则是没有信用风险，只有利率风险的债券，包括国债、地方政府债、央行票据、政策性银行债以及政府支持机构债（铁道债、汇金债等）。

No.7 什么是债券市场？主要分类有哪些？

从广义来看，债券市场是债券发行、交易、托管结算的场所，是与债券相关的各类市场基础设施的总称。但从狭义来讲，债券市场就是指债券的发行与交易场所。按这个狭义的概念来分，我国的债券市场分为场内市场和场外市场两个体系，其中场内市场是指交易所市场，包括上海证券交易所和深圳证券交易所；场外市场则包括银行间债券市场、银行柜台市场和新成立的自贸区债券市场。在这四类债券市场中，银行间市场是中国债券市场的主体。2019年底，银行间市场的债券存量占全市场的比重达到了87.2%，交易所市场占比为11.8%，而柜台市场和自贸区市场两者合计占比不到1%。

No.8 债券的交易方式有哪些？

按照交易类型划分，大致可以分为现券买卖、债券回购、债券远期、债券借贷四类。

其中现券买卖和债券回购是最主要的两种，占全市场成交总量的比例超过99%。

现券买卖是交易双方一方付钱买债，一方卖债收钱的行为。

债券回购，本质上是一种资金借贷行为，性质和我们用房子去银行抵押借钱类似，都是将资产抵押（或暂时出售）给资金借出方以获取资金的行为，只是抵押品从房子变成了债券而已。

No.9 商业银行开展金融市场业务的目的有哪些？

商业银行开展金融市场业务，主要是根据全行资产负债管理目标、政策和经营计划，综合运用资金、债券、利率、汇率等市场工具，在国内外金融市场上进行本外币资金的投融资运作与交易管理。通俗地讲，商业银行开展金融市场业务的目的可以归纳为一句话，那就是在保证流动性需求的前提下，提高银行闲置资金的收益。

金融市场业务是商业银行的新兴业务，跨越国内外多个市场，连接多种货币，包括债券和外汇等多种工具，承担着资产管理的重要职责，通过资本运作，为客户提供多元化的金融服务。

第九章　风险管理

银行经营的本质是对风险的承担与管理。风险与合规管理对银行的经营至关重要，风险管理是银行的生命线，合规管理是银行的底线。只有在合规的前提下把控风险，银行才能稳健、持续经营。

Day 81
风险管理概述

本章，我们将从风险管理概述、风险防线和合规建设三个方面介绍银行在实际工作中是如何进行风险管理的。今天，我们先进行风险管理的基础知识学习。

No.1　银行主要面临哪些风险？为什么银行日渐重视风险管理？

银行面临的主要风险类型有信用风险、市场风险、操作风险、银行账簿利率风险、流动性风险、信息科技风险、合规风险、声誉风险、战略风险等。这些类型的风险与银行日常工作息息相关，风险是客观存在、不可避免的，我们只有识别风险，将风险降到最低，才能有效控制风险，降低损失。

No.2　什么是流动性风险？

流动性风险是指商业银行虽然有清偿能力，但无法及时获得充足资金或无法以合理成本及时获得充足资金以应对资产增长或支付到期债务的风险。

No.3　流动性风险分为哪几类？

流动性风险包括资产流动性风险和负债流动性风险。

资产流动性风险是指资产到期不能如期足额收回，进而无法满足到期负债的偿还和新的合理贷款及其他融资需要，从而给商业银行带来损失的风险。

负债流动性风险是指商业银行过去筹集的资金特别是存款资金，由于内外因素的变化而发生不规则波动，对其产生冲击并引发相关损失的风险。商业银行筹资能力的变化可能影响原有的筹融资安排，迫使商业银行被动地进行资产负债调整，造成流动性风险损失。这种情况可能迫使银行提前进入清算,使得账面上的潜在损失转化为实际损失,甚至导致银行破产。

如果想了解更多有关流动性风险的规定,可以参考银保监会发布的《商业银行流动性风险管理办法》。该管理办法对商业银行的流动性风险管理治理、流动性风险管理策略、政策和程序、风险识别、计量、监测和控制,信息系统的管理要求,流动性风险监管的指标、监测工具、监管方法和措施作出了相关说明和要求。

No.4　什么是操作风险?

操作风险是指由于不完善或存在问题的内部程序、人员、系统或外部事件而导致的直接或间接损失的风险。

No.5　为什么会产生操作风险?

操作风险的产生主要有五个方面的原因:一是内部程序风险,如银行流程及程序的失误,以及不健全的控制措施等;二是人员风险,如管理不到位、员工培训不到位等;三是信息系统风险,如系统、电脑及各种终端的故障等;四是外部风险,如自然灾害、恐怖袭击等,超出银行自身可控范围的不利事件;五是法律风险,如规章制度、法律诉讼等。

No.6　操作风险事件分为哪几类?

巴塞尔委员会将操作风险损失事件分为:内部欺诈;外部欺诈;雇佣合同以及工作状况带来的风险事件;客户、产品以及商业行为引起的风险事件;实体资产的损失;业务中断和系统故障;涉及执行、交割以及交易过程管理的风险事件等。

练一练

(判断题)操作风险只存在于银行的一线员工。(　　)

答案: 错误。

> **操作风险案例——巴林银行倒闭**
>
> 1995年2月27日,英国中央银行宣布,英国老牌商业投资银行——巴林银行因经营失误而倒闭。消息传出,立即在亚洲、欧洲和美洲地区的金融界引起一连串强烈的波动。东京股市英镑对马克的汇率跌至近两年最低点,伦敦股市也出现暴跌,道琼斯指数下降了29个百分点。
>
> 巴林银行的倒闭,是典型的操作风险事件,其关键人物是巴林银行驻新加坡巴林期货公司总经理、首席交易员尼克·理森。他负责进行外汇期货套利交易,在日经225期货合约市场上,他被誉为"不可战胜的理森"。外汇套期本来很正常,但是巴林银行却犯了个大错误——他们过于信任理森,让他身兼交易员和主管两个职位,使得原本的内控机制形同虚设。此外,巴林银行还给理森设定了一个过大的风险敞口,进一步放大了他的权限。理森在未经授权的情况下,以银行的名义认购了70亿美元的日经225指数期货,并以买空的做法在日本期货市场买进了价值200亿美元的短期利率债券。如果这几笔交易成功,理森将会从中获得巨大的收益,但阪神地震后,日本债券市场一直下跌。据不完全统计,巴林银行因此而损失10多亿美元,这一数字已经超过了该行当时8.6亿美元的总价值,致使巴林银行最终宣布倒闭。

No.7 什么是法律风险?

法律风险包括但不限于以下风险:一是商业银行签订的合同因违反法律或行政法规,可能被依法撤销或确认无效的;二是商业银行因违约、侵权或者其他事由被提起诉讼或者申请仲裁,依法可能承担赔偿责任的;三是商业银行的业务活动违反法律或行政法规,依法可能承担行政责任或刑事责任的。

No.8 什么是信用风险?与日常工作有什么关系?

信用风险是指债务人或交易对手未能履行合同所规定的义务或信用质量发生变化,影响金融产品价值,从而给银行造成损失的可能性。

在日常工作中,我们接触较多的为信贷业务或交易对手发生的不愿或无力履行合同而造成的违约。如果我们不能较好地把控风险、合规开展业务，那么会有较大可能性无法及时识别风险，面临严重的风险问题。

No.9　什么是信息科技风险？与日常工作有什么关系？

信息科技风险是指信息科技在商业银行运用过程中，由于自然因素、人为因素、技术漏洞和管理缺陷产生的操作、法律和声誉等风险。

我们日常工作所使用的系统、数据支持中蕴藏着信息科技风险，一旦爆发，会对银行的经营带来极大的影响。因此，信息科技风险是银行需要重点把控的风险中不可缺少的一部分。

练一练

（单选题）某柜员在日间进行盘库的过程中，发现短款 500 元。该事项属于哪类风险？（　　）

A. 信用风险　B. 信息科技风险　C. 流动性风险　D. 人员风险　E. 操作风险

答案： E。

（判断题）法律风险和信息科技风险都与我们日常工作只存在间接关系。（　　）

答案： 错误。

Day 82
银行风险防线

在学习了银行风险管理的基础知识后,我们来了解风险管理的有效机制——风险防线。

No.1 什么是第一道防线?

各业务管理条线和各经营机构是银行风险防控的第一道防线,承担着合规经营和管理的首要责任,必须主动实施有效的自我合规控制,积极开展日常及专项合规性检查,提升自我评估、检查、监测、整改和培训的能力。

No.2 银行管理部门在第一道防线需要做哪些工作?

合规管理方面,银行管理部门应落实本条线合规管理职责,推动职责范围内的合规管理工作落地实施,有效解决水流不到头的问题。制订并执行本条线合规管理计划;制定、完善、定期清理、评估管理职责范围内的规章制度;确保新业务、新产品流程和制度合法合规,并提交合规部门评估;开展条线合规培训如岗位定期培训、新制度执行落地培训,并指导经营机构再培训;建立本条线业务督导、检查监督体系;组织开展本条线合规检查和日常风险监测,收集、分析、整理各经营机构合规管理情况,对经营机构考核评价;定期评估本条线合规风险状况,剖析合规风险案例,提升内控合规管理能力。

信用业务管理方面,授信审查部门根据操作规范对授信业务进行专业审查,确保信用风险的控制遵循审慎性、有效性、一致性原则。

No.3　银行经营部门在第一道防线需要做哪些工作？

合规方面，银行经营部门主要负责完成本机构业务监督检查考核工作，并不断提升管理质量；对本机构管理部门和辖属经营机构开展专业辅导，组织员工开展业务培训、岗位知识考试、技能比赛等，提升员工合规意识和合规能力水平；在银行管理部门的指导下，报送合规管理类报告，总结合规管理工作成效，及时反馈风险隐患问题。

信用风险方面，经营部门内设的风险管理部门应对本机构的资产质量、客户信用评级等风险指标进行监测，及时指导并修正本机构下设经营团队/支行的业务管理工作方向。

No.4　什么是第二道防线？其职责是什么呢？

银行的合规部门和风险部门是银行风险防控的第二道防线，同时各经营机构的内控合规岗位也作为第二道防线的有力抓手，协助合规部门和风险部门完成第二道防线的管理工作，包括在事前与事中实施专业化合规风险管理，采取现场或非现场的方式对第一道防线的合规履职情况进行监督、评价等。

银行的合规部门主要负责培育合规文化、组织合规培训、管理全行规章制度、识别和评估合规风险、督促合规风险整改、牵头处置合规风险。强化第二道防线的牵头组织职能，综合考虑合规风险与信用风险、操作风险、声誉风险、流动性风险和其他风险的关联性，将合规经营和规范操作融入各类风险管理中，渗透到每个业务环节里，确保各项风险管理政策和程序的一致性，为合规管理提供有力的载体和抓手。

银行的信用风险管理部门和资产监控部门主要负责培育风险管理文化，通过贷后管理、信用评级准入、测算预期损失、授权控制、制度流程控制、指标监测等方式，在确保全行授信业务处理效率的前提下将信用风险水平保持在可控范围。

No.5　什么是第三道防线？

银行审计部门是银行风险防控的第三道防线，负责对合规风险管理的有效性进行独立、客观的监督与评价，承担业务部门和风险、合规管理部门履职情况的审计责任。

> **练一练**
>
> （判断题）第二道防线可以检查第三道防线工作。　　　　　　（　　）
>
> **答案**：错误。
>
> （判断题）银行的审计部门可以直接检查科技部门的工作。　　（　　）
>
> **答案**：正确。

No.6　为什么要设立三道防线？三道防线之间有什么关系？

三道防线从不同的角度防范银行风险，各有其重要性，缺一不可。同时，它们又连接紧密且相互制约，缺少任意一个环节都有可能导致风险产生。只有三道防线紧密结合，才能尽可能地规避风险。

Day 83 合规建设

> 严格地说,合规不算通常意义上的风险管理,但实际上,合规与风险管理密不可分。如果银行存在不合规的现象,则可能引发操作风险和声誉风险,甚至是流动性风险。因此,合规对银行来说至关重要。

No.1 什么是合规?为什么提倡人人合规、业务合规?

合规是指商业银行的经营活动与法律、规则和准则或其他标准相一致。合规也是我们开展业务的前提,每一名员工都是银行的重要组成部分,俗话说"牵一发而动全身",所以人人合规是银行开展业务的必要前提,而业务合规是人人合规的结果。

No.2 什么是合规风险?如何正确理解合规与业务拓展的关系?

合规风险是银行因未能遵循法律、监管规定、规则、自律性组织制定的有关准则,以及适用于银行自身业务活动的行为准则而可能遭受法律制裁或监管处罚、重大财务损失或声誉损失的风险。

我们应该如何合规地开展业务呢?首先,我们要树立一种心中有合规的理念,不要觉得风险防控及合规工作是专业部门的事情,与自己没有直接关系,就不去学习了解,作为银行的员工,日常工作必须符合合规要求。其次,要服从合规管理,主动学习业务条线、风控条线发布的制度文件,早日建立起自己的全面的合规意识。最后,将学到的合规理念运用到实际工作中去,发现风险问题主动及时汇报、解决,合规守法地开展工作。

No.3 柜面已经推行业务无纸化，并加装人脸识别等设备，是不是就没有任何风险呢？

当然不是。业务、办公无纸化以及人脸识别等新技术的引入，缩短了柜台办业务的时间，节约能源，提高了风险识别的能力。但业务中所面对的情况千差万别，如，人脸识别不通过时，审核人员是否能做到识别准确，这种情况要求审核人员具有较高识别、鉴别能力。特殊的业务场景，特殊情况的应对，以及对这类事件的风险识别，都需要我们在日常工作中不断积累经验。

> **练一练**
>
> （判断题）只要人脸识别通过，那么客户的人证一致识别肯定准确无误。（　　）
> 答案：错误。

No.4 合规检查的意义是什么？

合规是为了规范与降低风险，因为银行的经营就是经营风险，风险种类多，只有通过不断地进行识别、计量、监测、控制才能尽量避免风险。合规检查是为了增强各条线工作人员的合规意识，减少合规意识薄弱、意识不强等问题。检查也是为了从根源规范、规避风险。

No.5 银行在经营中会受到哪些部门的监督和检查？应该怎么应对？

在经营中，银行会受到金融监管机构的监督、督导、检查，如人民银行、银保监会（局）等。此外，基层经营机构还会面对总行、分行等管理部门的监督与检查。

面对这些监督检查时应积极配合，针对发现的问题不推诿，及时整改，避免再次出错。同时，针对此类问题或相似的问题，应积极主动排查，发现并解决问题。

No.6 在各类检查中，如果被检查出问题，我们应该怎么做？

对于上级机构对一线检查发现的问题，首先针对问题，站在中立面核对是否真的存在问题，如果有问题，应及时进行整改，及时反馈，对于同类可能出现的问题进行自查，防患于未然；而如果发现没有问题，应及时反馈并出示相应合理的解释。不能因为不想认错就推诿，不能用没有实质风险代替没有合规风险。

No.7 如果我们发现自己经手的业务触及"监管红线"或相关制度，我们应该怎么做？

首先我们不能隐藏问题，不能存有不暴露就是没问题的心态。发现问题应该马上报告自己的上级领导，研究如何将风险及损失降到最低。同时要坚持问题导向，认真反思为什么会出现这些问题，需要怎么做才能在今后的工作中规避此类风险，切记不要因小失大！

练一练

（多选题）假设你是一名客户经理，刚接手他人的业务就遇到监管部门检查，你应该怎么做呢？（　　）

A. 拒绝监管要求，找到以前的管户客户经理　B. 认真配合，提供材料

C. 对于需要前任客户经理的，积极联系配合　D. 本着实事求是，交回客户

答案：B、C。

小知识

如果想更深入地了解银行的合规管理，还有哪些文件可以学习？

（1）2007年5月中国银监会发布的《商业银行合规风险管理指引》（银监发〔2007〕42号）。

（2）2005年4月巴塞尔国际银行监管委员会发布的《合规与银行内部合规部门》。

（3）COSO的《内部控制整合框架》。

这三个文件对银行合规管理缺一不可，也相辅相成，互为导向。除此之外，大家还可以关注一些监管处罚的文件，从中汲取经验教训。

第十章　银行监管

任何一家企业在经营过程中，都要接受国家、社会及自身的监督与管理，银行也不例外。只有在监管范围内经营，才能守住不发生系统性金融风险的底线，惠及实体经济。

Day 84 监管概况

在对银行的风险管理知识进行了解和学习后,接下来,我们继续学习银行监管。这部分内容分为三小节:监管概况、监管体系和资本监管。下面,让我们先了解银行监管概况吧!

No.1 什么是银行监管?

银行监管有广义和狭义两种理解。从狭义上讲,银行监管是指国家金融监管机构对银行的监督与管理,即政府或权力机构为保证银行遵守各项规章、避免不谨慎的经营行为而通过法律和行政措施对银行进行的监督与管理。广义的银行业监管不仅包括国家金融监管机构对银行业金融机构的外部监管或他律监管,也包括银行业金融机构的内部监管或自律监管。

No.2 银行监管体制可分为哪几种类型?

银行监管体制可分为统一监管型、多头监管型、"双峰"监管型三种类型。

No.3 什么是统一监管型?

统一监管型又称单一全能型,是指对于不同的金融机构和金融业务,无论是审慎监管,还是业务监管,都由一个机构负责。目前有英国、日本、韩国等9个国家实行这种模式。

No.4 什么是多头监管型？

多头监管型是指将金融机构和金融市场按照银行、证券、保险划分为三个领域，分别设置专业的监管机构负责包括审慎监管和业务监管在内的全面监管。

No.5 什么是"双峰"监管型？

"双峰"监管型模式是设置以下两类监管机构：一类负责对所有金融机构进行审慎监管，控制金融体系的系统性金融风险；另一类负责对不同金融业务进行监管，从而起到双重保险作用。澳大利亚和荷兰是这种模式的代表。

> **练一练**
>
> （单选题）"双峰"监管型的代表国家是（　　）。
> A. 美国　　　　B. 日本　　　　C. 英国　　　　D. 澳大利亚
> 答案：D

No.6 银行监管可划分为哪几个层次？

银行监管可划分为银行自我监管、外部监管、行业自律、市场约束四个层次。

银行自我监管通过内部治理、内部控制与内部审计实现。

银行外部监管是监管的最高层次，是由国务院授权成立的中国银行保险监督管理委员会统一监督管理银行、金融资产管理公司、信托投资公司及其他存款类金融机构，维护银行业的合法、稳健运行。

行业自律是指自律组织对会员进行监管，包括对会员每年进行一次例行检查和对会员的日常业务活动进行监管。

市场约束的具体表现形式之一是强化信息披露，银行应及时公开披露资本结构、风险敞口、资本充足率、内部评价机制和风险管理战略等信息。

No.7 目前我国的银行监管框架是什么？

我国银行监管框架主要由审慎全面的监管规则、行之有效的监管工具和科学合理的监管组织体系三大部分组成。

（1）银行监管规则体系主要由法律、行政法规、部门规章、规范性文件四个层次构成，其中法律、行政法规是基础和主干，部门规章和规范性文件构成了实际监管工作中的依据和准绳。

（2）银行监管工具主要包括对银行经营活动的限制、对形成金融控股集团的限制、市场准入监管、资本监管、监管权力和私人监督。

① 限制银行经营活动，也就是说银行须在规定的业务范围内经营。

② 对形成金融控股集团的限制。金融控股公司是指专门从事金融机构股权投资和管理的企业，近年来，我国金融控股公司发展较快，但有一些金融控股公司，主要是非金融企业投资形成的金融控股公司，盲目向金融业扩张，存在监管真空，使得风险不断累积和暴露，限制金融控股集团对防范金融风险意义重大。

③ 市场准入监管。商业银行的市场准入，就是指商业银行依法获准成立，取得法律上的主体资格，能够以自己的名义从事金融活动。市场准入监管意味着金融监管机关要从法律上对商业银行的经营资格、经营能力进行审查、确认或限制，赋予其相应的权利能力和行为能力。

④ 资本监管。银行的资本金承担着吸收损失的第一资金来源。一旦银行破产，首先消耗的是资本金。因此，资本金又被称为保护债权人、使债权人免遭损失的"缓冲器"。

（3）我国的银行监管组织有中国银行保险监督管理委员会、中国人民银行和中国银行业协会。

练一练

（多选题）完美的审慎监管框架主要包括（　　）三大组成部分。

A. 审慎全面的监管规则　　　　B. 行之有效的监管工具

C. 有效畅通的沟通机制　　　　D. 科学合理的监管组织体系

E. 高效廉洁的监管人员

答案： A、B、D

Day 85
监管机构

通过上节课的学习,相信大家对银行监管知识有了初步的掌握。本节课,我们将了解我国的银行监管和监管机构。

No.1 我国的银行监管机构是什么?

《中华人民共和国银行业监督管理法》规定,国务院银行业监督管理机构负责对全国银行业金融机构及其业务活动监督管理的工作。目前,我国银行业主要的监管机构是中国银行保险监督管理委员会(以下简称银保监会)。除此之外,我国的银行监管机构还有中国人民银行和中国银行业协会。

No.2 银行业监管机构的法定监管目标是什么?

银行业监管机构的法定监管目标:促进银行业的合法、稳健运行,维护公众对银行业的信心;保护银行业公平竞争,提高银行业竞争能力。

No.3 银行业监管机构有何职责?

银行业监管机构的职责包括:

(1)制定并发布监管制度的职责。银保监会参与拟订金融业改革发展战略规划,参与起草银行业重要法律法规草案以及审慎监管和金融消费者保护基本制度。

(2)准入职责,包括机构准入、业务范围准入和人员准入三个方面。银保监会依法依规对银行业金融机构及其业务范围实行准入管理,审查高级管理人员任职资格,制定银行业从业人员行为管理规范。

（3）非现场监管职责。银保监会应当对银行业金融机构的业务活动及其风险状况进行非现场监管，建立银行业金融机构监督管理信息系统，分析、评价银行业金融机构的风险状况，并监督管理银行业金融机构财会信息。

（4）现场检查职责。银保监会应当对银行业金融机构的业务活动及其风险状况进行现场检查，依法制定现场检查程序，规范现场检查行为。

（5）报告职责。银保监会应当建立发现、报告岗位责任制度。发现可能引发系统性银行业风险、严重影响社会稳定的突发事件的，银保监会应当立即向负责人报告；负责人认为需要向国务院报告的，应当立即向国务院报告，并告知中国人民银行、国务院财政部门等有关部门。

（6）指导、监督自律职责。银保监会负责对银行业金融机构的公司治理、风险管理、内部控制、资本充足状况、偿付能力、经营行为和信息披露等实施监管。

（7）国际交流合作职责。银保监会参加银行业国际组织与国际监管规则制定，开展银行业对外交流与国际合作事务。

No.4 银行业监管机构有哪些监管措施？

银行业监管机构的监管措施包括：

（1）现场检查措施。现场检查是指监管人员直接深入金融机构进行业务检查和风险判断。具体措施有：询问银行工作人员，查阅复制与检查事项有关的文件、资料，检查银行的电子计算机管理业务数据系统。

（2）非现场监管措施。银保监会及其派出机构根据履行职责的需要，有权要求银行业金融机构按照规定报送资产负债表、利润表和其他财务会计、统计报表、经营管理资料和审计报告等报表和资料，并通过持续完善监管信息系统，不断提升数据质量。

（3）对违反审慎经营规则的监管措施。包括：责令暂停部分业务、停止批准开办新业务，限制分配红利和其他收入，限制资产转让，停止批准增设分支机构等。

（4）对问题银行业金融机构的接管、促成重组、撤销等监管措施。如果银行已经或者可能发生信用危机，严重影响存款人和其他客户合法权益，银保监会可以依法对该银行实行接管；如果银行有违法经营、经营管理不善等情形，不予撤销将严重危害金融秩序、损害公众利益，银保监会有权予以撤销。

（5）其他监管措施，如延伸调查、审慎性监督管理谈话、强制披露、查询涉嫌违法账户和申请冻结涉嫌违法资金等。

> **练一练**
>
> （单选题）国务院银行业监督管理机构的法定监管目标不包括（　　）。
> A. 促进银行业的合法、稳健运行　　B. 维持利率稳定
> C. 维护公众对银行业的信心　　D. 提高银行业竞争能力
> 答案：B

No.5　中国人民银行的职能是什么？

中国人民银行是发行的银行、银行的银行、政府的银行，其职能是在国务院领导下，制定和执行货币政策，防范和化解金融风险，维护金融稳定。

No.6　中国人民银行可以从哪些方面对银行业进行监管？

中国人民银行对银行的监管体现在以下三个方面：

（1）直接检查监督权。中国人民银行监督管理银行间同业拆借市场、银行间债券市场、银行间票据市场、银行间外汇市场和黄金市场及上述市场的有关衍生产品交易。

（2）建议检查监督权。中国人民银行根据执行货币政策和维护金融稳定的需要，可以建议国务院银行业监督管理机构对银行业金融机构进行检查监督。

（3）在特定情况下的检查监督权。中国人民银行根据履行职责的需要，有权要求银行业金融机构报送必要的资产负债表、利润表以及其他财务会计、统计报表和资料。

No.7　我国的银行自律组织是什么？

我国的银行业自律组织是中国银行业协会。中国银行业协会成立于2000年5月，是经中国人民银行和民政部批准成立，并在民政部登记注册的全国性非营利社会团体。2003年中国银监会成立后，中国银行业协会主管单位由中国人民银行变更为中国银监会。2018年3月，中国银行保险监督管理委员会成立后，中国银行业协会主管单

位由中国银监会变更为中国银行保险监督管理委员会。

No.8 中国银行业协会的职能是什么?

中国银行业协会的职能:以促进会员单位实现共同利益为宗旨,履行自律、维权、协调、服务职能,维护银行业合法权益,维护银行业市场秩序,提高银行业从业人员素质,提高为会员服务的水平,促进银行业的健康发展。

> **练一练**
>
> (单选题)下列选项中关于中国银行业协会的说法错误的是( )。
> A. 是我国的银行业自律组织
> B. 在民政部登记注册的全国性营利社会团体
> C. 成立于 2000 年
> D. 主管单位为国务院银行业监督管理机构
> **答案:B**

Day 86
资本监管

> 本节课，我们将学习银行资本监管，深入了解国际银行资本监管规则及我国银行资本监管制度。

No.1 什么是监管资本？

监管资本涉及两个层次的概念：一是银行实际持有的符合监管规定的合格资本；二是银行按照监管要求应当持有的最低资本量或最低资本要求。

合格资本是指按照监管规定，银行根据自身情况计算得出的资本数量。最低资本要求则是监管规定的，用于覆盖银行面临主要风险损失所必须持有的资本数量。

No.2 国际银行资本监管标准是什么？

国际银行资本监管标准是《巴塞尔资本协议》。

No.3 第一版《巴塞尔资本协议》的具体内容是什么？

1988年，第一版《巴塞尔资本协议》出台，确立了资本充足率监管的基本框架，第一次在国际上明确了资本充足率监管的三个要求，即监管资本定义、风险加权资产计算和资本充足率监管要求。

第一版《巴塞尔资本协议》的出台，主要有如下三方面的作用：

第一，统一了监管资本的定义。第一版《巴塞尔资本协议》将监管资本划分为核心资本和附属资本两个层次。核心资本主要包括实收资本（或普通股）和公开储备（资本公积、盈余公积、留存利润、股票发行溢价）。附属资本主要包括非公开储备、重估储备、普通准备金、混合资本工具和长期次级债务等。

第二，建立了资产风险的衡量体系。第一版《巴塞尔资本协议》主要关注信用风险，根据银行资产风险水平的大小分别赋予不同的风险权重，共分为0、10%、20%、50%、100%五个档次。资产的账面价值与相应的风险权重相乘，计算出风险加权资产，综合反映资产的风险水平。

第三，确定了资本充足率的监管标准。资本充足率为资本与风险加权资产的比值。第一版《巴塞尔资本协议》规定商业银行资本充足率不得低于8%，核心资本充足率不得低于4%。

练一练

（单选题）根据第一版《巴塞尔资本协议》的规定，下列选项属于附属资本的是（　　）。

A. 重估储备、一般准备、资本公积

B. 一般准备、混合资本债券、少数股权

C. 重估储备、盈余公积、少数股权

D. 重估储备、混合资本工具、长期次级债务

答案：D

No.4　第二版《巴塞尔资本协议》与第一版相比，有哪些变化？

2004年，第二版《巴塞尔资本协议》发布。与第一版《巴塞尔资本协议》不同的是，第二版《巴塞尔资本协议》构建了"三大支柱"的监管框架，扩大了资本覆盖风险的种类，改革了风险加权资产的计算方法。

第一支柱是最低资本要求。第二版《巴塞尔资本协议》明确商业银行总资本充足率不得低于8%，核心资本充足率不得低于4%，资本要全面覆盖信用风险、市场风险和操作风险。

第二支柱是监督检查。监管当局要对银行的风险管理和化解状况、所处市场的性质、收益的有效性和可靠性等因素进行监督检查，以全面判断该银行的资本是否充足。

第三支柱是市场纪律。第三支柱又称市场约束、信息披露，是对第一支柱和第二

支柱的补充。第二版《巴塞尔资本协议》要求市场对金融体系的安全进行监管，要求银行及时公开披露包括资本结构、风险敞口、资本充足率、对资本的内部评价机制以及风险管理战略等在内的信息，披露的频率为至少一年一次。

No.5 第三版《巴塞尔资本协议》包括哪些方面的内容？

2010年12月16日，巴塞尔委员会发布了第三版《巴塞尔资本协议》的最终文本。主要包括三方面的内容：

第一，强化资本充足率监管标准。第三版《巴塞尔资本协议》引入了资本留存缓冲，提升银行吸收经济衰退时期损失的能力，建立与信贷过快增长挂钩的反周期超额资本区间，对大型银行提出附加资本要求，降低"大而不能倒"带来的道德风险。

第二，引入杠杆率监管标准。杠杆率一般是指权益资本与资产负债表中总资产的比率。高杠杆率意味着在经济繁荣阶段，金融机构能够获得较高的权益收益率，但当市场发生逆转时，将会面临收益大幅下降的风险。通过引入杠杆率，使得资本扩张的规模控制在银行有形资本的一定倍数之内，有利于控制商业银行资产负债表的过快增长。

第三，建立流动性风险量化监管标准。为了加强流动性管理，降低银行体系的流动性风险，第三版《巴塞尔资本协议》引入了流动性监管指标，包括流动性覆盖率和净稳定资产比率。流动性覆盖率是指优质流动性资产储备与未来30日的资金净流出量之比，净稳定资金比率是指可用的稳定资金与业务所需的稳定资金之比，这两个比率的标准均为大于100%。

练一练

（单选题）《巴塞尔资本协议》将（　　）作为确保银行稳健经营、安全运行的核心指标。

A. 资本利润率　　　B. 资本充足率　　　C. 权益报酬率　　　D. 资产报酬率

答案：B

No.6 我国的银行业资本监管制度是什么？

原中国银监会坚持国际标准与中国国情相结合、第二版《巴塞尔资本协议》和第三版《巴塞尔资本协议》统筹推进的思路,研究了新的银行资本监管体系。原中国银监会于 2012 年 6 月发布了《商业银行资本管理办法(试行)》,这标志着我国资本监管制度在更高层次上实现了与国际标准接轨。

No.7 什么是资本充足率?

资本充足率指商业银行持有的符合监管规定的资本与风险加权资产之间的比率。

资本充足率=(总资本-对应资本扣减项)/风险加权资产×100%

一级资本充足率=(一级资本-对应资本扣减项)/风险加权资产×100%

核心一级资本充足率=(核心一级资本-对应资本扣减项)/风险加权资产×100%

其中:风险加权资产包括信用风险加权资产、市场风险加权资产、操作风险加权资产;商业银行总资本包括核心一级资本、其他一级资本、二级资本。

No.8 什么是核心一级资本?

核心一级资本是银行资本中最核心的部分,承担风险和吸收损失的能力也最强。核心一级资本主要包括实收资本或股本、资本公积、盈余公积、一般风险准备、未分配利润和少数股东资本可计入部分。

No.9 什么是其他一级资本?

其他一级资本与核心一级资本相比,承担风险和吸收损失的能力相对差一些,主要包括其他一级资本工具及其溢价和少数股东资本可计入部分。在银行实践中,其他一级资本主要包括符合条件的优先股、永续债等。

练一练

(单选题)下列选项中,不属于商业银行核心一级资本项目的是( )。

A. 重估储备　　　B. 未分配利润　　　C. 盈余公积　　　D. 资本公积

答案:A

No.10 什么是二级资本?

一级资本工具的目标是在持续经营前提下吸收损失,而二级资本目标是在破产清算情况下吸收损失，承担风险与吸收损失的能力相对更差，主要包括二级资本工具及其溢价、超额贷款损失准备、少数股东资本可计入部分。在银行实践中，二级资本工具主要包括符合条件的次级债、可转债及符合条件的超额贷款损失准备金等。

No.11 资本扣除项包括什么？

计算资本充足率时，商业银行应当从核心一级资本中全额扣除一些不具备损失吸收能力的项目，主要包括商誉、其他无形资产（土地使用权除外），以及由经营亏损引起的净递延税资产、贷款损失准备缺口等。

No.12 我国资本监管要求可划分为哪几个层次？

参考第三版《巴塞尔资本协议》的规定，我国资本监管要求划分为以下四个层次：

第一层次是最低资本要求。核心一级资本充足率、一级资本充足率和资本充足率分别为5%、6%、8%（我国对核心一级资本充足率的要求高于第三版《巴塞尔资本协议》规定的4.5%）。

第二层次是储备资本要求和逆周期资本要求。储备资本要求为2.5%，逆周期资本要求为0~2.5%，均由核心一级资本来满足。

第三层次是系统重要性银行附加资本要求。国内系统重要性银行附加资本要求为1%，由核心一级资本满足。若国内银行被认定为全球系统重要性银行，所适用的附加资本要求不得低于巴塞尔委员会的统一规定。

第四层次是第二支柱资本要求。确保资本充分覆盖所有实质性风险。

根据《商业银行资本管理办法（试行）》的规定，正常时期我国系统重要性银行和非系统重要性银行的资本充足率要求分别为11.5%和10.5%。

练一练

（单选题）下列不属于二级资本包括的内容的是（　　）。

A. 二级资本工具及其溢价　　　　B. 超额贷款损失准备

C. 少数股东资本可计入部分　　　D. 实收资本

答案：D

第十一章 安全保卫

安全是开展一切工作的前提。我们应该意识到，安保不仅是银行的责任，也是我们每一位员工的责任。

Day 87
安保知识

作为银行员工,我们每个人都有责任和义务保障自己、他人和银行的生命财产安全,营造一个安全的工作环境。掌握一些基本的安保知识有助于我们遇事不慌乱,保护自身安全。

No.1 营业前网点员工要做好的"七项检查"是什么?

(1)检查门、窗、保险柜有无异常;

(2)检查防护门及防护栏是否牢固;

(3)检查报警器、电话是否良好,电视监控设备是否处于开启状态,是否运行正常;

(4)检查防卫器材有无丢失、损坏,放置位置是否得当;

(5)检查前日的安全情况是否详细记载,对发生的问题有无报告和处理;

(6)检查款箱的锁和封条有无启动;

(7)检查保安员是否按时到岗。

No.2 营业期间网点员工应落实的"七项要求"是什么?

(1)临柜员工应保持高度警惕,发现异常现象按照预案分工立即采取有效的防范措施;

(2)禁止无关人员进入柜台内,因公需要进入柜台内的,必须按规定办理进入手续;

(3)联动门随时处于锁闭状态,钥匙应由专人保管、使用;

（4）柜台外严禁放置木棒、砖、石、铁器等便于犯罪分子作案行凶的物品；

（5）临柜人员应能熟练使用报警设备，熟记保卫部门及公安报警电话；

（6）成捆的大额现金应锁入保险柜，保险柜的钥匙应拔下，密码应打乱；

（7）在岗保安人员应按规定要求对办公营业场所、门前及 ATM 进行认真巡查，维护安全营业秩序。

No.3 营业后网点员工要落实的"七个必须"是什么？

（1）严格执行营业终了"三不留"（钱、章、证）规定，抽屉及保险柜等全部上锁；

（2）在未确认款车及押运员、携款员真伪前，不得办理款箱交接；

（3）查看当日监控，员工、客户、其他人员的行为举止是否一切正常；

（4）做好安全消防巡查，必须切断电源、火源，熄灭火种，关好窗户；

（5）填写好营业网点每日安全巡查情况登记簿；

（6）将有关技防设施置于布防状态；

（7）将大门落锁并查看是否锁牢；

No.4 营业网点员工防诈骗"三问二看一核对"是指什么？

"三问"：一问客户转出资金用途，二问是否知晓收款人情况，三问是否了解接收账户信息。

"二看"：一看前来办理业务的客户神色是否慌张、举止是否反常，二看客户是否持续接听电话。

"一核对"：核对办理业务的客户所留信息是否合理。

No.5 营业期间，如遇歹徒抢劫等突发事件或意外情况，要按应急预案进行果断处置，主要做到几点要求？

首先是保护自己，其次是保护现金，及时报警，尽量与歹徒周旋，为警方争取时间，做好应对准备。

No.6 如遇火灾，电话报警的要点有什么？

第一，说明发生火灾的详细地址，街道名称、门牌号码、靠近何处、周围有何明显建筑或单位，高层建筑要说明起火楼层；第二，说明起火物品，以便消防部门根据情况派出车辆；第三，说明火势情况，如是否冒烟、着火面积、有无被困人员等；第四，说明报警人员姓名及电话号码；第五，如有条件，应派人到路口等候消防车。

No.7　火灾初起时应采取什么方法扑救？

（1）发生火灾后，应大声呼喊救援并迅速拨打"119"火警电话；

（2）不要盲目打开门窗，以免空气对流，造成火势扩大蔓延；

（3）扑灭火苗可就地取材，如用灭火器灭火或使用沙土、湿毛毯、棉被等物品覆盖火焰灭火；

（4）及时组织人员用脸盆、水桶等传水灭火，或利用楼层内的消火栓灭火；

（5）着火处附近的可燃物要及时转移到安全的地方；

（6）可移动物品着火，可视情况将着火物品搬到室外灭火；

（7）电器着火，要先切断电源后再灭火。

No.8　火灾逃生应遵循的"三要"和"三不"原则是什么？

"一要"熟知周围环境。平日多注意观察，对住所楼梯、大门、紧急疏散出口等了如指掌，了解门锁结构，知道如何开关窗，紧急情况下，可以用椅子或其他坚硬的物品砸碎窗户上的玻璃。

"二要"保持沉着冷静。面对大火，一定要保持沉着和冷静，采取果断措施，保护自身和他人的安全，将财产损失降到最低限度。开门前应先触摸门，若门已发热或烟雾已从门缝中渗透进来，则不能开门；若门不热，则打开一个缝隙，迅速通过，随后立即将门关上。

"三要"警惕烟毒侵害。火灾中最大的杀手是有毒烟雾，应用湿毛巾捂住口鼻，尽快撤离火场；若火势过大过猛，出口通道已被浓烟堵住，且无其他逃生路线，可覆盖湿棉被或湿衣物，贴近地面，匍匐通过浓烟密布的走廊或房间。

"一不"乘坐电梯。火灾可能会导致停电，乘坐普通电梯非常危险。

"二不"轻易跳楼。跳楼求生的风险极大，不可轻取。若被困在二楼，可先向楼下抛掷棉被或床垫等物品，然后双手抓住窗沿，身体下垂，双脚落地跳下；若被困三楼以上，切勿盲目跳楼。

"三不"贪恋财物。火灾 10 分钟后便进入猛烈阶段，因此如遇火灾，须迅速疏散逃生，千万不可贪恋财物，耽误逃生时间。

No.9 营业网点保安人员未经允许不得从事哪些活动？

营业网点应加强对保安人员的制度约束，未经允许，保安人员不得从事下列活动：一是出入营业柜台内厅、金库、保管箱库、机房、ATM 加钞间等重要区域；二是参与提携运钞箱，接触营业网点的各种钥匙、贵重物品、现金、重要凭证等；三是代替银行员工打开重要区域的门锁；四是代替银行员工布防、撤防，操作监控报警设施；五是直接或间接参与值守营业网点的业务经营活动。

No.10 单位内部治安保卫机构、治安保卫人员应当履行哪些职责？

一是开展治安防范宣传教育，落实本单位的内部治安保卫制度和治安防范措施；二是根据需要，检查进入本单位人员的证件，登记出入的物品和车辆；三是在单位范围内进行治安防范巡逻和检查，建立巡逻、检查和治安隐患整改记录；四是维护单位内部的治安秩序，制止发生在本单位的违法行为，如遇难以制止的违法行为和发生的治安案件、涉嫌刑事犯罪案件，应当立即报警，并采取措施保护现场，配合公安机关的侦查、处置工作；五是督促落实单位内部治安防范设施的建设和维护。

第十二章　办公规范

除了学习专业知识,我们还应该掌握一些基本的办公要求和办公技能,以便在遵守规则的同时更高效地完成工作。

Day 88 公文写作及公文处理

作为银行员工,应掌握基本的公文处理知识。今天,就让我们共同学习一下吧!

No.1 公文种类主要有哪些?分别适用于哪些事项?

(1)决议。适用于会议讨论通过的重大决策事项。

(2)决定。适用于对重要事项作出决策和部署、奖惩有关单位和人员、变更或者撤销下级单位不适当的决定事项。

(3)公告。适用于宣布重要事项。

(4)通告。适用于在一定范围内公布应当遵守或者周知的事项。

(5)意见。适用于对重要问题提出见解和处理办法。

(6)通知。适用于发布内部规章制度,发布、传达要求下级单位执行、有关单位周知或者执行的事项,转发公文,以及任免和聘用干部。

(7)通报。适用于表彰先进、批评错误、传达重要精神或告知重要情况。

(8)报告。适用于向上级单位汇报工作、提出建议、反映情况,回复上级单位的询问。

(9)请示。适用于向上级单位请求指示、批准。

(10)批复。适用于答复下级单位请示事项。

(11)议案。适用于向党委会、行长办公会、股东大会、董事会、监事会和各专业委员会提请审议事项。

(12)函。适用于不相隶属单位之间商洽工作、询问和答复问题、请求批准和答复审批事项。

（13）纪要。适用于记载会议主要情况和议定事项。

会议通知的一般格式

关于召开××××× 会议的通知

×××（主送单位）：

　　为了×××××（目的），根据×××××（依据），××××（主办单位）决定于××××年××月××日在×××（地点）召开××× 会议。现将有关事项通知如下：

　　一、会议内容：×××××

　　二、参会人员：×××××

　　三、会议时间：×××××

　　四、会议地点：×××××

　　五、其他事项：

　　附件：1.×××××

　　　　　2.×××××

（通知制发单位、印章）

××××年××月××日

请示的一般格式

×××（公司）关于×××××（事由）的请示

×××（主送单位）：

　　为了×××××（目的），根据×××××（依据），我单位拟×××××（意图主旨）。现将有关情况和我们的意见报告如下：

　　一、×××××（情况）

　　二、×××××（请示事项的必要性和可行性及其意义）

　　三、×××××（具体方案和请示事项）

　　妥否，请批示。

（印章）

××××年××月××日

> 会议纪要的一般格式
>
> ×××××会议纪要
>
> （第 × 期）
>
> ×××（制发单位）　××××年××月××日
>
> 　　××××年××月××日，××同志主持召开×××××会议，××、××等同志（领导）参加了会议。××同志传达了×××××精神，通报了×××××有关工作情况，并作了重要讲话；会议听取了××关于××××工作情况汇报，讨论了×××××；审议了《×××××》《×××××》等×项×××××。
>
> 　　会议认为，×××××。
>
> 　　会议强调，×××××。
>
> 　　会议指出，×××××。
>
> 　　会议经过审议，议定以下事项：
>
> 　　×××××（例如，会议根据×××××，审议并原则通过了《×××××》《×××××》等，并责成××根据与会同志提出的修改意见作进一步完善，按程序报批后下发；会议还根据×××××要求，就解决×××××等问题提出了意见……）
>
> 　　出席：×××（单位）××（姓名）、×××（单位）××（姓名）、×××（单位）××（姓名）
>
> 　　分送：×××、×××、×××

No.2　向上级单位行文应遵循哪些规则？

（1）原则上主送一个上级单位，根据需要同时抄送相关上级单位和同级单位，不抄送下级单位。

（2）向上级主管部门请示、报告重大事项，应当经本级主要领导同意或者授权；属于部门职权范围内的事项直接报送上级主管部门。

（3）下级单位的请示事项，如需以本单位名义向上级单位请示，应当明确提出倾向性意见，不得原文转报上级单位。

（4）请示应当一文一事，不得在报告等非请示性公文中夹带请示事项。

（5）除上级单位负责人直接交办事项外，不得以本单位名义向上级单位负责人报送公文，不得以本单位负责人名义向上级单位报送公文，一份公文原则上只能有一个主送单位。

（6）受双重领导的单位向一个上级单位行文，必要时抄送另一个上级单位。

No.3　向下级单位行文应遵循哪些规则？

（1）主送受理单位，根据需要抄送相关单位。

（2）涉及多个部门职权范围的事务，部门之间未协商一致，不得向下行文；擅自行文的，上级单位应当责令其纠正或者撤销。

No.4　标准公文字体是如何规定的？

（1）文件标题：使用"方正小标宋简体二号字"；

（2）文件正文：使用"仿宋_GB2312三号字"；

（3）正文一级标题：使用"黑体三号字"；

（4）正文二级标题：使用"楷体_GB2312三号字"；

（5）结构层次序数依次用"一、""（一）""1.""（1）"标注。

No.5　发文的流程和主要要求是什么？

（1）起草。发起人起草正文，上传所需附件，确定主送和抄送单位范围，提交发起单位负责人审核。

（2）审核。发文单位负责人对公文的内容进行审阅，涉及多个部门职责的需发起会签。

（3）会签。起草单位发起会签，征求关联部门或者单位的意见。会签部门提出会签意见，发起单位根据会签意见进行修改。

（4）核稿。发起单位负责人审核通过的公文，由办公室对公文的审批流程、内容、文种和格式等进行复核，经审核不宜发文或需作进一步研究和修改的，应当退回起草单位并说明理由。

（5）签批。完成核稿后，由办公室送相关领导审核签发。

（6）印发。确保公文印发的质量和时效，电子公文应对文字、格式、发送范围进行检查，纸质公文还应对印刷质量进行检查，审核无误后，按照印发范围分发。

（7）归档。登记发文目录，底稿的纸质版和电子版同时存档备查。

No.6　收文的流程和主要要求是什么？

（1）签收。逐件清点收到的公文，核对无误后签字或者盖章，注明签收时间。

（2）登记。详细记载公文的主要信息，需要报送的事项应标明报送时限。

（3）拟办。拟办意见是领导批办文件的重要参考依据。

（4）批办。本单位主要领导和分管领导应对该文件在本单位的办理情况提出明确要求：

① 对有具体请示事项和办理要求的，应当明确签署办理意见。

② 需要两个以上部门办理的，应当明确主办和会办部门。

③ 对有办理时限要求的，应当明确具体承办人及办理期限。

（5）承办。承办部门对交办的公文应当及时办理，不得推诿、延误。

① 承办部门主要负责人应明确签署办理意见，包括承办人、时限要求和办理结果，不得简单签署"已阅、已学、已办"等字样。

② 按照公文办理时限要求办结，确有困难的，应提前说明。

③ 认为不属于本单位职责范围或不宜由本单位办理的，须经批办人同意后进行重新批办。

（6）传阅。文件的阅读范围要适当，根据领导批示意见、公文内容和工作需要界定主办、会办部门和阅知范围，做到"应读尽读、应学尽学"，保证文件精神在全体员工中传递到位。

（7）督办。及时了解掌握公文的办理进展情况，督促承办部门按期办结，紧急、重要公文要有专人督办。

（8）答复。公文的办理结果应当及时答复来文单位，并根据需要告知相关单位。

Day 89
商务礼仪及工作要求

> 除了掌握公文处理技巧,银行员工在工作中还应遵循基本的着装规范和礼仪规范,了解会议相关事宜。除此之外,对于工作中涉及、了解的重要信息一定要注意保密,这是银行员工最基本的职业道德。

No.1 银行人员应遵循哪些着装规范?

银行工作人员在上班期间都着工装,但一些特殊场合,如外出拜访客户、参加相关活动时,会有一些着装的要求,现将一些注意事项和大家分享。

(1)着西装的"三个注意"

一要注意长度。穿上西服后,衣长在臀部下缘或是手自然下垂后大拇指尖端为宜;裤长也建议露出鞋面为宜;袖子的长度在手掌虎口处为宜。二要注意颜色。颜色选择深灰色、藏青色、蓝黑色等深颜色为宜,在商务场合一般不穿纯黑色的西服。女士的西服颜色可以亮丽些,鲜亮的颜色可以衬托女性的柔美,深色的衣服给人冷酷、不随和的感觉。三要注意搭配。男士上衣和裤子是一套为宜;女士西服外套配长裤或裙子或是套裙为宜。如果穿休闲西服,裤子最好要修身。

(2)着衬衣的"两个注意"

一要注意长度。衬衫袖子露在西装袖口外一厘米为宜;衬衣放在裤子里面为宜。二要注意颜色。衬衣与西服颜色协调为宜;男士选择沉着、稳重的颜色为宜(蓝色和白色是比较常用的颜色),女士选择白色、黄白色、米色为宜。

(3)戴领带的"两个注意"

一要注意长度。系好的领带的下端至少在皮带之上为宜。二要注意款式。图案以格子、条纹、斜纹为宜；颜色以深色系为宜；如果配领带夹时，要戴在衬衣的第四五粒纽扣之间，使领带与衬衣相对固定。

（4）口袋的"两个注意"

一是上衣口袋要注意，西装的前襟口袋，放装饰性袋巾为宜；外侧口袋不放东西为宜；内侧的口袋放钢笔、钱夹、手机为宜；二是西服裤子口袋要注意，西装裤子的两个侧袋放钥匙、手机为宜；后面的口袋是装饰性口袋，不放东西为宜。

（5）扣子的"两个注意"

一是西服外套扣子要注意，不要系上西服外套的最后一颗纽扣为宜；穿着三颗纽扣的西装时，扣上最上面和中间的扣子，或只扣中间一颗为宜；二是西服背心扣子要注意，如果里面穿着西装背心，应将上衣的三颗扣子全部解开，西装背心最底下的一颗纽扣不扣上为宜。

（6）着鞋袜的"两个注意"

一要注意皮鞋以干净为宜；袜子以深颜色、长袜为宜。二要注意女士以穿包脚面的鞋为宜，如果穿露脚面的鞋，不穿袜子为宜。女士穿裙子时，配穿长筒或连裤丝袜，以肉色或黑色为宜。

（7）佩戴腰带的"两个注意"

一是要注意不要露富，不要把所有东西都放在腰带上。二是要注意质地，皮质地更实用，其他的材质建议不要穿西服时佩戴。

（8）佩戴配饰的"两个注意"

一要注意搭配，珍珠、黄金、钻石尽量不混搭。二要注意数量，控制在合适的范围内即可，不能太夸张。

（9）色彩搭配的"两个注意"

一是要注意遵循"三色原则"，即全身的颜色控制在三种颜色以内为宜。二是要注意遵循"三一定律"，是指鞋子、腰带、公文包的颜色要统一，黑色或者同色为宜。

（10）携带公文包的"两个注意"

一是注意色彩搭配，黑色是百搭色，其他颜色最好与西服的颜色是同一色系。二是注意少放物品，公文包只放一些简便的随身物品为宜。

No.2 银行人员应掌握哪些礼仪规范？

（1）引导礼仪

① 在走廊的引导方法。接待人员在客人二三步之前，配合步调，让客人走在内侧。

② 在楼梯的引导方法。当引导客人上楼时，应该让客人走在前面，接待人员走在后面，若是下楼时，应该由接待人员走在前面，客人在后面，上下楼梯时，接待人员应该注意提醒客人注意安全。

③ 在电梯的引导方法。引导客人乘坐电梯时，接待人员先进入电梯，按住按钮，等客人进入后关闭电梯门，到达时，接待人员应请客人先出电梯。

（2）电话礼仪

① 接听电话时：

接到电话后的第一句话应该是自报家门——介绍你所在的银行和你自己的名字，让对方知道是谁在跟他对话。当对方打来电话时首先应该说：

"您好，××银行，请问有什么需要帮助的吗？"

② 拨打电话时：

电话谈话应该简洁有效、条理清晰、目标明确、直奔主题，确保不是闲聊而浪费对方的时间，最好事先打好腹稿，这样才能将谈话引导到目标达成上。

③ 挂断电话时：

挂断电话的先后顺序为"地位高者先挂电话"。在挂机之前，如果给了对方承诺，要限定承诺兑现的时间，并且给自己多预留一点时间，尽量提前而不是卡点兑现承诺。

（3）乘车礼仪

① 座次礼仪

双排、三排座的小型轿车，如果由主人亲自驾驶，一般前排为上，后排为下。

如果由专职司机驾驶，通常后排为上，前排为下；以右、中为"尊"。

多排座的中型轿车。无论由何人驾驶，均以前排为上，后排为下，右高左低。

② 上下车顺序

上下轿车的先后顺序通常为：尊长、来宾先上后下，陪同人员后上先下，即请尊长、来宾从右侧车门先上，陪同人员从车后绕到左侧车门上车；下车时，陪同人员先下，协助尊长或来宾开启车门。坚持尊长为上、女士优先的原则。

（4）握手礼仪

被介绍后，最好不要立即主动伸手，要注意主人、长辈、上司、女士主动伸出手后，客人、晚辈、下属、男士再相迎握手。

握手一定要用右手握手，标准的握手姿势应是平等式，用手掌或者手指用一点力握住对方的手掌，时间通常以3秒钟左右为宜。

No.3　作为会议组织者，召开会议前应做好哪些准备？

无论大小会议，作为会议的组织者，都要事先做好会务准备工作，要做到严密周到、统筹安排。一般主要包括以下事项：

（1）确定会议主题：一般情况下，会议主题由会议召开者确定，会议的主办部门应根据议题做好准备工作。

（2）会议准备：包括明确会议筹备意见、协调会议日程及时间、预定会议室、准备领导讲话、准备会议文件、确定参会名单、发布会议通知等工作。

（3）落实参会人员：与参会人员联系，是否发言及发言材料，安排会议流程。

（4）布置会场：座位安排，放置席位卡，安排会场的照明、音响、网络、投影设备，以及放置茶水、饮料，准备签到簿。

（5）会议现场服务：提前到会场准备，调试各类会议设备，做好会议签到，掌握会议出席情况。会议中做好拍照、录音、录像记录，做好会议笔记记录工作。

No.4　会议的后续工作包括哪些？

会议结束后，应做好以下工作：

（1）会议宣传工作。需要对外宣传的重要会议，要准备好会议新闻稿，及时发布会议新闻。需要通报的内部会议，也应准备会议内容的报道，在内网或内刊及时发布。

（2）会议纪要。每次会议都应形成会议纪要。会议纪要要素包括会议时间、地点、主持人、参加人员、议题及会议议定内容。会议纪要要准确反映会议议定的内容，完全忠实于会议议定的事项。表述要清楚，文字要简练，逐条明确列出议定结果。会议纪要发送出席会议的人员和相关部门。根据工作需要，经会议主持人批准，可扩大发送范围。

（3）会议决议事项办理。要加强对会议决议事项贯彻落实情况的检查与督办。

（4）整理保存会议资料。对会议的资料都要进行收集整理归档备查。会议资料主要包括会议方案、会议通知、会议文件、参阅材料、会议记录、会议纪要等。

No.5　会议纪律包括哪些？

（1）要严格按照会议通知要求参加会议。

（2）增加或变更参会人员，应提前告知会议组织部门，不得在会议中变更人员，与会议无关人员不得自行进入会场。

（3）参会人员应提前进入会场，按照指定位置就座。不能按时参加会议时，应提前请假。

（4）会议期间，参会人员要关闭各种通讯工具，不会客、不处理其他公务。

（5）参会人员应严格遵守保密纪律，会后需传达的会议内容要严格按照会议的要求进行传达，不得泄露需要保密的会议内容和议定事项。

No.6　我国《保密法》规定国家秘密包括哪几个等级？

我国《保密法》规定，国家秘密分为"绝密""机密""秘密"三个等级。

绝密：最重要的国家秘密，泄露后会使国家的安全和利益遭受特别严重的损害。

机密：重要的国家秘密，泄露后会使国家的安全和利益遭受严重的损害。

秘密：一般的国家秘密，泄露后会使国家的安全和利益遭受损害。

No.7　银行工作中的涉密信息的内容有哪些？

银行工作涉密信息主要包括：重大财务重组、并购和股本募集与股权投资的相关方案和实施计划，可能引起股票价格大幅波动的敏感信息；涉及客户、员工的群体性上访事项的处理信息及相关内容；金库安全防范措施、守库人员名单、武器装备分布情况；涉及业务经营的重要数据等。

No.8 可能的泄密途径有哪些?

近年来,随着涉密信息载体的增多,我国泄密渠道日益多样化。当前泄密途径主要有:(1)门户网站泄密。一些政府、银行、机构网站将涉密信息挂在互联网上,成为"公开的秘密"。(2)计算机木马病毒盗取资料。有些木马病毒会通过U盘自动搜索并将计算机内的文件存储在U盘内,当U盘再插入连接互联网的计算机上时,就会自动将存储的文件发送到特定的地址。(3)网络入侵。如利用系统漏洞、浏览器漏洞、数据库漏洞、办公软件和其他应用程序漏洞,进行网络入侵等。(4)涉密文件在起草、审核、印制、流转、销毁过程中泄密。(5)涉密文件丢失。由于保管不善,或违规将涉密文件带出办公室,造成涉密文件丢失。

第十三章 扬帆远航

不知不觉,已接近尾声。不知道经过这段时间的学习,你有什么收获和体会呢?一分耕耘,一分收获。愿你在今后的工作中继续努力,乘风破浪,扬帆远航!

Day 90
"小白"升职记

> 各位伙伴大家好，恭喜你即将学完 90 天的内容，最后一天我们精心策划了一场"小白升职记"访谈活动，邀请天津滨海农商银行的优秀年轻干部和大家分享他们的"职场秘籍"。希望他们分享的经验和心得能让你有所思，有所悟，有所进步。

主持人：大家好，今天我们请到了爻爻、彬彬、乐乐和阿意来到"小白升职记"访谈活动的现场，今天他们将和新员工们聊聊他们成长的故事。首先有请爻爻，我来介绍一下，爻爻，2012年毕业于天津财经大学劳动与社会保障专业，同年8月进入天津滨海农商银行工作，在第七个年头，被任命为人力资源部薪酬与劳动关系团队经理，曾被评为总行级优秀党员。欢迎爻爻，请问你入行时就在人力资源部工作吗？

爻爻：大家好，其实我到人力资源部纯属意外，2012年8月正式入职前，我们那批新员工在大四时被安排到总行和支行轮岗实习，我被分到了基层网点宁发支行。考虑到初入职场，工作有太多的不确定性，我当时对于自己的职业规划，并没有投入太多的精力，我的状态是"听安排"，做好准备从基层最基础的岗位一步步做起。所以即使是实习阶段，我也能够全身心地投入，珍惜每一个学习的机会，认真学习业务知识，做好会计主管交代的每一项工作。虽然有些工作简单重复，但我知道柜面运营的每一项工作都需要认认真真做好，不出纰漏。大概两个月后，我接到会计主管的通知，转天要到总行人力资源部报到。会计主管说她很认可我的工作，本想通过联系总行，将来我们这拨新员工分配，希望总行能够把我留在宁发支行，没想到这个电话打过去，我转天就被安排到总行报到了。会计主管开玩笑地说，早知道不打这个电话啦。调到总行和留在支行工作并没有高低之分，只是人生的一次意料之外的转折，朝着另外一条路去发展。每每回想起这件事，我的心里都是温暖的。我很感恩每一分努力都会被看到、被认可。我们要做的就是踏踏实实工作。

主持人： 那么现在你有了这样的人生转折，你的职业规划又是什么？

爻爻： 其实这个问题我也反复问过我很多次，但是我觉得不能每天只是想着升职加薪，要拿出真本事，才能得到认可，但行好事，莫问前程，人生路漫长，边走边看，水到渠成。我一直用这句话激励自己，也分享给正在迷茫的新员工们。

主持人： 爻爻，刚入行的时候，很多人都经历过"打杂"阶段，你有过这样的经历吗？

爻爻： 在最初的几个月里，我的主要工作是复印、复核、联络以及会务工作。这可能是每一个初为职场人都要经历的"打杂"阶段。现在工作8年了，看似简单重复的工作却为以后打下了坚实的基础，最初的工作统筹能力以及严谨细致的工作态度都是从那个时候培养的。如果你还不知道如何使用打印机制作小册子，如果你还不能快速地调整出公文格式，如果你还不能熟练使用Excel，如果你还不知道会议的座次如何安排，而你仍在抱怨工作的技术含量，抱怨我是一个研究生，为什么只安排我做这些琐碎的工作，那么就是你"眼高手低"了。"一屋不扫，何以扫天下"，和大家分享的一句话就是"登高必自卑，行远必自迩"，做好每一件小事，体会每一份成长。

主持人： 谢谢爻爻的精彩分享。听了爻爻的经历，相信小伙伴们应该感受到了只有踏实地做好自己，做好工作，才能有一天被发现、被认可、被重用，我们要向爻爻学习。

接下来有请分享嘉宾彬彬。他2007年毕业于西南政法大学，历经综合柜员、国际部职员、客户经理等岗位，2012年被提拔为国际部经理助理，现为分行行长。请问彬彬，你觉得在你成长的经历中，对你帮助最大的点是什么？

彬彬： 大家好，我觉得是保持终身学习的习惯。走出校园，步入社会，不是学习的终结，而是终身学习的另一个起点。系统性的全日制学习让我们每一位形成了自我的学习方法，步入职场后，应运用自己的学习方法进行终身持续学习。有人会问"为什么学？学什么？怎么学？"，下面我就和大家分享一下我的一些心得。

"为什么学"其实早有答案，我们的生命有限，但历史长河所积累的知识无限。通过持续的学习，不断丰富自我，无论是对工作还是生活都有益处。

"学什么"主要是学习工作和生活的知识，学习自己的兴趣领域和自身的短板。

这样我们能将有限时间进行较好的配置。当然，学习本身就是一个习惯，也应配置一小部分时间，天马行空地学习。

学的内容大方向是经济的知识、财务的知识、金融的知识和原理都要了解。例如，作为一名客户经理，既要了解相应的财务知识、经济的周期、信贷的周期，了解企业、各个行业的生产经营，还要了解证券、基金、期货等相关行业的知识，要经常看一些与岗位相关、与经营相关、较为前沿的东西，立足岗位学一些岗位相关全链条的知识，不断丰富自己头脑。

"怎么学"，一是有目标、针对性地进行学习。假设你被单位调换至一个新的岗位，你可能对新岗位的专业知识很陌生，这时候需要结合你本岗位工作内容进行针对性的学习，例如可以借助"百度词条"进行相关搜索学习，内容丰富且专业。还要制定阶段性的学习目标。工作中，有很多方式可以提升自己，但阶段性制定学习目标会使你的学习有连贯性，举例来说，大家可以要求自己在3~5年内学习更多经济领域的专业知识，或者可以进行在职学历提升，来提升自己。二是系统的学习。大家日常工作非常繁忙，加之学习本身也是一件很辛苦的事情，那么你在工作中会发现有一些技能是你之前没有接触的或者不熟悉的，这个时候会驱动你去系统地学习。记得我在做客户经理的时候，定期需要做数据分析，经常要用到Excel软件，但是有些功能我真的不熟练，所以我选择利用业余时间去报补习班，当然现在网上有很多学习的途径，大家都可以去学习，这样系统的学习方法就可以让你掌握相关的技能，以便日后可以更好地运用。

主持人： 感谢彬彬的分享，您在工作中有过懈怠的思想吗？您是怎么激励自己的？

彬彬： 说实话，人都有惰性，都希望在舒适区待着，但是要想成长，必须跳出舒适区。记得我曾经在国际结算岗工作两年多，当时已经掌握了国际结算相关业务，基本能够驾驭岗位工作，毫不夸张地说是业务大拿。但是我这个人危机意识特别强，一想到未来的发展，我就觉得不应该在吃苦的年纪选择安逸，于是我开始学习信贷、营销等知识，下班回家拿着书本看，上班时有时间就向优秀的领导和同事请教，虽然累，但是想着有一天可以换个岗位或者能用全链条的视角来看待自己的岗位工作应该会比现在更好。随着知识储备的不断丰富，机会也随之而来，五年后我被提拔为国际业务部经理助理，当得知被提拔的那一刻，我暗自庆幸，不断挑战自己，走出舒适区,你的天地会更加广阔。

主持人:保持终身学习的习惯,跳出舒适区,说到很容易,但是做到真的很难,彬彬给大家做出了榜样,相信新员工们,你们一定可以,只要坚持,只要相信自己,未来一定会有好的发展。

接下来有请分享嘉宾乐乐。听说你是最年轻的支行行长,感觉你的职业生涯的路还挺顺的?

乐乐:感觉总体来说算是挺顺利的,都是领导的指点,同事的帮助,还有就是自己坚持不懈的努力。回想自己已经在行里工作了12个年头,从职场小白到现在的支行行长,感慨万千,整个历程可以用三个关键词来概括,那就是憧憬、成长、蜕变。一是憧憬。初入职场的我满怀激情与梦想,浑身上下都是劲,那时的我,总想着有一天环境会给自己机会,也期待着生活像励志电影一样,充满着各种力挽狂澜与一鸣惊人的剧情,而我在里面能当个盖世大侠。二是成长。梦想很美好,现实很骨感,现实为我上了一堂又一堂生动的职场课与人生课。开始的几年里,我经历了许许多多的第一次。第一次填写合同写到天亮,处理工作到婚礼当天凌晨,第一次开车单日里程300公里,第一次成功营销到客户的喜悦,第一个跨年结算的加班,第一次上报项目被批驳,第一次材料填写的错误,第一次被客户评价为"不专业"……有很多难忘的时刻,都让我记忆犹新,每每回想起来,都会会心一笑。三是蜕变。这些经历让我成为了一个更加优秀的自己。

主持人:被任命为支行行长,你觉得领导看中你什么?

乐乐:我觉得领导看中的是我身上有一股冲劲,经历了那么多让我难忘的瞬间,我开始收起我的自傲,静下心来钻研业务,慢慢地我开始能独当一面,要求自己做到"事事有回音、件件有落实"。当了支行行长之后,我带领团队制订周密的营销计划,将支行周边的企业、商户都走访一遍,从广场舞到小区活动,从厅堂营销到出门拓展,从电话邀约到现场讲解,不放过每一个营销的机会,并建立台账和详细的客户档案,研究一对一的营销方案,周边的客户做什么生意、家里有几口人,我都能倒背如流,就是这样一点一滴的努力,以及团队的通力合作,使支行的业绩直线上升。工作越来越得心应手,客户与同事对我的评价越来越高,荣誉与奖励也纷至沓来,当初没敢想的状态,慢慢照进了现实中。这个破茧成蝶的蜕变,让我走的每一步都更加坚定。

主持人：听了你的介绍，我觉得取得这样的成绩真是实至名归，对于新员工，你想给他们什么建议？

乐乐：每一步的坚持，背后都是笃定的步伐；要相信在辛勤汗水的浇灌下，梦想终将开出绚烂的花，我们只需静待有一日的厚积薄发。

主持人：谢谢乐乐的精彩分享，让我们静待花开。

接下来我们有请分享嘉宾阿意，阿意，咱们这本90天成长手册，你作为主创人员之一，想问问你们为什么要想做这本书？

阿意：大家好，我是阿意，其实最初的想法就是希望针对新员工培训，我们可以有一本持续跟进学习的手边书，于是就召集了一些内训师着手写了。写着写着，觉得这本书不仅对我们自己，对于任何一个加入银行的新员工以及未来想加入银行的大学生来说，都是可以学习的资料，于是我们就越写越有劲，越写越觉得这个很有价值，也很有意义，是新员工了解银行的一个很好的途径。

主持人：你们团队成员在写这本书的时候，遇到困难的时候有过想放弃的念头吗？

阿意：说实话，不仅我想过，其他的内训师估计也都想过，因为都是利用自己的业余时间收集资料、撰写内容心得，有的内训师家里有两个孩子，得把孩子哄睡了才开始写，有的内训师翻阅了十几本书籍，只为提炼一个知识点，有的内训师工作很忙，很晚下班后才开始写，一写就到凌晨一两点钟。大家都非常辛苦，但是我们会经常和大家通报我们每一点小成果，让大家持续保持着信心。当我们录制祝福视频的时候，当我们看到这本书给新员工作为教材使用的时候，大家都说辛苦是值得的。

主持人：看来这批内训师还真是下了不少工夫？

阿意：是的，我们对这本书的内容修改过十几次，内训师们付出了很多的辛苦，但值得高兴的是，大家经历这样的磨炼，业务能力得到了提升，又站到了新的高度重新梳理自己的工作内容，对于内训师来说，也得到了很好的成长。

主持人：作为一名内训师，你对新员工们的未来发展，有哪些建议？

阿意：我希望大家都能早点加入内训师队伍，讲课是一个快速提高业务能力的途径。讲好课，不仅要先成为业务能手，还要提高自己的理论水平，不仅要告诉学员是什么，还要告诉学员为什么，用通俗易懂的语言、清晰的逻辑表达出来，让学员听懂、会用。大家想想这个过程是不是很锻炼人。我自己也是这么成长起来的，讲过几次之后，我的业务能力又上了一个新的台阶。而且这次作为主创人员，更是让我又对自己的工作有了新的认识和提升。在职场中，需要具有良好的表达能力，加入内训师队伍，不仅可以练就表达能力，见到很多人都不怯场，还会让你收获满满的成就感。正如我们内训师队伍的一句口号：越努力，越幸运。也祝愿新员工们都能早日加入内训师队伍，这里为你提供了一个没有天花板的舞台。

主持人：谢谢阿意这么中肯的建议，也希望新员工们能抓住每一次提升的机会，祝愿大家都能乘风破浪，扬帆远航。

恭喜您完成全部内容的学习！相信通过90天的学习，您已经对银行人员的工作内容和相关专业知识有了基本的了解和掌握。接下来，让我们进行一个小测验，检验一下学习效果吧！

《银行业从业人员职业操守和行为准则》

银行业从业人员职业操守和行为准则
（2020 年 9 月 2 日）

目　录

第一章　总则
　　第一条　【宗旨及依据】
　　第二条　【银行业从业人员】

第二章　职业操守
　　第三条　【爱国爱行】
　　第四条　【诚实守信】
　　第五条　【依法合规】
　　第六条　【专业胜任】
　　第七条　【勤勉履职】
　　第八条　【服务为本】
　　第九条　【严守秘密】

第三章　行为规范
　　第一节　行为守法
　　　第十条　【严禁违法犯罪行为】
　　　第十一条　【严禁非法催收】
　　　第十二条　【严禁组织、参与非法民间融资】
　　　第十三条　【严禁信用卡犯罪行为】
　　　第十四条　【严禁信息领域违法犯罪行为】
　　　第十五条　【严禁内幕交易行为】
　　　第十六条　【严禁挪用资金行为】
　　　第十七条　【严禁骗取信贷行为】

第二节　业务合规

　　第十八条　【遵守岗位管理规范】

　　第十九条　【遵守信贷业务规定】

　　第二十条　【遵守销售业务规定】

　　第二十一条　【遵守公平竞争原则】

　　第二十二条　【遵守财务管理规定】

　　第二十三条　【遵守出访管理规范】

　　第二十四条　【遵守外事接待规范】

　　第二十五条　【遵守离职交接规定】

第三节　履职遵纪

　　第二十六条　【贯彻"八项规定"、反"四风"】

　　第二十七条　【如实反馈信息】

　　第二十八条　【按照纪律要求处理利益冲突】

　　第二十九条　【严禁非法利益输送交易】

　　第三十条　【实施履职回避】

　　第三十一条　【严禁违规兼职谋利】

　　第三十二条　【抵制贿赂及不当便利行为】

　　第三十三条　【厉行勤俭节约】

　　第三十四条　【塑造职业形象】

　　第三十五条　【营造风清气正的职场环境和氛围】

第四章　保护客户合法权益

　　第三十六条　【礼貌服务客户】

　　第三十七条　【公平对待客户】

　　第三十八条　【保护客户信息】

　　第三十九条　【充分披露信息】

　　第四十条　【妥善处理客户投诉】

第五章　维护国家金融安全

　　第四十一条　【接受、配合监管工作】

　　第四十二条　【遵守反洗钱、反恐怖融资规定】

第四十三条　【协助有权机关执法】

第四十四条　【举报违法行为】

第四十五条　【服从应急安排】

第四十六条　【守护舆情环境】

第六章　强化职业行为自律

第四十七条　【接受所在机构管理】

第四十八条　【接受自律组织监督】

第四十九条　【惩戒及争议处理】

第五十条　【高管规范】

第七章　附则

第五十一条　【参照适用】

第五十二条　【解释机构】

第五十三条　【冲突解决】

第五十四条　【施行日期】

第一章　总　则

第一条　【宗旨及依据】

为规范银行业从业人员职业行为，提高中国银行业从业人员整体素质和职业道德水准，在银行业内建立良好的清廉文化，维护银行业良好信誉，促进银行业的健康发展，依据《中华人民共和国商业银行法》《中华人民共和国银行业监督管理法》等法律法规及《中国银监会关于印发银行业金融机构从业人员职业操守指引的通知》《中国银监会关于印发银行业金融机构从业人员行为管理指引的通知》《银行业协会工作指引》《中国银行业协会章程》等有关规范，制定本准则。

第二条　【银行业从业人员】

本准则所称银行业从业人员是指在中华人民共和国境内银行业金融机构工作的人员。

中华人民共和国境内银行业金融机构委派到国（境）外分支机构、控（参）股公司工作的人员，应当适用本准则。

第二章 职业操守

第三条 【爱国爱行】

银行业从业人员应当拥护中国共产党的领导，认真贯彻执行党和国家的金融路线方针政策，严格遵守监管部门要求，认真践行服务实体经济、防范化解金融风险、深化金融改革的任务；热爱银行业工作，忠诚金融事业，切实履行岗位职责，爱岗敬业，努力维护所在银行商业信誉，为银行业改革发展作出贡献。

第四条 【诚实守信】

银行业从业人员应当恪守诚实信用原则，真诚对待客户，珍视声誉、信守承诺，践行"三严三实"的要求，发扬银行业"三铁"精神，谋事要实，创业要实，做人要实，通过踏实劳动实现职业理想和人生价值。

第五条 【依法合规】

银行业从业人员应当敬畏党纪国法，严格遵守法律法规、监管规制、行业自律规范以及所在机构的规章制度，自觉抵制违法违规违纪行为，坚持不碰政治底线、不越纪律红线，"一以贯之"守纪律，积极维护所在机构和客户的合法权益。

第六条 【专业胜任】

银行业从业人员应当具备现代金融岗位所需的专业知识、执业资格与专业技能；树立终身学习和知识创造价值的理念，及时了解国际国内金融市场动态，不断学习提高政策法规、银行业务、风险管控的水平，通过"学中干"和"干中学"锤炼品格、补充知识、增长能力。

第七条 【勤勉履职】

银行业从业人员应当遵守岗位管理规范，严格执行业务规定和操作规程，防范利益冲突和道德风险，尽责、尽心、尽力做好本职工作。

第八条 【服务为本】

银行业从业人员应当秉持服务为本的理念，以服务国家战略、服务实体经济、服务客户为天职，借助科技赋能，竭诚为客户和社会提供规范、快捷、高效的金融服务。

第九条 【严守秘密】

银行业从业人员应当谨慎负责，严格保守工作中知悉的国家秘密、商业秘密、工作秘密和客户隐私，坚决抵制泄密、窃密等违法违规行为。

第三章 行为规范

第一节 行为守法

第十条 【严禁违法犯罪行为】

银行业从业人员应自觉遵守法律法规规定，不得参与"黄、赌、毒、黑"、非法集资、高利贷、欺诈、贿赂等一切违法活动和非法组织。

第十一条 【严禁非法催收】

银行业从业人员不得以故意伤害、非法拘禁、侮辱、恐吓、威胁、骚扰等非法手段催收贷款。

第十二条 【严禁组织、参与非法民间融资】

银行业从业人员不得组织或参与非法吸收公众存款、套取金融机构信贷资金、高利转贷、非法向在校学生发放贷款等民间融资活动。

第十三条 【严禁信用卡犯罪行为】

银行业从业人员不得利用职务便利实施伪造信用卡、非法套现信用卡、滥发信用卡等行为。不得为特定客户优于同等条件办理高端信用卡，提供价质不符的高端服务。

第十四条 【严禁信息领域违法犯罪行为】

银行业从业人员不得利用职务便利实施窃取、泄露客户信息、所在机构商业秘密等的违法犯罪行为。发现泄密事件，应立即采取合理措施并及时报告。违反工作纪律、保密纪律，造成客户相关信息泄露的，应当按照有关规定承担责任。

第十五条 【严禁内幕交易行为】

银行业从业人员在业务活动中应当遵守有关禁止内幕交易的规定。不得以明示或暗示的形式违规泄露内幕信息，不得利用内幕信息获取个人利益，或是基于内幕信息为他人提供理财或投资方面的建议。

第十六条 【严禁挪用资金行为】

银行业从业人员不得默许、参与或支持客户用信贷资金进行股票买卖、期货投资等违反信贷政策的行为。不得挪用所在机构资金和客户资金，不得利用本人消费贷款进行违规投资。

第十七条 【严禁骗取信贷行为】

银行业从业人员不得向客户明示、暗示或者默许以虚假资料骗取、套取信贷资金。

第二节 业务合规

第十八条 【遵守岗位管理规范】

银行业从业人员应当遵守业务操作指引，遵循银行岗位职责划分和风险隔离的操作规程，确保客户交易的安全。不得打听与自身工作无关的信息，或是违反规定委托他人履行保管物品、信息或其他岗位职责。

第十九条 【遵守信贷业务规定】

银行业从业人员应当根据监管规定和所在机构风险控制的要求，严格执行贷前调查、贷时审查和贷后检查等"三查"工作。

第二十条 【遵守销售业务规定】

银行业从业人员不得在任何场所开展未经监管机构或所在机构批准的金融业务，不得销售或推介未经所在机构审批的产品，不得代销未持有金融牌照机构发行的产品。

不得针对特定客户非公开销售优于其他同类客户的存款产品、贷款产品、基金产品、信托产品、理财产品等。

第二十一条 【遵守公平竞争原则】

银行业从业人员应当崇尚公平竞争，遵循客户自愿原则、尊重同业公平原则。在宣传、办理业务过程中，不得使用不正当竞争手段。坚决抵制以权谋私、钱权交易、贪污贿赂、"吃拿卡要"等腐败行为。

第二十二条 【遵守财务管理规定】

银行业从业人员应当严格执行所在单位的财务报销规定，组织或参加会议、调研、出差等公务活动应当严格执行公务出差住宿和交通标准。出差人员应在职务级别对应的住宿费标准限额内选择宾馆住宿，按规定登记乘坐交通工具。

不得用公款支付应当由本人或亲友个人支付的费用，严禁上下级机构及工作人员之间、行内部门之间用公款相互宴请或赠送礼品，不得使用公款开展娱乐互动、游山玩水或以学习考察等名义出国（境）公款旅游等。

第二十三条 【遵守出访管理规范】

出访期间须主动接受我国驻外使领馆的领导和监督,及时请示报告。除另有规定外,严禁持因私护照出访执行公务。严格执行中央对外工作方针政策和国别政策,严守外事纪律,遵守当地法律法规,尊重当地风俗习惯,杜绝不文明行为。严禁变相公款旅游,严禁安排与公务活动无关的娱乐活动,不得参加可能对公正履职有影响的出访活动。增强安全保密意识,妥善保管内部资料,未经批准,不得对外提供内部文件和资料。

第二十四条 【遵守外事接待规范】

接待国(境)外来宾坚持服务外交、友好对等、务实节俭原则,安排宴请、住宿、交通等接待事宜根据相关规定执行。在公务外事活动中,严格遵守外事礼品赠予与接受的相关规定。

第二十五条 【遵守离职交接规定】

银行业从业人员岗位变动或离职时,应当按照规定妥善交接工作,遵守脱密和竞业限制约定,不得擅自带走所在机构的财物、工作资料和客户资源。

第三节 履职遵纪

第二十六条 【贯彻"八项规定"、反"四风"】

银行业从业人员应当严格遵守纪律要求,认真落实所在机构贯彻中央"八项规定"的有关制度,求真务实、勤俭节约,坚决反对"形式主义、官僚主义、享乐主义和奢靡之风"等四种不正之风。

第二十七条 【如实反馈信息】

银行业从业人员应当确保经办和提供的工作资料、个人信息等的合法性、真实性、完整性与准确性。严禁对相关个人信息采取虚构、夸大、隐瞒、误导等行为。

第二十八条 【按照纪律要求处理利益冲突】

银行业从业人员应当按照纪律要求处理自身与所在机构的利益冲突。存在潜在冲突的情况下,应当主动向所在机构管理层说明情况。

第二十九条 【严禁非法利益输送交易】

银行业从业人员严禁利用职务便利侵害所在机构权益,自行或通过近亲属以明显优于或低于正常商业条件与其所在机构进行交易。

第三十条 【实施履职回避】

银行业从业人员应当严格遵守有关履职回避要求。任职期间出现需要回避情形的,本人应当主动提出回避申请,服从所在机构做出的回避决定。

银行业金融机构不得向特定关系人及其亲属提供高薪岗位、职务、薪酬奖励,不得针对特定关系人授予或评审职位职称。

第三十一条 【严禁违规兼职谋利】

银行业从业人员应当遵守法纪规定以及所在机构有关规定从事兼职活动,主动报告兼职意向并履行相关审批程序。应当妥善处理兼职岗位与本职工作之间的关系,不得利用兼职岗位谋取不当利益,不得违规经商办企业。

银行业从业人员未经批准,不得参加授课、课题研究、论文评审、答辩评审、合作出书等活动;经批准到本单位直属或下辖单位参加上述活动的,按所在单位有关规定办理。

第三十二条 【抵制贿赂及不当便利行为】

银行业从业人员应当自觉抵制不正当交易行为。严禁以任何方式索取或收受客户、供应商、竞争对手、下属机构、下级员工及其他利益相关方的贿赂或不当利益,严禁向政府机关及其他利害关系方提供贿赂或不当利益,严禁收、送价值超过法律及商业习惯允许范围的礼品。

第三十三条 【厉行勤俭节约】

银行业从业人员应当厉行勤俭节约,珍惜资源,爱护财产。根据工作需要合理使用所在机构财物,禁止以任何方式损害、浪费、侵占、挪用、滥用所在机构财产。

第三十四条 【塑造职业形象】

银行业从业人员在公共场合应做到言谈举止文明稳重、着装仪表整洁大方,个人形象要与职业身份、工作岗位和环境要求相称。做到身心健康、情趣高雅,积极履行社会责任。严禁通过网络等发布、传播不当言论。

第三十五条 【营造风清气正的职场环境和氛围】

银行业金融机构应按照"忠、专、实"的衡量标准,选拔任用政治过硬、素质过硬、踏实肯干的干部人才。破除阿谀奉承、拉帮结派等小圈子、小团伙依附关系,杜绝因"圈子文化"而滋生的畸形权力和裙带关系。关爱员工,严禁体罚、辱骂、殴打员工;采取合理的预防、受理投诉、调查处置等措施,防止和制止利用职权、从属关系等实施性骚扰。尊重员工权益，畅通诉求渠道，从政治思想教育、薪酬待遇、职业生涯规划、心理动态咨询等多方面帮助引导员工，在多岗位历练培养，增强员工的归属感和成就感。

第四章　保护客户合法权益

第三十六条　【礼貌服务客户】

银行业从业人员在接洽业务过程中，应当礼貌周到。对客户提出的合理要求尽量满足，对暂时无法满足或明显不合理的要求，应当耐心说明情况，取得理解和谅解。

第三十七条　【公平对待客户】

银行业从业人员应当公平对待所有客户，不得因客户的国籍、肤色、民族、性别、年龄、宗教信仰、健康或残障及业务的繁简程度和金额大小等其他方面的差异而歧视客户。

对残障者或语言存在障碍的客户，银行业从业人员应当尽可能为其提供便利。

第三十八条　【保护客户信息】

银行业从业人员应当妥善保存客户资料及其交易信息档案。在受雇期间及离职后，均不得违反法律法规和所在机构关于客户隐私保护的规定，违规泄露任何客户资料和交易信息。

第三十九条　【充分披露信息】

银行业从业人员在向客户销售产品的过程中，应当严格落实销售专区录音录像等监管要求，按照规定以明确的、足以让客户注意的方式向其充分提示必要信息，对涉及的法律风险、政策风险以及市场风险等进行充分地提示。严禁为达成交易而隐瞒风险或进行虚假或误导性陈述，严禁向客户做出不符合有关法律法规及所在机构有关规章制度的承诺或保证。

第四十条　【妥善处理客户投诉】

银行业从业人员应当坚持客户至上、客观公正原则，耐心、礼貌、认真地处理客户投诉，及时作出有效反馈。

第五章　维护国家金融安全

第四十一条　【接受、配合监管工作】

银行业从业人员应当树立依法合规意识，依法接受银行业监督管理部门的监管，积极配合非现场监管和现场检查等监管工作。严禁自行或诱导客户规避监管要求。

第四十二条 【遵守反洗钱、反恐怖融资规定】

银行业从业人员应当遵守反洗钱、反恐怖融资有关规定，熟知银行承担的义务，严格按照要求落实报告大额和可疑交易等工作。

第四十三条 【协助有权机关执法】

银行业从业人员应当熟知银行承担的依法协助执行义务，在严格保守客户隐私的同时，按法定程序积极协助执法机关的执法活动，不泄露执法活动信息，不协助客户隐匿、转移资产。

第四十四条 【举报违法行为】

银行业从业人员对所在机构违反法律法规侵害国家金融安全的行为，有责任予以揭露。有权向上级机构或所在机构的监督管理部门直至国家司法机关举报。

第四十五条 【服从应急安排】

银行业从业人员应当积极响应国家号召、落实行业倡议、服从机构安排，在抗震救灾、卫生防疫等重大公共应急事件中坚守岗位，尽职履责，努力保障特殊时期金融服务的充分供给。

第四十六条 【守护舆情环境】

银行业从业人员应当遵守法律法规、监管规制及所在机构关于信息发布的规定，严禁擅自接受媒体采访或通过微信、微博、贴吧、网络直播等自媒体形式对外发布相关信息。

第六章 强化职业行为自律

第四十七条 【接受所在机构管理】

银行业从业人员应当严格遵守本准则，接受所在机构的监督和管理。银行业金融机构应当依照法律法规和本准则的精神制定本单位员工具体职业行为规范，将职业操守和行为准则作为反腐倡廉建设、企业文化建设、合规管理、员工教育培训及人力资源管理的重要内容，定期评估，建立持续的员工执业行为评价和监督机制。

第四十八条 【接受自律组织监督】

银行业从业人员应自觉接受银行业协会等自律组织的监督。银行业协会依据有关规定对会员单位贯彻落实本准则的实施情况进行监督检查和评估。

第四十九条 【惩戒及争议处理】

为加强银行业从业人员行为管理,银行业协会、银行业金融机构应当健全关于员工违反职业操守和行为准则的惩戒机制。银行业协会建立违法违规违纪人员"黑名单"和"灰名单"制度。

对银行业从业人员严重违法违规违纪的、严重影响行业形象造成恶劣社会影响的纳入"黑名单"管理,予以通报同业,实行行业禁入制度。

对其他情节较严重的违法违规违纪人员实行"灰名单"管理制度,限制其不得任职于银行业金融机构重点部门或关键岗位。

银行业金融机构应通过订立劳动合同等方式明确员工违反职业操守和行为准则应受到的惩戒内容。银行业从业人员对所在机构的惩戒有异议的,有权按照正常渠道反映和申诉。

第五十条 【高管规范】

银行业高级管理人员应当带头遵守、模范践行职业操守和行为准则,并通过"立规矩、讲规矩、守规矩"以上率下,在战略制定和绩效管理等工作中融入职业操守和行为准则考量,管好关键人、管到关键处、管住关键事、管在关键时,全面推动所在机构营造爱国爱行、诚实守信、专业过硬、勤勉履职、服务为本的良好从业氛围和工作环境。

第七章 附 则

第五十一条 【参照适用】

银行业协会的工作人员及劳务派遣人员,参照适用本准则。

第五十二条 【解释机构】

本准则由中国银行业协会负责解释。

第五十三条 【冲突解决】

本准则与法律法规、监管规制不一致的,以法律法规、监管规制为准。

第五十四条 【施行日期】

本准则自印发之日起施行。2007年《银行业从业人员职业操守》同时废止。